전략 구상력 트레이닝

Practical Training Program : Strategy I

전략 구상력 트레이닝

펴낸곳 도서출판 일빛
펴낸이 이성우
지은이 HR Institute
옮긴이 김영철

등록일 1990년 4월 6일
등록번호 제10-1424호

초판 1쇄 발행일 2003년 2월 25일
초판 3쇄 발행일 2005년 3월 25일

주소 121-837 서울시 마포구 서교동
339-4 가나빌딩 2층
전화 02) 3142-1703~1705
팩시밀리 02) 3142-1706
E-mail ilbit@unitel.co.kr

값 12,800원
ISBN 89-5645-015-3 (03320)
◆ 잘못된 책은 바꾸어 드립니다.

戦略構想力を鍛えるトレーニングブック
Senryaku Kousouryoku Wo Kitaeru Training Book
Copyright ⓒ 2002 HR Institute
Original published in Japan in 2002
by KANKI PUBLISHING INC.
All rights reserved

Korean translation copyright ⓒ 2003
by ILBIT Publishing Co.
Korean translation rights arranged through
TOHAN CORPORATION, TOKYO
and BOOKCOSMOS, Seoul

이 책의 한국어판 저작권은 BOOKCOSMOS를 통한 저작권자와의 독점 계약으로 도서출판 일빛에 있습니다. 신저작권법에 의해 한국 내에서 보호를 받는 저작물이므로 무단 전재와 무단 복제를 금합니다.

Practical Training Program : Strategy I
학생·비즈니스맨을 위한 자기 개발 프로그램 : 전략 I

전략 구상력 트레이닝

Strategic Scenario Logical Thinking

HR Institute 지음 | 김영철 옮김

저자 서문

'전략' 하면 긴장하는 사람이 있을지 모르겠다. 하지만 기업 조직이든, 기업인 개인이든 지금 이 키워드는 살아남기 위한 전제 조건이 되고 있다. 전략이란 '이기기 위한 명확한 특징을 부여하는 것', 말하자면 차별화와 우위성의 기본 지침이다. 이기기 위한 '컨셉'이라고도 할 수 있다.

이 책의 주제인 전략 구상은 이기기 위한 컨셉을 생각하고, 그것을 실현하기 위한 방법을 생각하는 것이다. 이것은 결코 어려운 일이 아니다. '무엇을 강하게 하고, 어떤 결점을 보완할 것인가를 생각하는 일'이기 때문이다.

그렇지만 총론에는 찬성, 각론에는 반대라는 사고에 매몰되지 않기 위해서는 체제와 장치를 단단하고 견실하게 생각하고 실행에 옮겨야 한다. 단단하고 견실하다는 것은 목적과 목표를 명확히 하고, 나아갈 벡터(vector)를 차별적으로 추진함을 의미한다. 단단하고 견실한 기업, 단단하고 견실한 기업인은 항상 머릿속에서 전략 구상을 하고 있다. '단단함과 견실함' = '승부력' 이라는 의미이다.

그럼 전략 사고와 전략 구상은 어떻게 다른가? 전략 사고란 전략적 발상, 전략적 행동의 기반이다. 전체를 체계화하고 전체의 논리(logic)를 누락 없이, 그리고 중복 없이 생각하는 일이다.

반면에 전략 구상은 이기는 일에 좀더 집착한다. 이기기 위한 아이디어를 자유롭게 그리고, 단단하고 건실하게 생각하는 일이다. 다소 모자라도 괜찮다. 여하튼 이기는 것이 중요하다.

예를 들어 영업에 관해 생각해보자. 자신이 담당하는 업무가 신규 고객을 개척하는 일이라고 생각해보자. 거기에는 경쟁 기업이 우글거리고 있다. "영업은 근성이다. 부딪히면서 해결하라!" 이것도 하나의 전략이다. 하지만 단단함과 견실함은 느껴지지 않는다. 경쟁 기업에 비해서 자사의 상품이나 서비스는 무엇이 우수하고 무엇이 부족한가? 신규 고객을 개척하기 위해 방문한 기업에서 "왜 당신 회사 상품을 사용해야 하는 겁니까?"라고 물어오기 전에 "음, 그래요? 검토해보도록 하겠습니다." "이 기획서를 프레젠테이션해주시지 않겠습니까?" 하고 고객이 요청하도록 장치를 만드는 일이 '전략 구상의 에센스' 이다.

상품 개발의 경우에는 더욱 알기가 쉽다. 경쟁 기업의 A상품에 이기기 위해서 자사는 어떤 고객을 떠올리고, 어떤 상품 컨셉으로, 어떤 가격대로…… 등등이 될 것이다. 인스피레이션(inspiration)이 전략 구상 그 자체인 것이다. 나아가 이러한 것들을 좀더 확대해보면 "매크로 환경의 변화로 시장 환경이 ……으로 변하고, 경쟁 기업과의 거리도 ……으로 되기 때문에 자사의 기본 전략은……!"라는 것으로까지 확대된다.

이처럼 전략 구상은 기업이나 사업 전체의 큰 범위에서 생각해도 좋고, 자신이 담당하고 있는 작은 업무의 범위에서 생각해도 좋다.

전략 구상은 크기가 아니다. 어떤 상황에서, 어떤 상대에 대해서, 어떤 목표를 가지고, 어떤 강점으로 이길 것인가를 생각하는 것이다. 보다 본질적으로, 보다 자유롭게!

비즈니스 환경이 심각하다는 것은 경쟁이 격심하다는 것을 의미한다. 일본은 오랫동안 우상향의 성장을 구가해왔는데, 지금은 성숙과 답보를 거치면서 우하향의 환경에 돌입해 있다. 어떻게 이길 것인가? 어떻게 살아남을 것인가? …… 이러한 것들에 대한 승부의 포인트가 전략 구상이다.

전략 구상력에는 전략 시나리오와 로지컬 씽킹(logical thinking)하는 힘이 필요하다. 이러한 2가지 커다란 스킬을 이 책에서 반드시 배워야 한다. 그렇게만 된다면 업무에 대한 기존의 관점이 틀림없이 바뀌게 될 것이다. 기존의 업무가 보다 자극적이고, 보다 충실한 것으로 보이게 될 것이다.

이 책은 탑(top), 미들(middle), 로우(low)에 관계없이 모든 기업인들이 배워야 할 스킬과 마인드를 체계화한 트레이닝 북이다. 필기구를 준비하여 메모를 하면서 읽어 나가길 바란다.

2002년 봄
HR 인스티튜트 대표 노구치 요시아키

역자 서문

전략 구상력
— 전략에 대한 이미지를 구체화하는 힘

전략(Strategy)이란 말만큼 기업 현장에서 자주 사용되는 말도 없다. 경영 전략, 기업 전략, 사업 전략, 마케팅 전략, 생산 전략, 인사 전략 등등. 그럼에도 불구하고 전략이란 말만큼 그 의미를 정확하게 규정하지 않고 사용되는 말도 드물 것이다. 기업이나 대학원에서 강의할 때 전략의 의미에 대해 질문을 해보면 그 대답이 십인십색인 경우가 많다. 전략이라는 말을 자주 들어서, 알고 있는 것 같은 착각을 하기 때문이다. 한글은 자모를 깨치면 읽을 수 없는 글이 없다. 읽을 수 있으면 글의 의미를 아는 것 같은 느낌이 든다. 추상의 수준이 높은 말일수록 그 개연성은 커진다. 전략도 마찬가지이다. 따라서 많이 들어봤고 읽을 수 있기 때문에 아는 것으로 치부하고 넘기는 것이다.

그렇다면 전략은 무엇인가? 전략은 원래 군사적인 개념이다. 전쟁에서 이기기 위해서는 적합한 전략과 전술 그리고 전투력이 요구된다. 전략이 전쟁의 승리를 위한 자원의 배분에 초점을 맞춘 것이라면, 전술은 무기 체계를 의미하고, 전투력은 인적 요소이다. 현재의 모든 무기 체계의 기본은 제1차 세계대전 때 완성되었다고 한다. 지루하고 긴 참호전인 제1차 세계대전은 이런 점에서 기본적으로 전술 전쟁이었다. 반면에 말 그대로 전세계를 전장으로 한 제2차 세계대전은 기본적으로 전략 전쟁이다. 특히 태평양에서의 승패는 제약 조건 하에서의 군사적 자원의 적정 배분에 달려 있었다는 점에서 그렇다.

결국 승리를 위한 제약된 조건에서의 자원의 적정 배분이 전략의 핵심이 된다. 구체적으로는 제약된 정보를 토대로 어떻게 효과적 의사 결정을 행할 것인가? 제약된 자원을 어떻게 적정하게 배치하여 효과적으로 적을 제압할 것인가? 이런 종류의 문제들이 전략의 문제가 되는 것이다. 전략을 수립하기 위해서는 우선 제약된 조건과 자원에 대한 파악이 필요하며 승리에 대한 정의가 필요하다. 전략 작업은 구체적 현상에서 핵심을 추출하는 추상력이 필요하다. 이런 점에서 전략은 기본적으로 추상적 개념을 다루는 일이다.

군사적 개념인 전략이 기업 경영에 도입된 것은 제2차 세계대전 이후이다. 제약된 정보를 토대로 어떻게 효과적 의사 결정을 행할 것인가? 제약된 자원을 어떻게 적정하게 배치하여 효과적으로 적을 제압할 것인가? 이런 종류의 문제가 전쟁의 성패를 좌우하게 됨에 따라 많은 해법과 기법이 연구 개발되었다. 제약 조건 하의 최적해를 찾는 기법은 기업 경영에도 그대로 적용된다. 기업은 제한된 자원을 사용하여 수익을 어떻게 극대화할 것인가가 기본적인 존재 목표이기 때문이다. 전쟁 후에 구체적으로 군의 인적 자원들이 기업으로 옮기면서 전략이 경영에 도입되게 된다.

기업 경영에서 전략과 전술은 다음과 같이 구분된다. 전략은 무엇을 할 것인가(What To)이고 전술은 어떻게 할 것인가(How To)이다. 전략은 목적이고 전술은 방법이다. 전략은 효과(Effectiveness)의 문제이고 전술은 효율(Efficiency)의 문제이다. 전략은 효과의 문제이기 때문에 전술과 달리 잘못되면 치명적 결과를 초래하기도 한다. 만약에 삼성이 반도체 사업을 시작하지 않았다면 지금의 삼성은 존재했을까? IMF 이후에 현대가 대북 사업을 전개하지 않았다면, 대우가 시장 요구에 따라 구조 조정을 시행했다면 어떻게 되었을까? 전략적 의사 결정이 지닌 파괴력을 상상할 수 있을 것이다.

  하지만 전략은 그 추상성으로 인해 파악하기 어려운 특성을 지닌다. 알고 있는 것 같으면서도 다시 생각하면 애매모호해지는 그런 성격이다. 전차(Tank)라고 하면 우리는 그 이미지를 떠올릴 수 있다. 따라서 전차를 아는 일이 어렵다고 생각하지는 않는다. 하지만 전략에 대한 이미지를 포착하기는 쉽지 않다. 그래서 어렵다는 생각이 드는 것이다. '전략 구상력'은 '전략에 대한 이미지를 구체화시키는 힘'이다. '전략 구상력'을 단련한다는 것은 '전략에 대한 이미지를 구체화시키는 힘'을 강화하는 것이다. 사업을 시작할 때 고객이 누구인지 구체적으로 떠올릴 수 있다면 성공 가능성이 높다. 왜냐하면 고객의 니즈에 구체적으로 대응 가능할 것이기 때문이다. 전략을 수립할 때 구체적 이미지가 손에 잡히면 방향 설정이 올바를 가능성이 높다. 실천 가능성에 대한 판단이 정확해지기 때문이다.

  알고도 행하지 않으면 모르는 것과 같다는 말이 있다. 어떤 것을 안다는 것은 그 이미지를 구체적으로 떠올릴 수 있어서 실천이 가능한 걸 말한다. 알고도 행하지 않는 것은 구체적 이미지가 없거나 행할 의사가 없는 경우이다. 행할 의사도 없으면서 안다는 것은 대단히 낭비적인 일이고 구체적 이미지도 없으면서 안다는 것은 실제로 모르는 것이다. 전략을 아는 것은 따라서 전략의 구체적 이미지를 떠올리는 것을 의미한다. 전략의 구체적 이미지가 떠오를 때 전략은 비로소 실천 가능한 전략이 될 수 있다. 전략 구상력은 따라서 전략적 실천력을 강화하는 책이라고도 할 수 있다. 이 책을 소개하는 이유가 바로 여기에 있는 것이다.

2003년 2월

김영철

● 저자 서문

● 역자 서문

프롤로그
'전략 구상력'을 이해한다

1 전략 구상의 프레임을 파악하자 ────── 20

왜 전략 구상력이 요구되는가?

전략 구상력을 연마하기 위해서는?

2 전략의 기본을 테스트로 파악하자 ────── 28

테스트로 생각하는 전략의 기본

테스트 카테고리①▶전략의 고전

전략의 고전 복습

테스트 카테고리②▶근대와 현대의 전략

근대와 현대의 전략 복습

테스트 카테고리③▶전략 툴

전략 툴 복습

3 베스트 프랙티스로 생각하는 전략 구상력 ────── 37

베스트 프랙티스 스피치로 트레이닝!

트레이닝
1 '분석 툴' 활용력을 단련한다!

1 분석 툴의 기본을 정리한다 ────── 44

분석 툴의 종류

II

분석 툴의 선택 방법

> **★ 케이스 트레이닝 1** 　분석 툴의 트레이닝 ——— 56

2　트리화의 트레이닝 / 로직 트리 ——————————— 58
　　로직 트리로 경영 과제 트리를 만든다
　　스텝① ▶ A사의 가장 중요한 과제를 결정한다
　　스텝② ▶ 프레임워크를 검토하고 결정한다
　　스텝③ ▶ 해결할 과제를 브레이크 다운한다

3　매트릭스화의 트레이닝① / PPM 분석 ——————— 67
　　포지셔닝 맵의 대표적 분석 툴
　　스텝① ▶ 사업 데이터를 리스트 업한다
　　스텝② ▶ 성장성, 매출액, 점유율로 포지셔닝!
　　스텝③ ▶ 3년 후의 포지셔닝을 설정한다

4　매트릭스화의 트레이닝② / SWOT 분석 ——————— 74
　　표 형식 매트릭스의 대표적 분석 툴
　　스텝① ▶ 자사의 강점과 약점을 나열한다
　　스텝② ▶ 업계의 기회와 위협을 나열한다
　　스텝③ ▶ 크로스로 이후의 활동 방침과 가설을 검토한다

5　매트릭스화의 트레이닝③ / 비즈니스 하이어라키 분석 — 81
　　조직의 6계층은 암기한다
　　스텝① ▶ 각 레벨에서의 문제점을 열거한다
　　스텝② ▶ 문제군의 본질을 원 워드로 표시한다
　　스텝③ ▶ 그렇다면 어떻게 할 것인지를 결정하고 공유한다

6 매트릭스화의 트레이닝④ / 코어 컴피턴스 분석 ——— 88

고객의 선정 요인에 대해 경쟁사와 비교한다

스텝①▶ 선정 요인을 고객 눈높이로 생각하고 결정한다

스텝②▶ 자사와 경쟁 기업(의 상품)을 평가한다

스텝③▶ 금후 어떤 강점을 어떤 특징으로 할지 검토한다

7 프로세스화의 트레이닝① / 비즈니스 시스템 분석 ——— 94

비즈니스의 흐름과 문제점을 타사와 비교한다

스텝①▶ 비즈니스 시스템을 명확히 그려낸다

스텝②▶ 경쟁 기업을 벤치마킹한다

스텝③▶ 비즈니스 시스템의 개선·개혁을 검토한다

8 프로세스화의 트레이닝② / 커스터머 시나리오 분석 ——— 101

고객을 그룹화하고 애용 프로세스를 시나리오화한다

스텝①▶ 커스터머를 그룹화한다

스텝②▶ 그룹마다 프로세스 시나리오를 만든다

스텝③▶ 요구 베너피트를 탐색한다

트레이닝

2 환경 분석력을 연마한다

1 환경 분석의 프레임을 파악한다 ——— 110

2가지 분석 툴과 3가지 어프로치

3C 분석과 5Forces 분석

매크로 환경 분석 → 업계·시장 환경 분석 → 사내 환경 분석

★ 케이스 트레이닝 2 환경 분석의 트레이닝 ——— 118

13

2 매크로 환경 분석 — 120

6가지 스텝으로 매크로 환경 분석을 진행한다

과거 · 현재 · 미래의 시간 축으로 생각한다

3 업계 · 시장 환경 분석 — 127

1차 데이터와 2차 데이터

최소 5가지 항목은 분석한다

업계 · 시장 분석의 6가지 스텝

케이스로 본 업계 · 시장 환경 분석

4 사내 환경 분석 — 138

정량 어프로치와 정성 어프로치

환경 분석을 정리해두자

트레이닝

3 전략 가설력을 제고한다

1 전략 가설의 정리 방법 — 144

베스트 프랙티스로 전략 가설의 시야를 좁히자

자기 나름의 전략 맵을 만든다

전략 구상이 전략 가설의 가치를 제고한다

★ 케이스 트레이닝 3 　전략 가설 트레이닝 — 148

2 베스트 프랙티스 분석 — 150

뛰어난 전략을 본보기로 삼아 응용한다

스텝① ▶ 테마와 타깃을 설정한다

스텝②▶ 테마별로 정보를 수집하고 분석한다

스텝③▶ 액션 플랜의 작성~실시~정착화

3 코어 컴피턴스 분석 ——————————— 163

코어 컴피턴스의 진정한 의미

스텝①▶ 코어 컴피턴스 테마를 결정한다

스텝②▶ 평가하고 목표를 설정한다

스텝③▶ 가장 중요한 코어 컴피턴스를 결정한다

4 전략 맵을 만든다 ——————————— 176

코어 컴피턴스 분석으로 기축을 추출한다

스텝①▶ 전략 축을 설정한다

스텝②▶ 전략 축의 척도·기준을 설정한다

스텝③▶ 전략 옵션을 설정한다

트레이닝

4 비즈니스 모델의 검증 방법을 배운다

1 비즈니스 모델의 새로운 비전 만들기 ——————— 188

현상을 인식하고 새로운 가치를 창출한다

무엇을 목표로 하고 어떻게 실현할 것인가?

★ 케이스 트레이닝 4   비즈니스 모델의 트레이닝 ——— 196

2 비즈니스 모델을 가설화한다 ——————————— 198

포지셔닝에서 방향성을 결정한다

스텝①▶ 비즈니스 아이디어를 설정한다

스텝② ▶ 문제점으로부터 비즈니스 모델 가설을 구축한다

착안점이 다른 아이디어를 생각한다

3 리도메인을 실시한다 ──────────── 207

리도메인의 2가지 스텝

스텝① ▶ 도메인의 방향성을 그린다

스텝② ▶ 로드맵을 그린다

솔루션 로드맵의 정리 방법

트레이닝

5 옵션 사고를 단련한다

1 전략 옵션으로 전략을 정리한다 ──────────── 220

전략 요소의 옵션을 생각한다

전략의 전제와 정석을 파악한다

타깃 세그멘테이션으로 생각한다

옵션 사고로 상품 컨셉을 생각한다

★ 케이스 트레이닝 5 전략 옵션 매트릭스의 트레이닝 ─── 232

2 전략 옵션 요소를 정리한다 ──────────── 234

이 사업의 승부 포인트는 무엇인가?

스텝① ▶ 축을 선택한다

스텝② ▶ 타깃을 분석한다

스텝③ ▶ 베너피트~솔루션 분석

3 전략 옵션 매트릭스를 정리한다 ·············· 250

옵션이 가로축, 전략 테마가 세로축

스텝①▶ 전략 테마를 설정한다

스텝②▶ 전략 타이틀을 생각한다

스텝③▶ 전략 요소를 채운다

트레이닝

6 전략 체계 수법을 체득한다

1 기본 전략과 개별 전략을 체계화한다 ·············· 268

기본 전략의 작성법과 묘사법

개별 전략을 체계화한다

★ 케이스 트레이닝 6 기본 전략과 개별 전략의 트레이닝 ·· 276

2 기본 전략의 책정 ·············· 282

어떤 강점을 살려서 어떤 방향으로 갈 것인가?

스텝①▶ 복수의 전략을 평가한다

스텝②▶ 평가의 결과로부터 기본 전략을 선택한다

스텝③▶ 기본 전략을 명문화한다

3 개별 전략의 책정 ·············· 301

기본 전략을 브레이크 다운한다

스텝①▶ 개별 전략 테마를 결정한다

스텝②▶ 전략 내용을 정한다

스텝③▶ 전략 내용을 명문화한다

Prologue

'전략 구상력'을
이해한다

이 책은 프롤로그와 6개의 트레이닝 파트로 나누어져 있다. 이 트레이닝 파트는 각 툴들을 가능한 한 구체적으로, 그리고 보다 실천적으로 이해할 수 있도록 설명하고 있다. 그리고 이러한 툴들은 각각의 사례 속에서 실제 활용해보도록 하는 '연습'과 '공동 창조' 파트로 구성되어 있다.

이에 대한 답이 준비되어 있기는 하지만 노트를 옆에 두고 스스로 답을 생각하면서 진행하기를 바란다.

프롤로그에서는 "도대체 전략 구상력이란 무엇인가?" "전략 구상을 정리한 전략 시나리오는 어떻게 만드는 것인가?" "전략 시나리오를 만드는 데는 어떤 마인드와 스킬이 필요한가?" "어떤 전략 툴이 필요한가?"를 기본적으로 연습하고 복습하면서 확인해두기로 하자.

프롤로그의 중요 포인트

전략 구상력이 미래를 규정한다!

❶ 변화에 대한 대응이 아니라 변화를 창조해야만 살아남을 수 있다.

❷ 전략 시나리오는 전략 구상력이 그 코어(core)를 이루고 있다.

❸ 로지컬 씽킹과 전략 시나리오를 크로스(cross)한 것이 전략 구상이다.

1 전략 구상의 프레임을 파악하자

● 전략이란 사업 추진의 컨셉이고 항상 이기기 위한 명확한 특징을 부여하는 것이다. "Focus & Deep!"

왜 전략 구상력이 요구되는가?

'전략 구상력' — 이 말 속에서 당신은 어떤 스킬(skill)이나 마인드(mind)를 떠올릴 수 있는가?

전략 구상이란 '미션(mission)이나 비전(vision)을 설정하고 그것을 실현하기 위한 전략을 책정하는 것'을 말한다. 전략 구상력을 연마한다는 것은 이 미션·비전·전략, 그리고 그것을 구현하기 위한 액션 플랜(action plan)이라는 일련의 가설 설정, 가설 검증을 통합화하고 그 사이클을 빙글빙글 돌리는 힘을 단련하는 것을 말한다.

경영 활동을 하이어라키(hierarchy = 비즈니스 하이어라키, 계층)화한 피라미드로 생각해보자. 오른쪽 페이지의 도표를 보자. 미션은 이념, 즉 왜 자신들은 존재하고 있는 것인가를 의미하고, 비전은 목표, 즉 자신들은 무엇을 해야 하는가, 무엇이 되고 싶은가를 의미

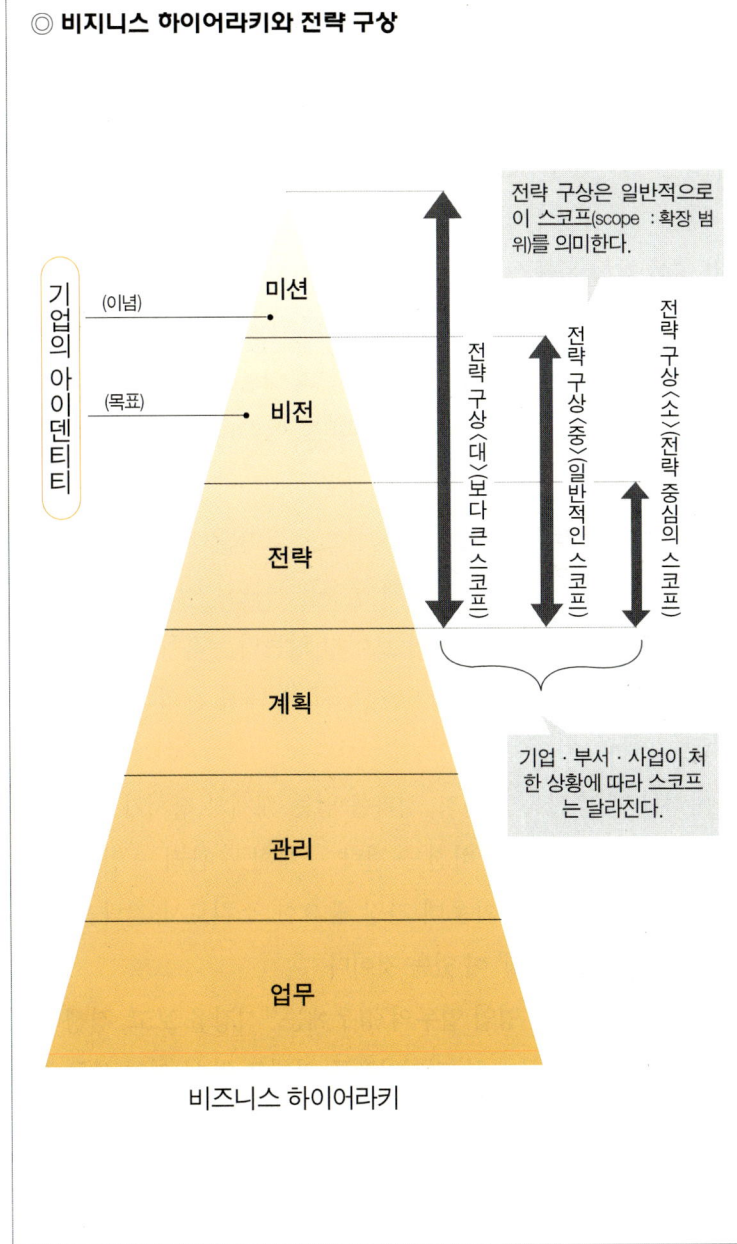

한다. 그리고 이러한 이념과 목표를 어떤 방향으로 실현할 것인가가 전략이다.

비즈니스 하이어라키의 구조를 알지 못하면 업무를 대하는 시야가 좁아지게 된다. 예를 들어 영업 업무를 생각해보자.

매일매일 팽팽 돌아가는 영업 현장에서 우리는 "오늘은 몇 건 했지!" "이 달의 목표가 앞으로 3천만 원이나 남았어. 어떻게 할 참이야!"…… "그런 말은 안 해도 잘 알고 있습니다. 문의나 클레임(claim)에 대응할 시간도 없어요!" "우리 상품은 비싸서 팔리지 않아요. 경쟁사는 계속 가격을 떨어뜨리고 있습니다" 하는 이야기를 흔히 듣게 된다.

이런 이야기의 근저에는 "왜 자신들이 그 일을 하고 있는지" "왜 이 상품을 팔고 있는지" "도대체 무엇을 목표로 영업 활동을 하고 있는지"라는 근본적인 관점이 보이지 않는다. "혹독한 환경 속에서 어떻게 하면 경쟁에 이길 수 있는지"에 대한 논의나 팀(team)의 지혜도 느껴지지 않는다.

이러한 기업 활동의 원점, 성과를 낳는 체제와 장치가 비즈니스 하이어라키의 '미션→비전→전략→계획→관리→업무'라는 일련의 흐름이다. 그 가운데 가장 중요한 스킬로서 전략을 코어(core)로 한 '전략 구상'이 있는 것이다.

앞에서 거론했던 영업 업무의 경우에는 "시장을 보고, 경쟁사를 보면서 자사를 어떻게 볼 것인가?"를 전제로 하여 영업 부문에서의 목적·목표(미션과 비전)를 명확히 하고, 거기에 이런 프로세스(process)를 공유하는 강한 영업 부대를 만드는 것이 필요하다. 전략 구상이란 바로 이런 프로세스이기도 하다. 개발의 경우에는 어떤 사업 도메인(domain)에서 어떤 제품을 이제 어떻게 개발할 것인 가라는 프로세스가 전략 구상이다.

전략 구상이 없었던 예전의 닛산(NISSAN) 자동차, 미츠비시(MITSUBISHI) 자동차는 창업자 DNA를 전략 레벨까지 전개하고 있는 혼다(HONDA)에게 개발력에서 항상 크게 뒤쳐지고 있었다. 조직 내에 전략 구상이 없으면 환경 변화에 지게 된다.

전략 구상력을 연마하기 위해서는?

전략 구상력은 수많은 비즈니스 마인드와 스킬로 구성되어 있다. 모든 비즈니스 마인드와 스킬의 집합체, 총정리라고도 할 수 있다. 컴피턴시(competency : 전략적 행동 특성, 역량 있는 자의 행동 패턴에서 나오는 마인드와 스킬)의 집약이라고도 할 수 있다.

전략 구상력은 크게 2가지 축으로 생각하는 것이 좋다. 그 축이란 다음과 같다.

① 전략 시나리오 축

② 로지컬 씽킹 축

이 책의 트레이닝 1~6은 이 2가지 축으로 이루어진 매트릭스(matrix)에서 각각 추출한 포인트를 재구성한 것이다.

전략 시나리오는 비즈니스 하이어라키의 미션·비전·전략, 그리고 그것을 구현하기 위한 계획으로 브레이크 다운(break down : 분석)되는 벡터(vector), 플로우(flow), 프레임(frame)을 말한다. 로지컬 씽킹이란 합당한 마인드와 스킬을 더 잘 구사하고, 보다 설득력 있는 로직(logic)을 구축하는 사고법·행동 패턴을 말한다.

전략 구상력이란 이 2가지 축을 크로스(cross)하고 그것들을 통합화하는 마인드와 스킬이다. 따라서 전략 구상력을 연마한다는 것은 전략 시나리오 책정 프로세스에 관한 마인드와 스킬, 논리적으로 사물에 대해 생각하고 방향을 결정하는 로지컬 씽킹에 관한 마인드와 스킬, 그리고 이들을 통합화하는 마인드와 스킬을 연마하는 것이라고 할 수 있다.

그렇다면 각각의 축의 흐름을 살펴보자.

전략 시나리오는 오른쪽 도표의 세로축처럼 크게 다음과 같은 5가지 스텝으로 나눌 수 있다.

① 환경 분석
② 과제의 체계화
③ 미션과 비전 설정
④ 전략 체계의 책정
⑤ 전략에서 계획으로의 브레이크 다운

또 로지컬 씽킹은 오른쪽 도표의 가로축처럼 다음과 같은 9가지 요소로 구성된 마인드와 스킬이다.

① 3가지 사고법
 · 제로 베이스(Zero Base) 사고
 · 프레임워크(Framework) 사고
 · 옵션(Option) 사고
② 3가지 기반 스킬
 · 커미트먼트(Commitment)

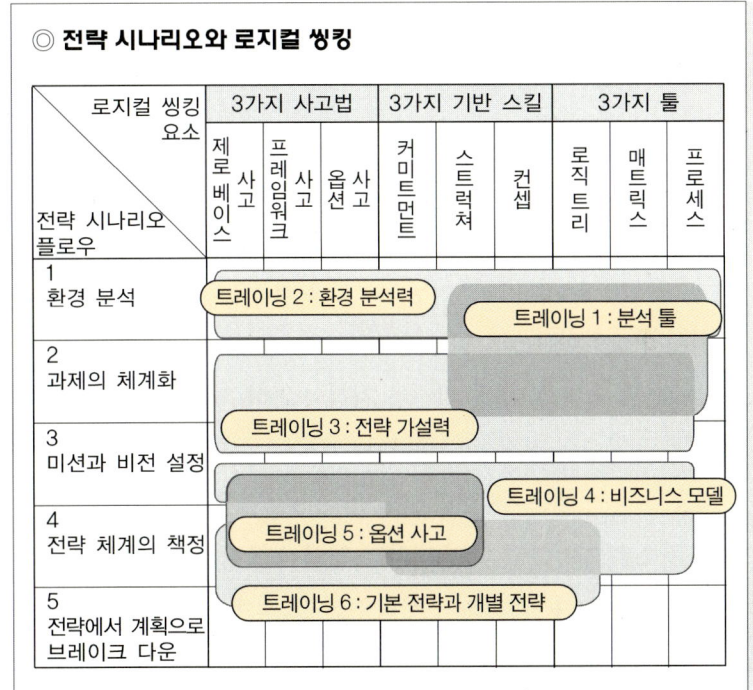

- 스트럭쳐(Structure)
- 컨셉

③ 3가지 툴(tool)

- 로직 트리(Logic Tree)
- 매트릭스
- 프로세스

전략 구상은 이러한 매트릭스를 보다 유기적으로, 그리고 보다 본질적으로 통합화하는 것이고, 사업이나 상품의 기반이 되는 플랫폼(platform)이기도 하다.

전략 구상력은 수많은 비즈니스 마인드와 스킬의 통합력이다.

하나 하나의 마인드와 스킬을 각각 몸에 익히는 것도 중요하지만, 더욱 중요한 것은 이러한 마인드와 스킬을 통합시키는 것이다.

이 책의 트레이닝 1~6의 기본은 전략 시나리오 플로우이다. 시나리오와 로지컬 씽킹의 크로스가 중요한 것이다. 시나리오란 논리적 각본이다. 따라서 전략 시나리오의 기반은 로직에 있는 것이다. 이 관점을 1~6의 트레이닝에서 정리해놓았다.

원래 구상력이란 인스피레이션(inspiration : 영감)이고 이매지네이션(imagination : 상상)이다. 일정한 지식이나 마인드, 스킬이 있고 나서 비로소 발상의 결정이 나타난다.

바로 그렇기 때문에 9개의 발상법과 스킬 툴을 먼저 하나하나 자신의 것으로 연마하고 나면 점차로 일의 흐름이나 기반, 문제의 본질이 보이게 된다. 요컨대 구체적으로 '그렇게 되어야 할 모습(To-Be)'의 이미지를 포착하게 되는 것이다. '일의 본질'이 보다 전체적으로 보이게 된다는 의미이다. 논리적인 각본이 보이게 된다.

그렇게 되면 일이 재미있어진다. 문제의 체계화도 설정된 목표의 달성도 즐겁게 되는 것이다. 일의 흐름으로서의 '플랜(Plan) - 두(Do) - 체크(Check) - 액션(Action)'의 PDCA 사이클을 체계적으로 보게 되고 어디가 포인트인지 알 수 있게 된다.

그리고 깊게 생각하면 할수록 저절로 답이 저편에서 다가오게 되는 것이다.

◎ 로지컬 씽킹의 요소와 전략 구상력의 포인트

		내용	전략 구상력으로서의 포인트
3가지 사고법	제로 베이스 사고	· 고정 관념 / 기성 관념의 부정 · 창조적 파괴 · 가능성의 확대화	사고 구상의 원점을 재고한다.
	프레임워크 사고	· 사고의 축 · 사고의 범위 / 정리 · 단면 / 카테고리화	사고의 전체상·체계를 정한다.
	옵션 사고	· 생각할 때의 선택지 · 의사를 결정할 때의 선택지 · 디베이트(debate)의 기반	선택지를 준비하고 360도 시야로 가설을 검증한다.
3가지 기반 스킬	커미트먼트	· 당사자 의식~책임 의식 · 상대의 입장에 선다. · 반드시 달성해야 할 목표	당사자로서의 의식 능력을 확인한다.
	스트럭쳐	· 구조화 / 계층화 · 상관화 / 위치화 · 체계화	아이디어·가설을 정리 체계화한다.
	컨셉	· 특징 부여 · 차별적 우위성 · 본질	본질=응축된 특징을 확립한다.
3가지 툴	로직 트리	· 트리 그림 / 브레이크 다운 · 피라미드 · 세분화	각 요소의 분해~일람화·체계화
	매트릭스	· 상관화 / 위치화 · 피아(彼我) 비교·세그먼트(segment)화 / 클러스터(cluster)화	각 요소의 비교·그룹화
	프로세스	· 시계열 · 플로우 / 가치 연쇄 · 페이즈 업(Phase up) / 로드맵(road map)	시계열을 기반으로 한 미래 예상에 대한 로드맵화 시도

2 전략의 기본을 테스트로 파악하자

● ──── 전략의 기본에 관한 자신의 지식 레벨을 테스트로 체크해보자.

테스트로 생각하는 전략의 기본

트레이닝에 들어가기 전에 여기서 전략의 기본을 파악해두자. 기초 체력이 있어야 실천 트레이닝도 가능하다. 답을 보지 말고 책에 있는 괄호 안에 연필로 답을 적어놓고 읽어 나갈 것을 권한다. 적어도 10개 질문 중에 5개 이상이 정답이면 좋겠지만 첫 문제가 어렵다면 조금 쉬었다가 다시 도전해보기 바란다.

테스트 카테고리① ▶ 전략의 고전

① 전략의 기본이라면 바로 이것. 『(   )병법』.
② 이것은 중국 춘추 전국 시대에 (   )가 썼다.

③ 그리고 이것은 전부 (   ) 편으로 구성되어 있다.
④ 그 기본은 적을 알고 자신을 알면 (   ).
⑤ 영국에서 1868년에 태어난 (   )는 제1차 세계대전 중에 전투의 이론과 법칙을 도출했다.
⑥ ①과도 공통되지만 그것은 게릴라전으로서의 (   )의 법칙.
⑦ 총력전으로서의 (   )의 법칙으로 나누어진다.
⑧ 프로이센에서 1780년에 태어난 (   ).
⑨ 그의 이론, '전쟁은 무기를 사용한 (   )의 연장'.
⑩ 전쟁은 (   )·전술·병참술의 삼위일체가 핵심.

전략의 고전 복습

우선 해답은 다음과 같다

① 손자 ② 손무 ③ 13 ④ 백전백승 ⑤ 란체스터 ⑥ 약자
⑦ 강자 ⑧ 클라우제비츠 ⑨ 정치 ⑩ 전략

『손자병법』, 란체스터(Frederick William Lanchester, 1868~1946)의 이론, 클라우제비츠(Karl von Clausewitz, 1780~1831)의 『전쟁론』은 전략의 고전이라 할 수 있다. 마키아벨리(Niccolo Machiavelli, 1469~1527)의 『군주론』을 포함시키는 경우도 있다.

『손자병법』은 발군의 저서이다. 란체스터 이론을 포함하고 있다

고도 할 수 있다. 전쟁·전투의 기본 중의 기본일 것이다. 일본의 자위대에서도 읽고 있으며, 미국 국방성의 군인들에게도 필독서로 꼽힌다.

손무의 병법과 란체스터의 이론은 매우 유사하다. 핵심은 포지셔닝에 있다. "적을 알고 나를 알라! 객관화시키라!"라고 하고 있다. 란체스터의 약자의 이론·강자의 이론도 이런 포지셔닝에 의한 객관화에서 출발한다. 자신은 강한가, 약한가? 강하다면 총력전·전면전이고 약하다면 게릴라전·국지전이다. 란체스터는 ① 한 점 집중 ② 약자 괴롭히기 ③ 넘버원(No. 1) 주의의 3가지 승리를 위한 포인트를 제시하고 있다.

집중하여 여하튼 무언가 어디선가 넘버원이 되라는 것이다. 1960년대부터 홍콩과 중국에 공장을 운영하고 있던 마부치 모터(MABUCHI Motor)는 소형 모터 시장에서 세계 점유율의 55% 이상을 유지하고 있다. 플라스틱 모터로 유명했던 마부치 모터는 한 대의 자동차에 80개도 넘는 소형 모터를 사용하도록 사업을 심화, 확대시켜왔다. 대부분의 전자 제품에는 마부치 모터가 사용되고 있다. "Focus & Deep!" 해왔기 때문에 승자가 된 것이다.

토요타(TOYOTA) 자동차는 지극히 풍부한 경영 자원을 가지고 총력전·전면전을 전개하고 있다. 프리우스라는 모델에서 선보인 에코(ECO) 기술이라는 선진 기술, 혼다의 타깃을 포위하기 위한 F1 참가·후지(富士) 스피드웨이의 매수·2각 보행 로봇의 개발·야마하(YAMAHA - Motor)에 대한 자본 참여. 그리고 히노(日野) 자동차·다이하츠의 매수를 통한 자동차의 수직 통합화. 토요타만이 가능한 그야말로 전면전 아니 통합전이라고 불러야 맞을 것이다.

강한 자만이 가능한 전략이다.

클라우제비츠는 전쟁이란 정치의 연장이라고 했는데, "전쟁과 전투는 다르다. 전투의 집합체가 전쟁이다"라고 하여, '전쟁은 전략·전술·병참술의 삼위일체가 핵심'이라는 테제를 제시했다. 하지만 기업 전략론에서는 그 정도로 많은 이론이 사용되고 있는 것 같지는 않다.

테스트 카테고리② ▶ 근대와 현대의 전략

① 란체스터 이론을 일본에서 알기 쉽게 체계화한 사람은 (   ) 노부오(信夫)

② 란체스터 이론을 수학적인 셰어론(share, 시장 점유율)으로서 구체적인 목표치로 만든 사람은 컬럼비아 대학의 (   ) 교수

③ 그 목표치 중에서 유명한 지표로, 이 셰어(점유율)를 획득하면 넘버원으로 안정되는 상대적 안정 셰어는 (   )%

④ 동일하게, 시장적 존재 셰어(존재할 수 있는 최소한의 셰어)는 (   )%

⑤ 하버드 대학의 (   )는 현대의 '미스터 전략'이라 불린다.

⑥ 그의 이론에서 경쟁은 (   )가지 경쟁 요인에서 생겨난다.

⑦ 그의 (   ) 연쇄 이론은 현재는 SCM 등의 IT 개념에 도입되고 있다.

⑧ 전략 구상 책 중의 명저인 콜린즈(J. C. Collins) & 포라스(J. I.

Porras) 두 사람이 지은 『(   )』 (우리 나라 '김영사'에서 발행한 독특한 타이틀이지만).

⑨ 토마스 피터스(Tomas J. Peters)와 워터만(Robert. H. Waterman)에 의한 『(   )』.

⑩ 경영 서적의 바이블인 피터 드러커(Peter F. Drucker)의 『(   )』.

근대와 현대의 전략 복습

우선 답부터.

① 타오카 ② 코프만스 ③ 41.7 ④ 6.8 ⑤ 마이클 포터 ⑥ 5 ⑦ 가치 ⑧ 성공하는 기업들의 8가지 습관 ⑨ 초우량 기업 ⑩ 경영의 실제(The Practice of Management)

조금 어려웠을지도 모르겠다. 란체스터 이론은 타오카(田岡)뿐만 아니라 많은 컨설턴트와 경영학자가 독자적인 해석이나 이론을 곁들어 다양한 측면에서 출판되었다. 특히 마케팅 이론 계통이나 유통 계통이 많다. 일본의 유통 컨설턴트 이론의 기반은 란체스터 이론에 있다고 해도 지나치지 않을 정도이다.

코프만스(T. C. Koopmans, 1910~1985)의 목표치는 특히 B2C (business to consumer : 기업과 소비자 간의 전자 상거래)에는 사용될 수 있다. 국내 자동차 시장, 국내 맥주 시장은 이 수치가 그대로 적용

된다. 토요타나 아사히 대 기린의 시장 점유율은 41.7%가 기점이 되고 있다.

마이클 포터(Michael E. Porter, 1947~)의 『경쟁의 전략(Competitive Strategy)』은 현대 전략의 기본 중 하나이다. 저작의 표지에 그려져 있는 것도 '5가지 경쟁 요인'과 '가치 사슬(value chain)'이다. 이 2가지는 전략 분석 툴로 사용되고 있기도 하다.

『성공하는 기업들의 8가지 습관(원제: Built to Last)』과 『초우량 기업(In Search of Excellence)』은 전략 이론이라기보다 전략 구상 케이스에 대한 참고서라고 말할 수 있다. 특히 『성공하는 기업들의 8가지 습관』은 미션과 비전 영역이 얼마나 중요한지 알기 쉽게 서술하고 있다. 『성공하는 기업들의 8가지 습관』에서 말하는 "시간을 알리지 말고 시간을 알리는 시계를 만들라!"는 것은 있어야 할 기업 유전자의 테마이기도 하다. 한편 『초우량 기업』은 당시(일본에서는 1983년 출간됨)의 우량 기업 62사를 실제로 분석한 결과에 의한 것이다. 지금은 그렇게 '초우량 기업'으로 분류되었던 기업이 그 빛을 잃어버린 케이스도 있다. 현재와 비교해서 20년의 차이를 살펴보는 것도 재미있다.

전략 이론을 배울 뿐만 아니라 왜 그 기업은 빛나고 있는 것일까, 왜 그 기업은 강한가를 분명히 알고 있으면 전략 구상력에 대한 폭이 넓어진다. 그럼 지금부터는 보다 실천적인 전략 툴에 대한 테스트를 해보자.

테스트 카테고리③ ▶ 전략 툴

① 기업의 강점을 분해한 조직 스킬=핵심적인 경쟁력을 (   ) 라고 한다.

② 마켓(market) 넘버원 기업이나 기술을 목표로 자사와의 갭(gap)을 객관화시키는 것을 (   )이라고 한다.

③ (   )는 최적의 실천이라고 직역할 수 있다. ②를 실시하여 독자적인 생각으로 조직 내에 실천하는 것.

④ 환경 분석은 마크로 환경·시장 환경·(   ) 환경의 3가지 측면이 필요.

⑤ 환경 분석에서 사용하는 3C 분석이란 Customer / Company / (   )이다.

⑥ 비즈니스 하이어라키는 경영 활동을 위에서부터 나열한 것. 위에서부터 미션·비전·전략·(   )·관리·업무.

⑦ 경영학자 앤소프(I. Ansoff)의 전략 정의의 하나. '전략이란 (   )의 룰 세트(rule set).'

⑧ 비전(=목표)에는 (   ) 목표와 정성 목표의 2가지가 있다.

⑨ 전략 가설을 하나 만들어서 논의하는 것보다도 복수의 가설을 만들어서 논의하는 것이 바람직하다. 이것을 전략 (   )이라고 한다.

⑩ 비전 중에 포함되는 것으로 사업 영역이 있다. 일반적으로 사업 (   )이라고 한다.

전략 툴 복습

① 코어 컴피턴스(core competence : 핵심 역량) ② 벤치마킹
③ 베스트 프랙티스(best practice) ④ 사내 ⑤ competitor(경쟁사) ⑥ 계획 ⑦ 의사 결정 ⑧ 정량 ⑨ 옵션 ⑩ 도메인

전략은 비즈니스 하이어라키 중의 비전과 계획 사이에 위치하고 있다. 요컨대 비전(목표) 실현을 달성하기 위한 것이고 계획으로 브레이크 다운을 하기 위한 것이다. 이런 의미에서 전략은 목표를 실현시키기 위한 기본 방침이고 사업 추진의 컨셉이라고도 할 수 있다. 계획의 설정 기준, 행동화의 룰 세트라는 의미에서 전략이란 의사 결정 룰의 세트이기도 하다.

'전략이란 항상 이기기 위한 명료한 특징 부여'라고 정의할 수 있다. 그리고 이 특징을 어떻게 표출시킬 것인가를 생각한다면 전략이란 'Focus & Deep!'이란 정의로도 자주 사용되고 있다.

전략을 만드는 기본은 기업의 경쟁 우위가 있는 코어 컴피턴스를 더욱 강하게 하든지 부족한 코어 컴피턴스를 보충하든지 둘 중의 하나이다. 기업이나 상품의 포지셔닝을 객관적으로 시도하기 위하여 실시하는 것이 벤치마킹이다.

이 벤치마킹을 실시하고 경쟁사이든 참고 기업이든 좋은 점을 취하여 자사 나름의 독자성을 고려하여 구체적으로 실천하는 수법이 베스트 프랙티스이다. 성공 사례 연구, 실패 사례 연구와 그 실천이라고도 할 수 있다.

객관적으로 자사의 포지셔닝을 분석하기 위해서는 3가지 환경

분석(마크로 · 시장 · 사내)과 3C 분석(고객=시장 · 자사 · 경쟁사)을 반드시 실행해야 한다. 전략 구상은 문제 의식 · 위기 의식 · 당사자 의식에서 오는 것이므로 미션과 비전도 중요한 검토 카테고리이다.

이 경우 지금 많은 기업에서 검증하지 않으면 안 되는 것이 사업 도메인과 자사의 비즈니스 모델이다. 이러한 것들을 재구축하는 것을 리도메인(re-domain), 리모델(re-model)이라고 한다.

목표에는 숫자적인 정량 목표와 숫자로 되기 어려운 정성 목표가 있다. 이러한 목표를 구현화하기 위한 전략 체계는 전략 옵션 · 기본 전략 · 개별 전략의 크게 3가지 요소에 의하여 구성된다.

위와 같이 간단한 레벨 체크를 해보았는데 결과가 어떠한가?

각 10문항 중의 평균 점수를 기준으로 지금까지 읽어왔던 방법을 바꾸어보자.

```
10점 만점 → 더 이상 이 책을 읽을 필요 없음!
7~9점 → 대단한 실력 보유자. 확인하는 의미에서 이 책을 읽기
         바람.
4~6점 → 그럭저럭 평균. 이 책은 나름대로 읽기 바람.
2~3점 → 조금 공부 부족. 착실히 이 책으로 공부하기 바람.
0~1점 → 적어도 3번은 이 책을 읽기 바람.
```

전략 구상력은 환경 변화 · 구조 변화가 격심한 지금 비즈니스맨이 익혀야 할 컴피턴시(competency)라고 할 수 있다. 전략의 기초, 전략 분석의 기초, 전략 시나리오 구축의 기초, 로지컬 씽킹의 기초를 통합시켜서 전략 구상력을 자신의 것으로 만들기 바란다.

베스트 프랙티스로 생각하는 전략 구상력

● —— 세상의 사업 성공 사례는 반드시 그 베이스에 누군가의 전략 구상이 있다.

베스트 프랙티스 스피치로 트레이닝!

베스트 프랙티스 분석에 대한 상세한 내용은 뒤에서 다시 이야기하겠지만, '베스트 프랙티스'란 경쟁 기업과 참고 기업의 전략 구상에 대한 객관적 데이터의 분석과 전략 분석을 수행하여 자사에 도입하는 체제를 마련하는 것이다.

베스트 프랙티스 스피치란 3분 간에 참고 기업의 아래와 같은 4가지 점을 프레젠테이션(presentation)하는 트레이닝이다.

① 기업명
② 기업 개요(매출・이익・최고 경영자 프로파일・사업 도메인・거점 네트워크・전략 상품……)라는 사실(facts)
③ 전략적 특징 3가지
④ 마지막으로 전략 에센스(essence)를 한마디로 정리한다.

목적은 전략 구상력의 기반 만들기와 로지컬 씽킹 능력의 향상, 프레젠테이션 능력의 향상에 있다. 단지 3분 간(사람 수가 많은 경우는 2분)이지만 상당한 내용이 담기게 된다. 프레젠테이션하고 있을 동안 스크린에 해당 케이스의 기업 홈페이지를 등뒤로 비추고 있으면 효과는 더욱 커진다.

이것을 몇 번이고 반복한다. 기본 트레이닝으로는 최적인 것이다. 자기 자신이 연마되고 다른 멤버의 케이스를 듣고 있으면 전략 구상의 지식 관리(knowledge management)가 되기도 한다.

전략 이론 중심의 책도 좋지만 많은 전략 경영이나 전략 구상을 케이스로 만들어 학습하면 자연스럽게 전략 구상이 익숙해진다.

실제로 하나의 사례를 들어보자. 본래는 쓴 것을 읽는 것이 아니라 암기해야 하는 것이다. 자기가 자신 있는 케이스를 얼마나 많이 갖고 있는지가 포인트이다. 만약 자기가 자신 있는 케이스가 10개 사가 있다고 하자. 그러면 이 기업들에 관해 신문 기사, 잡지 기사, 메일 매거진 등에 다루어진 것이 있다면 반드시 읽을 것이다. 그리고 지금까지 정보와 비교하여 새로운 것이라면 머릿속의 지식 관리로 갱신될 것이다. 그리고 더욱 더 그 사례를 잘 이해할 수 있게 될 것이다.

● 베스트 프랙티스 스피치의 케이스 ●

① 기업명 : 큐비네트 주식회사

② 기업 개요(facts) :

브랜드명 : QB 하우스

사업 도메인 : 커트(cut)만 하는 10분 이발소

매출 : 2001년 6월 결산 약 16억 엔

창업 : 1995년

창업자 : 코니시 쿠니요시(小西國義) (1941년생, 종합상사·의료 컨설턴트를 거쳐 창업)

최고 경영자의 비전 : 국내 1,000점포를 구상. 2006년 120억 엔, 500점포 목표. 일본발 디스카운트 (discount) 이발소 모델의 디 팍토 스탠다드(De Facto Standard, 사실상의 표준) 화(세계 전개)를 지향.

점포수 : 약 100점포(2001년 말)

③ 전략적 특징 1 : 10분 1,000엔을 위한 초효율 경영

(계산대 없음 = 자동 발매기 / 전화 없음 = 예약 없음 / 청소 없음 = 머리털이 바닥에 떨어지지 않도록 연구)

전략적 특징 2 : 역 구내·역 빌딩 내·쇼핑센터 구내와 같은 좋은 입지에서 전개(생산성 중시)

전략적 특징 3 : 기다리지 않게 함·10분 엄수·회계 관리 최소화라는 특징은 대기석·이발용 의자·발매기에 센서를 설치한 네트워크화에 의한 IT 활용으로 실현(IT 기반 기업)

④ 전략적 에센스 : 슈퍼(Super) 효율 퀵 바버(Quick Barber)

QB하우스의 발상은 "왜 이발소에서는 이렇게 기다려야 되는 거지?" "왜 시간은 이렇게 걸리는 거야?" "왜 쓸데없는 이야기를 떠들어대는 이발사가 이렇게 많은 거야?"라는 창업자의 문제 의식에서 시작되었다.

처음부터 체인 전개를 의식하고 시작했을 때 NTT 텔레마케팅에 의뢰하여 전화로 마켓 리서치를 한 바 있다. 상당한 정도로 비전과 전략을 명확히 하여 출발한 것이다.

매스컴으로부터의 취재 건수는 대단하다. 게다가 해외로부터의 취재도 많다. 그래서 해외에서도 반응이 있을 것이라고 생각하고 싱가포르 · 중국 · 미국으로의 전개도 검토하고 있다고 한다.

마이클 포터의 『경쟁의 전략』에 대한 공부도 필요하다. 그러나 QB하우스 코니시 사장의 비전이나 고생담을 듣는 것이 자신의 것으로 만드는 데 얼마나 더 도움이 되는 일인가!

베스트 프랙티스란 이처럼 유사 체험을 하는 것이다. 가능하면 스스로 직접 정보를 수집하고 직접 점포에 가서 고객이 되어보는 것이 본래의 베스트 프랙티스가 된다. 실제로 체험하는 것이야말로 자신의 비즈니스에 좋은 점을 취할 수 있는 계기가 되는 것이다.

QB하우스의 전략 구상의 훌륭한 점을 정리해보자.

① 이발소의 리모델 = 새로운 업태의 전개
② ①을 실현시키는 체제와 장치의 연구 및 그 실현
③ 처음 시작할 때의 객관적인 리서치 실시

위와 같은 3가지 전략 프레임이 있다.

그 원점은 지금까지 이발소에 대한 불만이라는 문제 의식에 있다. 그리고 단순한 카리스마 리더의 존재만이 아니라 기업 자체, 사업 자체에 새로운 비즈니스 모델, 새로운 비즈니스 시스템이 담겨져 있다는 것이 QB하우스의 매력이다.

이 매력을 자신의 것, 자신의 일로 꼭 체험하기 바란다.

실천이 있어야 이론도 있다. 이론은 분명히 정리하는 데는 도움이 된다. 그러나 이론을 기본으로 전략 구상력을 연마하는 것을 권하고 싶지는 않다. 반드시 현장·현물·현상의 삼현(三現)주의를 기본으로 전략 구상력을 연마하기 바란다. 베스트 프랙티스야말로 전략 구상력을 진화시키는 것이다.

◆ 프롤로그에서 배운 포인트 ◆

포인트 1
전략 구상력이란 미래 창조력·변혁 유전자 그 자체이다!

포인트 2
베스트 프랙티스가 전략 구상력의 원점이다!

포인트 3
현장·현물·현상의 삼현주의라는 실천으로부터의 전략 구상력을 연마할 것!

Training

1

'분석 툴' 활용력을 단련한다!

"○○분석!? 배웠지만 써먹을 데가 없지요"라고 하는 사람들은 기본을 자신의 것으로 만드는 중요성을 반드시 이해할 필요가 있다. 기본적인 툴을 완벽하게 구사할 줄 모르면 전략은 나오지 않는다.

독선적인 로직만으로 합의가 가능했던 시대는 끝났다. 전략 구상력에는 분석 툴 활용력이 필수다.

① 우선 범용적인 분석 툴로 정보를 정리하도록 의식적으로 노력한다.
　(잘 되지 않는다.) → (그러나 그래도 계속 사용해본다.)
② 알기 쉽게 공유 가능한 정보 프레임으로 정리되도록 한다.
　(①~②를 반복하면서 범용적인 분석 툴을 완벽하게 구사한다.)
③ 범용적이지 않은 다른 관점에서 정리하는 축을 원하게 된다.
④ 자기 나름대로 테마별로 오리지널한 분석 툴을 만들 수 있게 된다.

이 ④가 전략 구상형 비즈니스맨의 스타트 라인이라고 할 수 있다.

트레이닝 1의 중요 포인트

분석 툴을 자기 것으로 하자!

❶ 트리화 · 매트릭스화 · 프로세스화의 3가지를 기본으로 한다.

❷ PPM, SWOT 등 스탠다드한 범용적인 분석 툴은 확실히 기억한다.

❸ 응용이 되는 분석 툴은 자신의 업무 테마로 바꾸어 생각한다.

분석 툴의 기본을 정리한다

● —— 전략 책정은 자신을 알고 상대를 아는 일이다. 요컨대 툴을 사용해서 자사와 상대(고객과 경쟁사)를 아는 일이다.

분석 툴의 종류

트레이닝 1에서는 전략 구상을 할 때 사용하기 좋은 7가지 분석 툴을 다룬다.

【마케팅 교과서에 실려 있는 분석 툴】

① 로직 트리 ② PPM 분석 ③ SWOT 분석

④ 비즈니스 시스템 분석

【이 책에서 제시하는 독창적인 분석 툴】

⑤ 비즈니스 하이어라키 분석 ⑥ 코어 컴피턴스(핵심 역량) 분석

⑦ 커스터머(customer) 시나리오 분석

이상의 7가지 분석 툴을 습관적으로 완전히 구사하게 되는 것이 전략 구상형 비즈니스맨이 되는 첫걸음이다.

기본과 준비가 중요한 것은 어떤 세계에서나 동일하다. 박찬호도, 박세리도, 이승엽도, 조치훈 명인도 기본과 준비를 완전히 자기

◎ 7가지 분석 툴과 7가지 트레이닝

로지컬 씽킹의 3가지 툴과 사업 환경 분석의 3가지 관점으로 정리하면…

7가지 분석 툴	로지컬 씽킹			포지셔닝을 파악하는 축(3C)		
	트리	매트릭스	프로세스	①자사	②경쟁	③고객(시장)
1 로직 트리	○			◎ 트레이닝 ① → 58페이지 착수해야 할 경영 과제의 우선 순위는? 사장의 관점에서 정리하자		
2 PPM		○		◎ 트레이닝 ② → 67페이지 어떤 사업에 힘을 쏟고 어디에서는 철수를? 전략적 사업 전개를 생각하자.	○	
3 SWOT		○		◎ 트레이닝 ③ → 74페이지 업계의 기회와 위협은? A사의 강점으로 전략 가설을 세우자	○	
4 비즈니스 하이어라키	○	○		◎ 트레이닝 ④ → 81페이지 A사의 문제를 한마디로 하면? 6가지 각 단계에서 찾아보자.	○	
5 코어 컴피턴스		○		◎ 트레이닝 ⑤ → 88페이지 고객은 무엇을 요구하고 있는가? A사와 경쟁사의 비교에서 찾아보자.	◎	○
6 비즈니스 시스템			○	◎ 트레이닝 ⑥ → 94페이지 고객이 요구하는 프로세스는? A사와 타사와의 비교에서 찾아보자.	◎	○
7 커스터머 시나리오			○	트레이닝 ⑦ → 101페이지 고객은 어떤 사람들인가? 고객 전략의 핵심을 추출하자.		◎

**'전략 구상'은 포지셔닝을 파악하는 것에서 시작된다!
각각의 목적·용도를 확실하게 이해하고 분석에 활용하자!**

◎ 7가지 분석 툴의 이미지 샘플

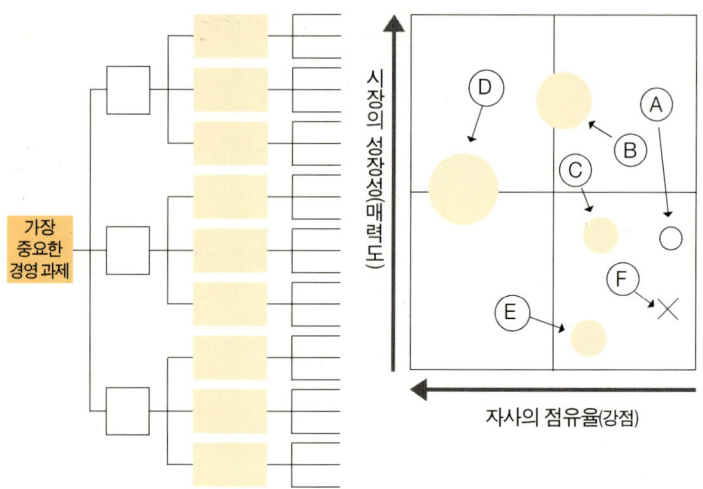

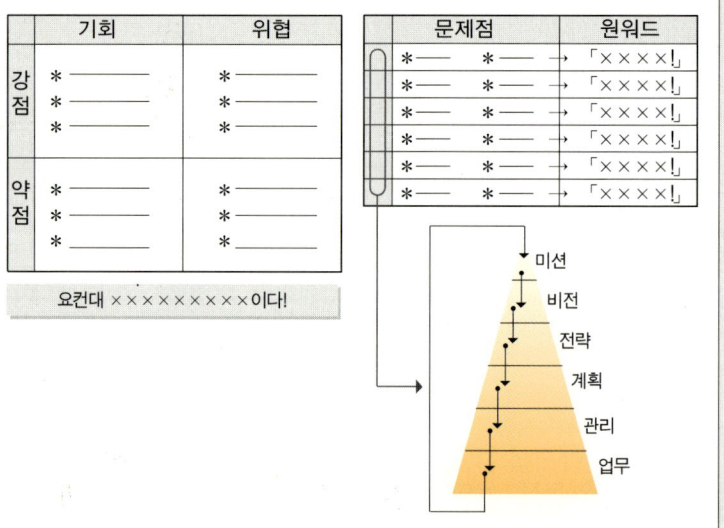

5. 코어 컴피턴스 분석

코어 컴피턴스	계수	A사	B사	C사
1. _____	5	◎	○	○
2. _____	4	△	◎	○
3. _____	3	○	◎	○
4. _____	2	◎	○	△
5. _____	1	○	○	△
합계				
최종 합계				

6. 비즈니스 시스템 분석

	연구	개발	조달	생산	판매	서비스
A사						
B사						
C사						

7. 커스터머 시나리오 분석

	그룹 A	그룹 B	그룹 C
스텝①			
스텝②			
스텝③			
스텝④			

트리와 매트릭스, 프로세스가 기본이 된다는 것을 알 수 있다. 자사에 맞는 오리지널 분석 툴로 개략해보자.

것으로 할 수 있었기 때문에 자신의 스타일이 생겨난 것이다. 당신도 업무에서 프로가 되고 싶어서 이 책을 읽고 있을 것이다. 7가지 분석 툴을 기본이라고 생각하고 자신의 것으로 만들기 바란다.

45페이지 도표에서 알 수 있듯이 7가지 분석 툴의 베이스가 되는 것이 로지컬 씽킹의 3대 툴이다. ① 트리화 ② 매트릭스화 ③ 프로세스화이다. 이 3가지를 조합함으로써 오리지널 분석 툴을 만들어내는 것이 가능하게 된다. 기본을 익힌 다음 반드시 자기 나름의 오리지널한 분석 축과 분석 툴 창조로 진화하길 바란다.

분석 툴의 선택 방법

그럼 7가지 분석 툴은 언제 어떤 용도로 나누어 사용하면 좋을까? 전략 = '시장에서 이기기' 위해서는 자신을 알고 상대(고객과 경쟁사)를 아는 것이다. 요컨대 정보를 수집하여 정리하고 3자의 포지셔닝을 객관화하는 데서 시작되는 것이다.

우선은 자사의 포지셔닝을 분명히 파악하기 위해서 현상부터 정리한다.

이 경우에는 크게 자사의 경영 과제 가설을 ① 로직 트리로 생각한다. 그리고 이 가설을 검증하는 의미에서 자사 사업이나 상품의 ② PPM(Product · Portfolio · Management) 분석, 사업 환경과 자사 평가 ③ SWOT(Strength, Weakness, Opportunity, Threat) 분석, 조직의 문제를 드러나게 하는 ④ 비즈니스 하이어라키(미션 · 비전 · 전략 ·

계획 · 관리 · 업무) 분석을 수행한다.

다음에 경쟁사와의 비교를 통해서 자사와 경쟁사 간의 포지셔닝 가설을 세운다. 어떤 기업이 고객이 요구하는 베너피트(Benefit)를 제공할 수 있는지를 평가하는 ⑤ 코어 컴피턴스(Core Competence) 분석, 어떤 기업이 가장 바람직한 실천을 하고 있는지 평가하는 ⑥ 비즈니스 시스템 분석, 그리고 최종적인 평가자인 고객에 대해서 어디까지 베스트 익스피어리언스(Best Experience : 최상의 체험)를 제공할 수 있는가 하는 시점에서 ⑦ 커스터머 시나리오(Customer Scenario) 분석이 있다.

이러한 분석 툴을 업무에 활용하고 자신의 것으로 하기 위해서는 "왜 이런 경우에 이런 분석 툴을 사용하는가" "각각의 분석 툴을 사용할 때의 문제 의식은 무엇인가"라는 점을 이해해둘 필요가 있다. 그러기 위한 각각의 분석 툴의 목적과 문제 의식을 다음 페이지의 그림과 같이 정리해둔다. 툴을 단순히 지식으로 알고 있는 것처럼 사용하는 일은 피하기 바란다. 중요한 것은 "툴을 사용하는 목적은 무엇인가"를 분명히 파악하여 사용하는 것이다. 툴을 사용하더라도 목적이 불명확하다면 시간 낭비라는 점을 염두에 두고 다음 내용을 이해하기 바란다.

①로직 트리(경영 과제 트리)

조직의 경영 과제에 대한 해결을 일관된 흐름으로 위에서부터 파악하기 위해서는 트리를 사용하는 것이 가장 효과적이다. 이 경우 반드시 브레이크 다운 발상을 할 것. TQC(total quality control : 전사적 품질 관리) 활동에서 자주 이용되는 KJ법(카와키다 지로川喜田二

◎ 7가지 분석 툴의 목적과 의의

3 SWOT 분석
사내의 강점·약점과 사외의 기회·위협에 대해 대책을 세움

사내와 사외의 크로스 분석으로 대책의 우선 순위를 알 수 있음

2 PPM 분석
기업은 사업을 구상하는 데서 시작

사내의 사업과 상품의 우선순위를 알 수 있음

4 비즈니스 하이어라키 분석
전략을 조직 내에 침투시키는 데 있어서 장애요인을 발견함

사내의 장애 요인으로부터 매니지먼트의 본질적인 과제가 떠오름

1 로직 트리
전략 목표는 무엇인가라는 기점이 됨

해결해야 할 경영 과제의 우선순위를 알 수 있음

7 커스터머 시나리오 분석
고객의 입장에서 원츠(wants)를 철저하게 추구

고객과의 접점에 있어서 프로세스를 '베스트 익스피어리언스' 제공이라는 시점에서 철저하게 파악

5 코어 컴피턴스 분석
경쟁사를 포함한 각 사의 전략이 명확하게 됨

고객이 요구하는 경쟁성으로부터 자사의 경쟁력 강화 포인트를 알 수 있음

6 비즈니스 시스템 분석
전략을 현실로 구현하는 데 있어 장애 요인을 발견함

전략 실현에 베스트라고 여겨지는 프로세스를 철저하게 파악

7가지 분석 툴을 하나처럼 구사할 수 있으면 전략 구상의 기본은 명확하다!

郞가 고안한 문제 해결 기법)은 '바텀 업(Bottom Up)'의 발상이다. 그러나 경영 과제를 파악하는 데 있어 중요한 것은 "가장 중요한 과제를 무엇으로 할 것인가" 이다. 결코 현장의 문제를 쌓아가는 데서 경영의 가장 중요한 과제가 나오는 것은 아니다. 위로부터 브레이크 다운 발상으로 일관된 과제에 대한 해결을 조직에 침투시킬 수 있게 된다.

트리를 사용해서 경영 과제를 체계화하는 의미는 우선순위의 부여다. 대소 다양한 과제의 어디서부터 착수해야 할 것인가? 긴급도 및 중요도를 객관화시키기 위하여 트리를 사용하는 것이다. 그 척도는 전략 목표가 무엇인가라는 것이 기점이 된다. 전략 목표의 설정에 의하여 가장 중요한 경영 과제가 좁혀지게 된다.

②PPM(Product · Portfolio · Management) 분석

기업이 지닌 기존 사업이나 기존 상품 전체의 포지셔닝을 명확히 하는 것이 PPM 분석이다. 세로축에 시장의 매력도(성장성), 가로축에 자사의 강점(셰어, 점유율)을 둔다. 현재 상태의 사업(상품) 밸런스(balance)와 사업(상품) 평가를 객관화하고, 앞으로의 경영 자원 배분에 대한 판단을 하기 위한 것이다. 잭 웰치(J. Welch)가 GE 사업 통폐합 때 사용했던 유명한 분석 툴이다.

"기업은 사업을 구상하는 데서 시작된다" ― 하나의 사업에서 복수의 사업으로 사업 도메인 전개를 비전화하고, 사업 라이프 사이클(life cycle)의 밸런스를 이미지화한다. 이 분석 툴을 사용함으로써 현재의 사업 포지셔닝에 대한 논의뿐만 아니라 지금의 포지션과 매출액을 3년 뒤에는 어떻게 할 것인가를 논의하는 것이 가능하

다. 현재의 상태는 좋지만 이대로 갈 경우 5년 후의 수익 구조는 어떻게 될 것인가 등 위기 의식을 환기시키는 데 도움이 된다.

③ SWOT(강점 · 약점 · 기회 · 위협) 분석

신규 사업에 착수할 때 우선 필요한 것이 SWOT 분석이다. 대상 사업의 사업 환경은 어떤가? 어떤 기회(찬스)와 어떤 위협이 숨어 있는가? 그리고 현재 자사의 강점과 약점은 무엇인가? 이 4가지 시점에 의해 지금의 사업 기회를 잘 파악하고 신규 사업에서 성공할 가능성은 과연 있는지를 판단하는 마케팅 환경 분석의 툴이다.

전략을 구상하는 데는 자신들이 존재하고 있는 환경에서의 포지션을 확실히 파악하고 그것을 공유한 위에 논의를 심화시킬 필요가 있다. 구상할 때 프레임워크(정보 정리와 사고의 틀)를 표준화한다는 것이다. 이때 사내 환경과 사외 환경이라는 단순한 관점에서 강점과 약점(사내) · 기회와 위협(사외)은 환경 분석의 기본 요소라고 기억해두자.

④ 비즈니스 하이어라키 분석

조직의 어떤 부분에 병이 있는지 기업 진단을 할 때 사용하는 한 가지 방법이 비즈니스 하이어라키 분석이다. 부문별로 문제점이나 과제를 찾아보는 횡적인 단면이 아니라 조직의 최상위 개념(=미션)으로부터 구체적인 현장(=업무)까지 조직 운영을 종적인 단면으로 보는 분석 툴이다.

전략 구상에서는 상위 3가지(미션 · 비전 · 전략)가 중심 대상이 된다. 그러나 상위 3가지부터 통합화된 기본 전략은 개별 전략으로 나누어지면서 그 개별 대상 분야에서 각각 계획·관리·업무로 일관되게 흘러가게 된다. 전략을 탁상공론이 아닌 조직 내에 침투시키고 공유하는 것으로 만들어가는 데 있어서의 장애 요인을 분명히 드러나게 하는 것이 이 분석의 노림수이다.

⑤ 코어 컴피턴스 분석

마케팅 전략을 수립하는 데 가장 기초로 삼는 분석 툴이 코어 컴피턴스 분석이다. 자사가 지닌 강점 가운데 고객이 요구하는 것에 부응하는 힘은 무엇이고, 경쟁 타사에 대한 우위성을 갖고 있는 조직의 핵심적 경쟁력은 무엇인가? 이것이 코어 컴피턴스이다. 조직의 코어 컴피턴스가 명확화되어 있지 않으면 어떻게 특징을 부여해서 싸워야 할지 알 수가 없다. 전략이란 이기기 위한 명확한 특징 부여이다. 그 기본이 코어 컴피턴스인 이상 경쟁 타사와의 비교 분석이 전략 책정상 필수 불가결하게 된다.

바꾸어 말하면 코어 컴피턴스 분석에 의하여 각 사의 전략의 본질이 명확해진다고 할 수 있다. 논의를 거듭하면 처음에는 가설의 가설이었던 경쟁사의 전략이 '그래 바로 이것을 노리고 있었군' 하고 떠오르게 된다. 무엇보다도 경쟁사를 잘 알고 있는 것은 고객이다. 고객의 평가에 확실히 귀를 기울이는 자세를 매일 유지하는 것이 전략 구상에 큰 도움이 된다.

⑥ 비즈니스 시스템 분석

마케팅 활동의 어디에 문제가 있는 것인지, 어떻게 하면 개선할 수 있는지를 진단할 때의 툴이 비즈니스 시스템 분석이다. 이것도 코어 컴피턴스 분석과 동일하게 경쟁 타사, 특히 베스트 프랙티스를 실천하고 있는 기업의 비즈니스 시스템과 비교해보면 개선점이 분명해진다.

앞의 비즈니스 하이어라키 분석이 '전략을 조직 내에 침투·공유시켜가는 데 있어 장애 요인의 추출'을 목표로 하고 있다면 이 비즈니스 시스템 분석은 전략을 현실로 구현시켜가는 데 장애 요인을 떠오르게 하는 것이 목표라고 할 수 있다. 비즈니스의 흐름 중에서 어디가 바틀 넥(bottle neck)이 될 가능성이 있는지를 파악하는 것으로 미리 미리 대응하는 전략 구현화가 가능하게 된다.

⑦ 커스터머 시나리오 분석

신규 사업과 신상품을 기획할 때 또는 기존 사업을 재검토할 때 잊지 말아야 할 것이 커스터머 시나리오 분석이다. 도대체 어떤 목적을 지닌 고객이 각각 어떤 시나리오로 생각하고 행동할 것인가를 어디까지나 고객의 관점에서 분석한다. 철저하게 고객이 되어봄으로써 "과연 그렇구나!"라고 말할 수 있는 상품과 서비스를 제공할 수 있게 된다.

고객의 원츠(wants : 이것은 니즈needs가 구체화 된 것, 목이 마른 것이 니즈라면 콜라나 사이다 등을 마시고 싶은 것은 원츠)를 철저하게 추구하는 것 — 당연한 일이지만 "말하기는 쉽지만 실천은 어렵다." 진정으로 철저히 실천하고 있는 기업은 단지 그것만으로도 전략에 충실한 것이 된다. 그러한 만큼 현장에 행동 기준으로 침투시키는 데는 연구가 필요하다. 커스터머 시나리오 분석이라는 툴을 현업 체제로 녹아들어가게 하는 매니지먼트(management) 장치를 생각하는 일이 전략 매니지먼트 실천이라 할 수 있다.

이상 살펴본 것처럼 7가지 분석 툴은 전략 구상을 하는 데 있어 반드시 필요한 논의의 플랫폼이 된다. 이러한 분석 툴을 공유하지 않은 논의를 생각해보기 바란다. 자사·경쟁·고객이 처해 있는 환경에 대해 전제하고 있는 인식은 따로 따로, 시간 축도 사람마다 제각각, 목표와 전략과 계획도 뒤죽박죽으로 논의될 것이다.

그렇다면 이러한 7가지 분석 툴을 하나 하나 자신의 것으로 만들기 바란다. 지금부터 어떤 기업을 케이스로 삼아 분석 툴을 실제로 어떻게 사용하는지 같이 생각해보기로 하자.

★케이스 트레이닝 1
분석 툴의 트레이닝

— 화장품 메이커 A사에 대한 분석 툴 활용이다.
자기 나름대로 답을 생각해가면서 정답을 찾아보는 것에 의해
사용 방법의 프로세스가 자기 것이 된다.
우선은 스스로 생각하자!

먼저 화장품 메이커 A사의 정보와 데이터를 충분히 이해하자.

◎ 1. A사 프로필

- **회사명** ········· 그레이스(화장품 메이커)
- **매출액** ········· 5,200억 엔(연결재무제표)
  2,000억 엔(단독)
- **종업원수** ······ 2,800명
- **설립** ············ 1885년 10월
- **사업 개요** ····· 화장품/토일리트리(toiletry)/약품/
  패션/신소재/식품/섬유 소재
  환경 매니지먼트 추진(ISO14001)
- **최근 토픽** ····· ① 사업 집중과 선택을 실시
  전통 체질에서 탈피를 시도
  ② 10년 전부터 전사적 마케팅 활
  동을 전개
  새로운 밸류 마케팅(value mar-
  keting) 전략
  ③ 머천다이저(merchandiser) 제
  도 도입
- **특징** ············· ① 화장품은 히트 연속, 호조
  ② 최근 10년 업계 3위
  ③ 신 채널(channel) 개척(편의점
  과 WEB)

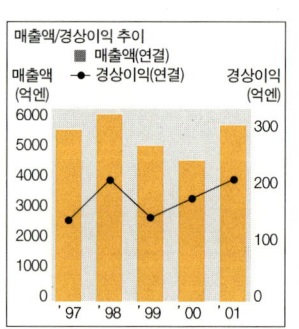

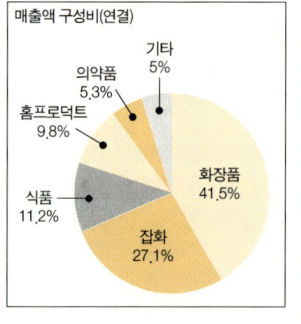

◎ 2. 최고 경영자의 프로필과 문제 의식

성명 ············ 키요다 신노스케 (清田愼之介)
연령 ············ 55세
경력 ············ 그레이스 최초의 영업 출신 사장. 화장품 본부장
발언 ············ 과거, 우리 회사에는 '영업' 이란 두 글자가 없었다!
  '주체성 있는 사원' 으로의 의식 개혁이 필요. 임금 제도도 개혁
문제 의식 ······ ① '공급자 주도형' 에서 '고객=생활자 주도형' 으로
  ② 마케팅력 향상, 전원이 영업 마인드 업
  ③ 종합 생활 소비재 기업. 세계를 리드하는 '존재감 있는 기업'

◎ 3. 본 케이스의 전제가 되는 정보

〈시장 · 고객의 동향〉
- 3년 연속 매출액 전년 대비 감소
- 단가 다운(down)
- 셀프 서비스 판매 지지자가 급증
- 기능성(효과) 중시

〈경쟁사 동향〉
- 리더 B사는 글로벌 전개에 주력
- 10년 전 하위 C사에 추월당해 챌린저 (challenger) 자리 넘겨줌
- 외국계 P사 그룹의 M사도 급성장
- 채널의 보더레스(borderless)화

〈매크로 · 업계 동향〉
- 화장품 가게 감소, 대형점 증가
- 규제 완화(재판매 제도 철폐, 전체 성분 표시)
- 외국계 국내 다른 업종 참입 격화

요컨대 업계 대격변이야말로 찬스!
지금이야말로 챌린저 탈환의 기회!

57

2 트리화의 트레이닝 / 로직 트리

● ─── A사의 정보에서 키요다 사장이 생각하고 있는 경영 과제를 트리화하면 어떤 경영 과제 트리가 만들어지는가?

로직 트리로 경영 과제 트리를 만든다

현실의 비즈니스와 같이 이 트레이닝의 답도 하나는 아니다. 정답은 창조되는 것이다. 키요다 사장의 입장이 돼서 자유롭고 솔직한 마음으로 생각해보기 바란다.

우선 '경영 과제 트리' 와 그것의 '작성 프로세스' 및 '유의점' 에 대하여 설명해보자.

'경영 과제 트리' 란 로직 트리를 응용한 트리이다. 가로 방향으로 왼쪽에서 오른쪽으로 트리를 채워 나가야 하기 때문에 가장 왼쪽에 탑 박스(Top Box)라고 부르는 '가장 중요한 과제' 를 하나 선정한다.

제2계층에는 이 '가장 중요한 과제' 를 해결하기 위하여 생각할 수 있는 3가지 중요 과제를 쓴다. 그리고 제3계층에서는 각각의 중요 과제에 대하여 시행해야 할 대과제를 3가지, 그리고 제4계층에

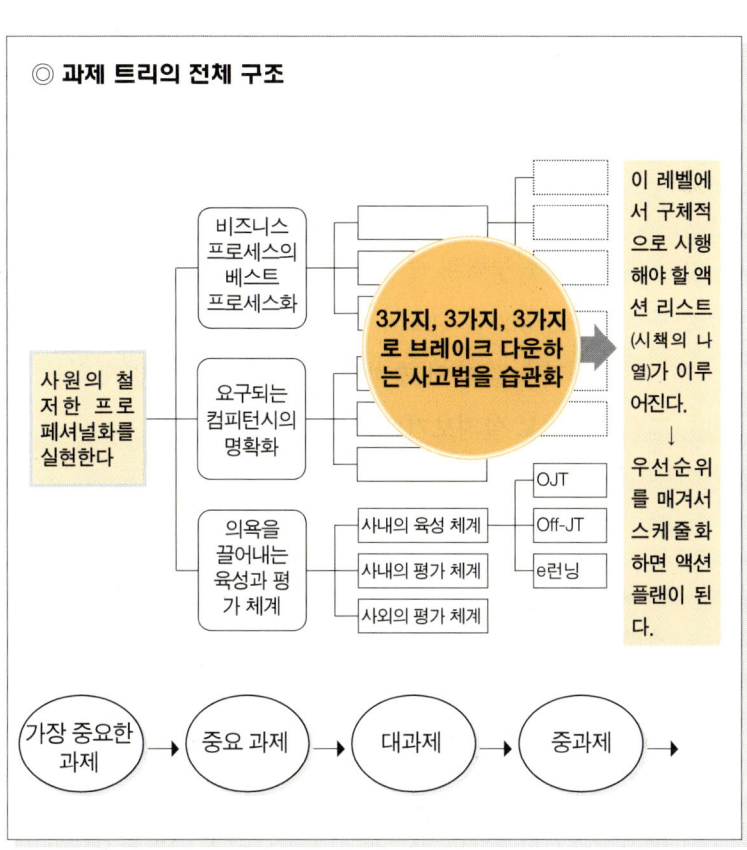

는 중과제를 3가지…… 브레이크 다운해간다.

이렇게 하면 6계층 정도에는 '무엇을 할 것인가' 라는 업무 레벨의 액션 리스트(=시책안)가 그려지게 되는 것이다. 이번 트레이닝에서는 3계층(대과제)까지 정리하는 것으로 한다.

경영 과제 트리의 '작성 프로세스' 는 크게 다음 3가지 스텝으로 생각할 수 있다.

① A사의 가장 중요한 과제를 검토하고 결정한다.

② 가장 중요한 과제를 해결할 프레임워크를 검토하고 결정한다.
③ 각각의 수행 과제를 브레이크 다운한다.
이 작성 프로세스에 3가지 '유의점'이 있다.
① 트리의 전체 구조가 파악될 것.
② 분기되는 경우 누락과 중복 그리고 편향이 없을 것.
③ 동일 계층은 동일한 정도의 구체성으로 표현될 것.
한마디로 "뭔가 느낌이 안 좋지 않아?"라는 질문이 없게 하는 것이다. 그럼 스텝별로 살펴보기로 하자.

스텝① ▶ A사의 가장 중요한 과제를 결정한다

이해하기 쉬운 사람들의 공통점은 자신이 원하는 것 = '결론'이 분명하다는 것이다. 경영 과제 트리를 만드는 것에 의해 하나 하나의 로직의 타당성과 더불어 각 레벨에서 무엇을 이루고 싶은지 = 결론이 명확하게 된다.

그 '결론'의 탑에 있는 것이 '가장 중요한 경영 과제'가 된다. A사의 현재 '가장 중요한 경영 과제'를 어떻게 정의하는가에 따라 트리 구성이 결정된다.

최종적으로는 금년의 조직의 액션이 결정되는 것이다.

탑 박스를 생각할 때는 전사(全社) 대상인지, 화장품 사업 본부 대상인지, 셀프 서비스 판매 화장품 부문 대상인지에 따라 과제가 달라진다. 여기서는 키요다 사장의 입장에서 전사를 대상으로 생각해보기 바란다.

그럼 전사의 가장 중요한 경영 과제 후보를 3가지 들어보자.

그런데 생각해낸 과제는 정말 과제인가? 문제와 과제가 뒤죽박죽되어 있지는 않은가? '과제'는 '실행한다, 실행 안 한다'로 대답이 가능한 것이다. ○○의 구축, △△의 전개 등으로 표현된다. 반면에 ○○의 미달성, △△의 미정비 등은 문제의 열거이다.

그리고 느닷없이 관점이 협소한 과제로 되지 않았는가? 전사의 경영을 언급할 수 있는 높은 수준인가? 화장품 이외의 다른 사업, 해외 에어리어(area), 영업 이외의 비즈니스 시스템(생산, 개발 등)에 대해서도 언급할 수 있는 높은 수준인가? 예를 들면,

① A사 고객주의 매니지먼트의 철저한 추진
② 지구 규모로 존재감이 있는 글로벌(global) 기업으로의 변혁
③ 주체성 없는 사풍, 사원 의식의 발본적 개혁

이 정도 수준의 표현으로 되어 있는가? 56페이지의 전제 정보에서 생각할 수 있는 가장 중요한 경영 과제 키워드는 다음과 같다.

마케팅 / 고객주의 / 생활자 주도형 / 가치(value) / 주체성 / 스스로 바뀐다 / 업계 격변 / 르네상스 / 체계를 잡다 / 전략=Focus & Deep!

이 가운데 처음 4가지는 '마케팅이 강한 고객주의 기업' 나머지 6가지는 '주체적인 변혁의 필요성'을 주장하고 있다. 트레이닝 1에서는 A사의 '전년 대비 매출 감소'라는 배경과 키요다 사장의 3

가지 문제 의식(57페이지의 ②)이 적(敵)은 자사 내에 있다는 것을 감안, '커스터머 베이스드 코퍼레이션(Customer Based Corporation)을 향한 자기 혁신의 체계 만들기' 를 가장 중요한 경영 과제로 가정해보았다. 이것들을 전제로 하여 앞으로 나가보자.

스텝② ▶ 프레임워크를 검토하고 결정한다

프레임워크에 대해서는 트레이닝 2에 상세히 설명하기 때문에 여기서는 간단히 언급만 하겠다. 스텝 ①의 가장 중요한 경영 과제를 실현하기 위해 3가지 중요 과제로 브레이크 다운하자.

'자기 혁신의 장치 만들기' 를 3가지로 나눈다면 어떤 접근법들을 떠올릴 수 있을까? 여러 가지 접근법을 생각할 수 있다.

생각할 수 있는 것으로 조직을 3가지 계층으로 나누어 '탑(임원)에 의한 장치 만들기' '미들(중간 관리자)에 의한 장치 만들기' '사원에 의한 장치 만들기' 로 하는 것은 전형적인 접근법이다.

그 외에도 A사의 경영을 3가지 시점으로 나누면 여러 가지가 나올 것이다. '본사' '지사와 판매 회사' '점포' 라든가 '사내' '사외(대 거래처)' '대 고객' , '해외' '국내(화장품)' '국내(화장품 이외)' 라든가 '백(Back : 생산 · 개발)' '미들(Middle : 관리 · 경리 · 물류 등)'

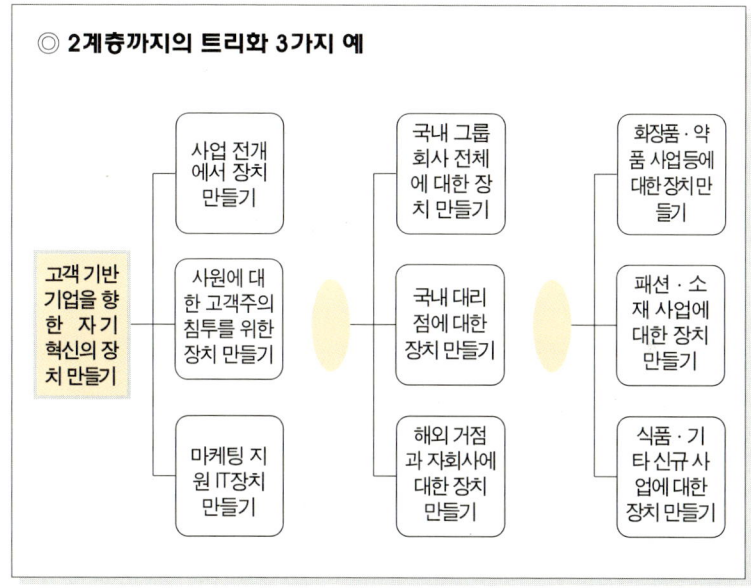

'프론트(Front : 영업·판매·고객 서비스 등)'라든가 '전 조직' '사업 본부별' '팀별' 등등이다.

여기서는 '자기 혁신의 장치 만들기'라는 키워드를 기본으로 '사업' '인재' '시스템'이라는 3가지로 분해했다.

① 사업 전개에 관한 장치 만들기는 어떻게 해야 하는가?
② 인재에 관한 장치 만들기는?
③ 시스템(IT 등)에 의한 장치 만들기는?

여하튼 많은 접근법이 나올 수 있도록 트레이닝할 것. 그렇게 하기 위해서는 언제나 '제시어'를 준비하여 그것을 3가지로 나누어 보는 습관을 붙이면 좋다. "오늘 저녁 식사는 정말 괜찮았다. 그 3가지 이유는……"라는 식이다.

스텝③ ▶ 해결할 과제를 브레이크 다운한다

　스텝 ③ 이후는 기본적으로 동일한 방법을 반복하면 된다. 스텝 ②의 2계층째의 박스를 탑으로 하여 중요 과제를 다시 3가지 대과제로 브레이크 다운해간다. 그 결과 점차 큰 과제가 해결책으로 전환되어가는 것이다.

　이때 언제나 '3가지 유의점' 을 잊지 말 것. '뭔가 이상해' 라는 감각이 중요하다. 그런 중에 무엇이 이상한가를 알 수 있게 된다. 편향이 있던가, 중복이 있던가, 중요한 것이 누락되어 있던가, 요컨대 누락이 없고 중복이 없는 전체상이 전달되지 않기 때문에 뭔가 이상한 느낌이 드는 것이다. 6계층에 올 정도로 상세한 것이 3계층 언저리에서 나오는 일도 좋지 않다. 구체성이 일치하지 않는 것이다.

　단지 3계층까지 가면 두루 전체를 파악한다기보다는 현실에서 해결해야 할 테마의 우선순위를 생각하는 것이 된다. 이것은 기업에 따라 달라진다. 약한 점을 보강할 것인가, 강한 점을 더욱 강하게 할 것인가 하는 전략 발상이 나타나게 된다. 그렇지 않으면 모든 기업의 경영 과제 트리가 동일하게 만들어지고 모든 기업의 해결책도 동일하게 되는 것이다.

　예를 들면 세번째의 '시스템(IT)에 의한 장치 만들기' 는 어떤 접근법으로 나누어질 것인지 생각해보자. 오른쪽 도표의 해답 예에서는 두루 파악했지만 만약 이미 SCM(Supply Chain Management : 공급자 관리)이 상당히 추진되어 있다고 하면 CRM(Customer Relations Management : 고객 관계 관리)을 보다 분할하여 'EC(Electronic Commerce : 전자 상거래) 등 네트워크 계통의 장치' 와 'SFA(Sales

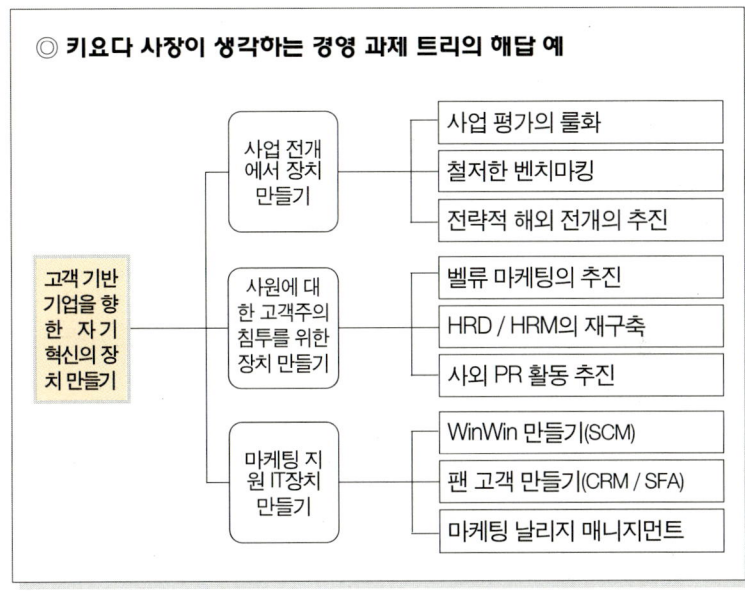

Forces Automation : 영업력 자동화)나 CTI(Computer Telephony Integration : 컴퓨터와 전화의 통합)라는 1:1의 장치', 그리고 이를 통합하는 '지식 경영(Knowledge Management)'의 3가지가 될 수도 있다. 편향된 것처럼 보이지만 3가지 근거를 알 수 있으면 된다.

마지막으로 언제나 3가지로 분해할 수 있다고 한정할 수는 없다. 2가지나 4가지로 되는 경우도 있다. 케이스 바이 케이스라고 할 수 있다. 그러나 기본은 3가지로 기억해두자. 3가지는 마법의 숫자인 것이다.

로직 트리(과제 트리)에서 흔히 저지르기 쉬운 잘못은 "경영 과제의 전체상을 생각한다"는 목적을 의식하지 않고 곧바로 해결책을 추출해버리는 것이다.

로직 트리는 그 전체상으로부터 전략 구상을 생각하는 기초가 되는 것이다. 그렇기 때문에 너무 상세한 레벨까지 설정하면 바람직하지 않다.

65페이지 도표의 해답 예는 어디까지나 한 가지 사례에 지나지 않는다.

그리고 이러한 3계층만으로는 구체적인 시책으로서 브레이크다운 정도는 결코 높지 않다. 구체적인 시책을 원한다면 4계층, 5계층까지 있는 것이 좋다. 단지 과제의 전체상을 파악하는 것이라면 3계층 레벨로도 충분하다.

매트릭스화의 트레이닝① / PPM 분석

● —— A사는 2년 전에 사업의 스크래입 앤드 빌드(Scrape & Build)를 실시했다. 현재는 그룹 회사를 포함하면 7개의 사업 도메인을 지니고 있다. 현재의 7개 사업을 PPM 분석해보자.

포지셔닝 맵의 대표적 분석 툴

매트릭스(Matrix)화는 2가지 축으로 정보를 정리하고 2차원으로 표현하는 것이다. 완성되면 '포지셔닝 맵(Positioning Map)', 또는 '표 형식'이 된다. 이번 대상 툴인 PPM 분석(Product Portfolio Management 분석)은 '포지셔닝 맵'의 대표적 툴의 하나이다.

'PPM' 분석이란 69페이지의 그림과 같이 세로축=시장의 성장성(매력도), 가로축=자사의 강점(점유율 등)의 두 축으로 사업이나 상품을 정리하는 것이다. 이 두 축으로 분할된 4개의 상한을 표현하는 이름은 외워두자. 역사 깊은 A사가 대대적으로 사업을 변혁하려 하고 있다. 지금까지 얽힌 것들이 있어서 좀처럼 철저히 실행할 수 없는 사업의 '집중과 선택', 그러나 더 이상 기다릴 수도 없다. 그 '집중과 선택'을 위한 PPM 분석의 '작성 프로세스'는 다음과 같이 3스텝으로 구성된다.

① 그룹 기업을 포함한 사업 데이터의 리스트 업
② 각 사업의 성장성, 매출액, 점유율에 의한 포지셔닝
③ 3년 후의 목표(To-Be) 포지셔닝의 설정

모두가 칠판을 향해서 큰 소리로 토론해가면서 정리하는 것이 효과적이다. PPM 분석 작성의 '유의점'은 다음과 같다.

① 가로축은 좌향 형과 우향 형의 그림이 있으므로 통일이 필요
② 세로축, 가로축의 상한을 나누는 라인을 몇 %로 할 것인지 룰을 정하는 것이 필요
③ 사업이나 상품 하나 하나의 원의 크기가 매출액을 나타낼 것

그러면 A사의 PPM 분석을 만들어보자.

스텝① ▶ 사업 데이터를 리스트 업한다

현재 A사 연결재무제표의 사업 구성은 화장품, 토일리트리(화장실 용품), 약품, 패션, 신소재, 식품, 섬유 소재의 7가지가 있다. 각 시장에서의 점유율과 매출액, 시장의 성장성을 데이터로 파악한다.

스텝② ▶ 성장성, 매출액, 점유율로 포지셔닝!

우선 세로축 = 시장의 성장성을 가지고 사업을 2가지로 분류한

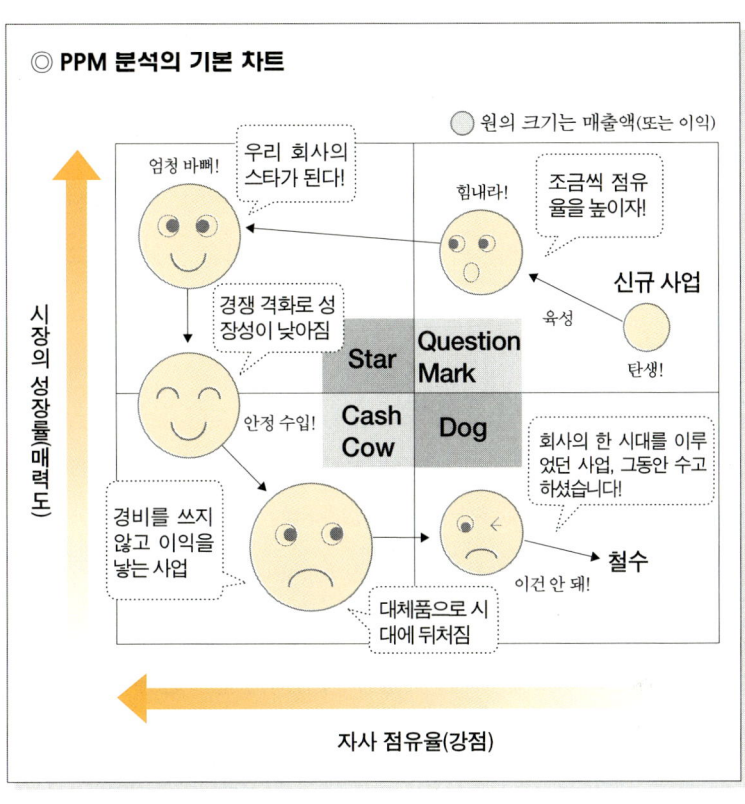

다(실제는 연도별 매출 추이와 점유율 평균을 베이스로 한다).

【A】성장성이 높다 = 화장품 일부, 약품 일부, 신소재

【B】성장성이 낮다 = 화장품, 토일리트리, 패션, 식품, 섬유 소재

다음은 가로축=자사의 상대적 점유율(강점)로 분류하면

【a】자사가 강하다 = 화장품, 토일리트리, 섬유 소재

【b】자사가 약하다 = 약품, 패션, 신소재, 식품

이렇게 해서 7가지 사업이 4상한 중 어디에 위치하는지가 결정된다. 71페이지의 도표는 현상의 PPM 분석 결과이다. 그러나 이미

눈치 챘을 것이라고 생각되지만 '화장품 시장'이라는 크기로는 전략을 생각하는 데 너무나 막연하다. '화장품 시장' 중에서도 성장성이 높은 셀프 서비스 판매나 아티스트 코스메틱(artist cosmetic) 시장과 이미 성숙기에 있는 기초 화장품 시장과는 전혀 포지션이 다르다. 실제로는 화장품 시장 중에서 PPM 분석을 하고, 또 그 개별 시장 가운데서 브랜드(Brand) 또는 상품별로 PPM 분석을 할 필요가 있다.

대상으로 하고 있는 주요 시장은 대부분이 성숙 산업이다. 따라서 스타(Star) 사업이 없다. 퀘스천 마크(Question Mark) 사업을 어떻게 스타 사업으로 할 것인가? 그러나 상세하게 시장을 보면 식품에서는 소재(素材) 과자(단밤이나 고구마 등)라는 분야를 개척하여 그 시장에서 스타에 위치하고 있다.

'캐시 카우(Cash Cow)'의 화장품 사업에서 얻어진 수익을 '퀘스천 마크'인 약품이나 신소재에 투입한다. 섬유와 화장품으로 길러진 연구 컴피턴스를 바이오(Bio) 세계에서 꽃을 피우는 것이 가능하다면 대박이 될 가능성이 크다.

스텝③ ▶ 3년 후의 포지셔닝을 설정한다

지금부터 3년 후와 5년 후를 생각했을 때 그 사업을 어떤 위치로 움직여서 어떤 크기로 하고 싶은지 그 의지가 기업의 전략이 된다. 72페이지 도표는 A사의 3년 후의 PPM 분석이다. 벡터의 방향과 각

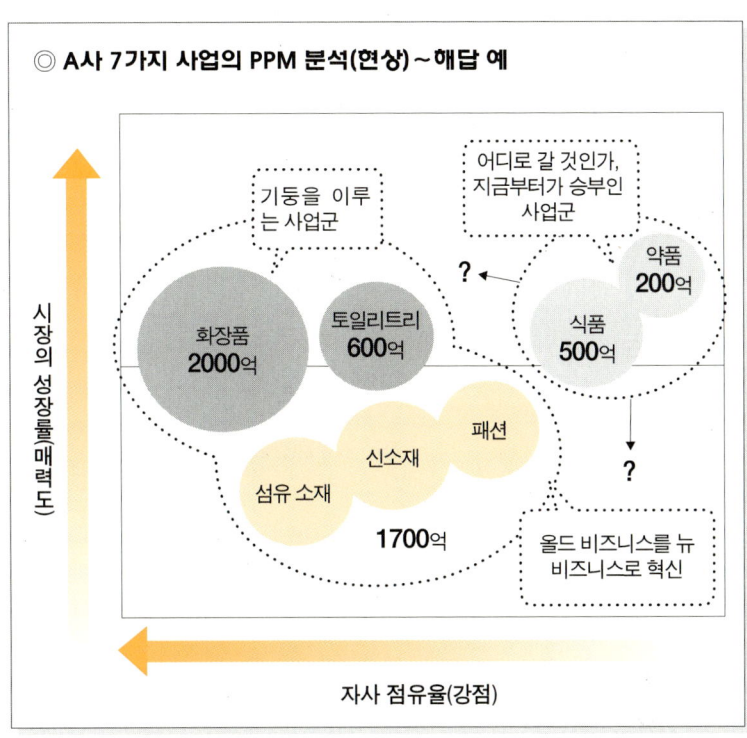

도를 어떻게 실현시켜갈 것인지가 전략이 된다.

지금까지 PPM 분석을 봐왔지만 '포지셔닝 맵'은 트리와 동일하게 어떤 경우라도 사용할 수 있다. 나름대로의 2가지 축으로 상품이나 점포나 채널, 브랜드나 서비스를 맵핑(mapping)할 수도 있다. 예를 들면 화장품 사업에서 제공되는 상품을 정리하는 데는 어떤 축을 생각할 수 있을까?

여러 가지 다양한 측면에서 얼마나 찾아볼 수 있을까?

셀프(self) 상품 ⇔ 카운슬링(counseling) 상품/고급 ⇔ 간단/미들(middle) ⇔ 영(young)/니즈(needs) 대응 ⇔ 원츠(wants) 대응/매스

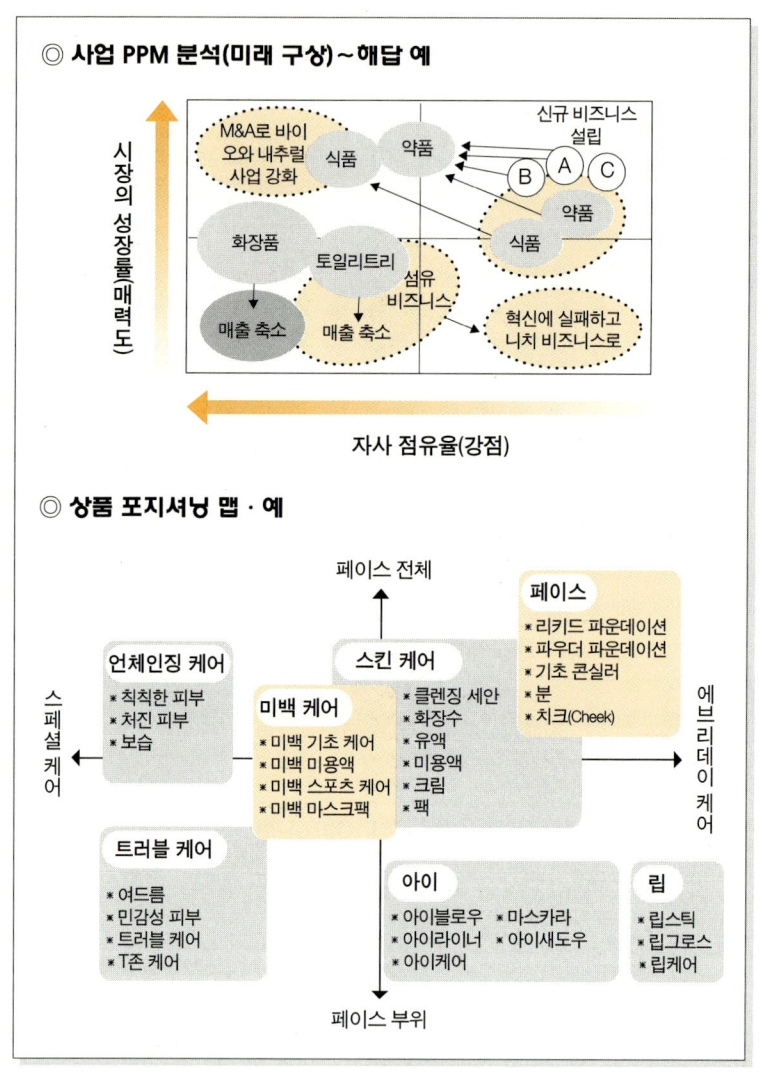

(mass) 지향 ⇔ 니치(niche) 지향/메이크업(make up) ⇔ 스킨케어 (skin care)/일상 ⇔ 비일상/컨비니언스(convenience) ⇔ 익스피어리 언스(experience)/여성 ⇔ 남성/내쳐럴(natural) ⇔ 럭셔리(luxury)

……(위 그림의 상품 포지셔닝 맵의 예는 부위와 기능의 2가지 축).

반드시 자사 상품과 사업의 오리지널 맵에 도전해보기 바란다. 이때 축 설정에 목적 의식이 없는 잘못을 범하기 쉽다. 상품과 사업의 포지셔닝은 이 축이 생명이다. 가능하다면 과거와 현재의 상품과 사업뿐만 아니라 미래 창조형이라는 본래의 아이디어가 나오는 축 설정을 하기 바란다. 요컨대 복수의 축 설정을 해야 한다는 것이다. 이 중에서 최적인 것을 정하기 바란다.

매트릭스화의 트레이닝② / SWOT 분석

● A사의 강점과 약점, 화장품 시장의 기회와 위협을 객관적으로 정리하고 향후 A사 화장품 비즈니스 활동 방침에 대한 가설을 세워보자.

표 형식 매트릭스의 대표적 분석 툴

매트릭스화의 또 하나의 방법이 '표 형식'이다. 데이터나 정보를 표의 형태로 정리하는 일에는 모두 익숙할 것이다. 표도 가로와 세로로 되어 있다. 실제로는 2가지 축으로 정리하고 있는 것이다. 단지 '포지셔닝 맵'의 경우는 한 눈에 이해할 수 있는 비쥬얼한 성질의 것이고 2가지 축의 변수도 한정되어 있다. 변수가 늘어나서 복잡해지면 '표 형식'이 편리하다.

이 표 형식 매트릭스의 대표적인 분석 툴이 'SWOT 분석'이다. 'SWOT'란 다음 4가지의 머리글자를 딴 것이다.

① 자사의 강점(Strength)
② 자사의 약점(Weakness)
③ 업계의 기회(Opportunity)
④ 업계의 위협(Threat)

◎ SWOT 분석과 크로스 SWOT 분석

SWOT 분석

	1. 자사의 강점	2. 자사의 약점
강점	*_____ *_____ *_____	*_____ *_____ *_____
약점	3. 시장·업계의 기회 *_____ *_____ *_____	4. 시장·업계의 위협 *_____ *_____ *_____

스텝 1: 항목별 기입
스텝 2: 항목별 기입

크로스 SWOT 분석

스텝 3: 해결책 가설

	1. 강점	2. 약점
3. 기회	a 사업 기회를 자사의 강점으로 최대한 살리기 위해서는?	c 어렵게 생긴 사업 기회를 자사의 약점 때문에 놓치지 않기 위해서는?
4. 위협	b 타사에게는 위협 요인이 되더라도 자사의 강점으로 찬스로 만들기 위해서는?	d 위협과 자사의 약점이 겹쳐서 최악의 상태에 빠지지 않기 위해서는?

요컨대 ×××××××××× 해야 한다!

SWOT 분석에서는 4가지 시점에서 열거된 현상을 크로스시켜봄으로써 향후 대응책에 대한 가설을 찾는 것이다.

4가지 각각의 정보를 항목별로 정리하고 SWOT 분석이라고 하는 경우도 있지만, 여기서는 2가지의 자사 정보 각각에 2가지 업계 정보를 크로스시켜 분석하는 것을 의미한다. ①×③, ①×④, ②×③, ②×④의 조합이다. 요컨대 다음과 같이 하는 것이 정보를 살릴 수가 있다.

a. 사업 기회를 자사의 강점으로 최대한 살리기 위해서는?

b. 타사에게는 위협 요인이 되더라도 자사의 강점으로 찬스로 만들기 위해서는?

c. 어렵게 생긴 사업 기회를 자사의 약점 때문에 놓치지 않기 위해서는?

d. 위협과 자사의 약점이 겹쳐서 최악의 상태에 빠지지 않기 위해서는?

정보는 평면적으로 읽지 말고 가능한 한 입체적으로 읽도록 노력하는 것이 중요하다. 그러기 위해서는 75페이지의 그림과 같이 크로스 SWOT 분석에 의해 정보의 덧셈·뺄셈을 하면 심도 깊은 파인딩(finding : 발견)이 가능하게 된다.

크로스 SWOT 분석의 '작성 프로세스'는 다음과 같이 3가지로 나눌 수 있다.

① 자사의 강점과 약점을 항목별로 나열한다.
② 업계의 기회와 위협을 항목별로 나열한다.
③ 크로스시켜서 이후의 활동 방침에 대한 가설을 검토한다.

스텝① ▶ 자사의 강점과 약점을 나열한다

A사의 강점과 약점으로는 어떤 것들을 상상할 수 있을까? 가설이라도 상관없다. 자신 있게 나열해보자. 포인트는 전제 조건에 있는 각 데이터 또는 문제 의식을 브레이크 다운해보는 것이다. 예를 들어 기획·개발의 강점은? 약점은? 영업·판매의 강점은? 약점은?

다음에 배울 비즈니스 하이어라키 분석이나 비즈니스 시스템 분석에 따라 각 대상의 강점과 약점을 찾아보면 전체를 빠짐없이 파악할 수 있다.

스텝② ▶ 업계의 기회와 위협을 나열한다

다음에 화장품 시장의 기회와 위협으로는 어떤 것을 상상할 수 있을까?

가설을 생각해보자. 예를 들면 고객의 동향은? 경쟁사의 위협은? 기회는? 업계 전체의 기회와 위협은? 매입과 조달의 기회는? 위협은?

업계에 등장하는 플레이어(player)들을 모두 생각해보자. 업계 동향에 대해서는 전제 조건에서 스텝 ①과 같이 브레이크 다운해 보면 이해할 수 있을 것이다.

스텝③ ▶ 크로스로 이후의 활동 방침과 가설을 검토한다

그럼 SWOT의 각 항목이 정리되었다. 지금부터가 머리를 써야 할 시점이다. 크로스해보면 다음 한 수가 보이게 된다. 이때 모든 정보를 다 둘러보는 것보다 가설을 스스로 세우고 시작하는 것이 중요하다.

다만 우연히 정보를 보았다고 해서 발견되는 것은 아니다. "아웃 오브 브랜드(Out of Brand : A사의 이름이 드러나지 않는 자회사 브랜드)로 한꺼번에 포커스(focus)를 옮기는 것이 경쟁에서 이기는 계기가 되지 않을까?" "1:1 고객 대응을 활성화하기 위해 기획형 상품 개발 체제를 재검토한다면?" "채널 재통합으로 새로운 셀프 서비스 판매용 브랜드를 만든다면?" "동네 소매점(화장품 가게)을 전략기지로 삼기 위해서는?" "D사와 E사를 매수한다면?" 등의 가설을 가지고 정보를 읽고 자르고 탐색한다.

확실히 이전에는 고객을 보지 않고 리더인 B사만을 보았다. B사를 모방하거나 추격하는 일에만 주목했다. 그러나 그것은 팔로우

◎ A사의 SWOT 분석~해답 예

SWOT 분석

	강점	약점
자사	* 제도 상품 판매는 2위 * 제도 상품 브랜드 '마린'이 인기, 300억 엔 매출 * 새로운 기능성 상품 히트 연속 * 트랜디 탤런트를 CM에 기용	* 백화점 채널이 약함 * 엔드유저가 아니라 아직 판매회사나 체인스토어를 보고 있기 때문에 정보가 부족 * 브랜드력 없음. 브랜드 매니지먼트가 약함
	기회	위협
업계	* 편의점 루트 활성화 * 아웃 오브 브랜드 인기 * 셀프 판매 상품 요구 증대 * 인터넷 쇼핑 인구 증가 * 코스메틱 매거진 속속 창간	* 재판매 정가제 재편 * 의류 메이커, 식품 등 타업종에서의 신규 진입 * 경쟁사의 인터넷 직판 사이트 * 카운슬러 경쟁 격화

크로스 SWOT 분석

	강점	약점
기회	* 탤런트와 코스메틱 매거진의 구전 효과를 이용해서 '기능성=진정한 효과!'라는 그레이스 상품의 이미지를 일거에 확립!!	* 상징적인 △△백화점에 집중 특화하여 매출 3위를 달성함과 동시에 Web 채널에서 엔드 유저의 팬 고객화를 촉진!!
위협	* 의류 메이커 등 브랜드력이 있는 기업과 제휴하여 인기 브랜드로 상품 전개를 도모, Web에서도 판매!!	* 판매 현장에서의 카운슬링력을 한층 더 향상시키기 위한 철저한 능력주의 매니지먼트를 도입!!

크로스 SWOT 분석으로 대책에 대한 가설 옵션을 찾을 수 있다.
전략 구상의 베이스로 검토하자.

어(follower)의 전략이다. 그 틈에 후발이지만 고객을 주목해왔던 C사에게 2위(challenger) 자리를 빼앗겼다. 스피드나 고객주의에는 관심이 없었던 당시의 기업 체질도 재난이었다.

그러나 지난 10년 마케팅 르네상스 전략을 세우고 명목이 아니라 정말로 기업 변혁을 하려는 자세가 전파되었다. 이번에는 성공할 것이다, 최고 경영자부터 말단까지 필사적이다, 이런 자세가 미래를 결정한다. 회사 안만 바라보는 내부 지향은 금물! 업계만 바라보는 업계 지향도 금물! 고객을 확실하게 지속적으로 바라보는 눈이 가장 중요하다!

SWOT 분석은 자주 사용하는 툴이다. S×O, S×T, W×O, W×T의 크로스를 확실히 실시해서 전략 대안의 사고 방법과 방향성을 분명히 말하기 바란다.

매트릭스화의 트레이닝③ /
비즈니스 하이어라키 분석

● ──── 개혁이 시작되기 전 A사가 안고 있는 문제점을 비즈니스 하이어라키에 따라 정리해보자.

조직의 6계층은 암기한다

 비즈니스 하이어라키란 조직을 진단할 때 사용하는 정보 정리를 위한 축의 하나이다. 조직의 상위에서 하위까지 6가지 층(layer)으로 개념을 나누어 생각한다.
 이것은 애당초 위로부터 암기해버리자. 위로부터 '미션→비전→전략→계획→관리→업무'이다. 영어가 익숙하지 않다면 미션은 이념, 비전은 목표로 바꾸어도 된다.
 '비즈니스 하이어라키 분석'이란 이 6가지 각각의 레벨에서의 문제점을 적출하고 조직의 일관성이나 강점을 저해하는 요인을 발견하여 공유하기 위해서 시행하는 것이다. 현실을 객관적으로 정리하고 직시하는 것이 목적이지 푸념하기 위한 것이 아니다.
 '작성 프로세스'는 다음과 같은 스텝으로 진행한다.
 ① 각 레벨에서의 문제점을 일일이 항목으로 열거한다.

② 각 레벨마다 문제군의 본질을 원 워드(one word)로 나타낸다.
③ 그래서 결국 어떻게 할 것인지를 결정하고 공유화한다.
이때 '유의점'은 이하 3가지.
① 문제점은 구체적이고 객관적인 사실과 현상을 거론할 것.
② 문제군을 나타내는 원 워드는 그 레벨에서의 본질을 분명히 나타낼 것.
③ '왜 그런지' '자신은 무엇이 가능한지'를 생각할 것.
분석은 오른쪽 도표와 같이 표 형식으로 정리한다.

스텝① ▶ 각 레벨에서의 문제점을 열거한다

그럼 A사의 비즈니스 하이어라키별 문제점은 어떤 것인지 상상할 수가 있을까? 만약 당신의 회사가 전형적인 기업으로 최근 수년 무엇인가 변혁하려는 단계에 있다면, 대체적으로 당신 조직이 안고 있는 문제점과 대비해서 생각한다면 틀림없다.

A사는 섬유를 중심으로 하는 소재 메이커에서 화장품과 토일리트리를 중심으로 하는 종합 생활 소비재 기업으로 전환하기 위해 필사적인 노력을 하고 있다. 현재까지는 훌륭하게 성공하고 있다. 그렇지만 아직 500억 엔에 이르는 누적 손실이 남아 있다. 완전 부

◎ 비즈니스 하이어라키의 구조

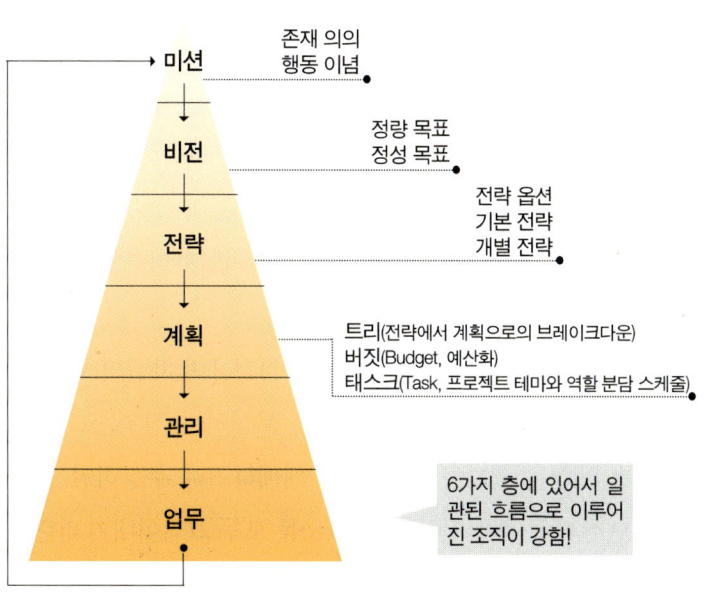

◎ 비즈니스 하이어라키 분석 포맷

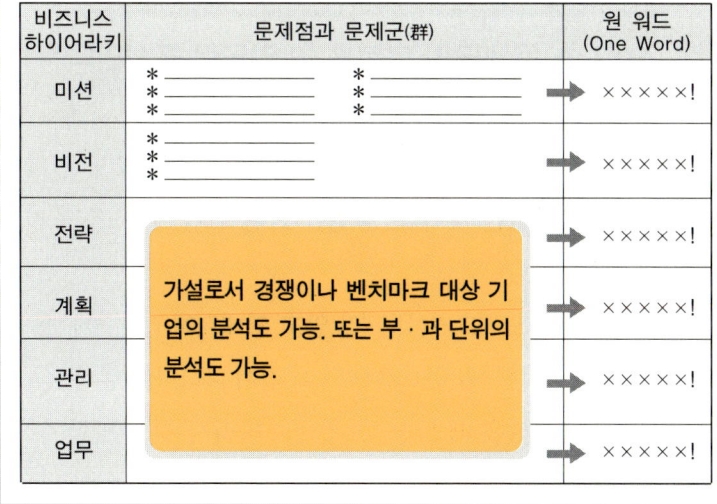

활을 위하여 3개년 계획을 실천하면서 공격적인 경영으로 크게 시프트(shift)하고 있다.

영업 이익은 전기 대비 16% 증가. 경상이익도 신장률은 전기 대비 24% 증가를 기록하고 있다. 5년 전의 A사는 섬유 불황에 대한 대응이 늦어 240억 엔에 이르는 채무 초과로 바닥에 떨어졌다. 바닥을 친 것이 커다란 자극이 되었다. 곁가지로 취급되던 화장품 사업을 이끌고 있던 키요다 사장이 3년 전에 취임하면서 변혁이 본격화되었다.

덧붙여서 A사의 분석이 복잡하게 느껴진다면 자신의 회사에 대한 분석에 도전해보기 바란다. 자사를 분석하는 경우는 그야말로 진지하게 사실을 열거하기 바란다. 애매하거나 추상적인 표현이 아니라 현실의 문제에 있는 팩트(facts)를 모두 끄집어내기 바란다.

스텝② ▶ 문제군의 본질을 원 워드로 표시한다

원 워드화는 여러 가지 문제 중에서 원인이 되는 본질을 간파하고 한마디로 표현하는 것이다. 당연한 표현으로는 마음을 움직이지 못한다.

'그래 그래!' '바로 그거야!' '잘 알고 있네!' 와 같은 공감을 끌어내는 커뮤니케이션, 원 워드화에는 이 점이 나타나야 한다.

많은 정보를 접했을 때 항상 '요컨대' '따라서' 라고 말할 수 있도록 본질을 묶는 훈련을 해두자. 간파하여 잘라 말할 수 있는 능력

◎ 일본 기업에 공통적으로 보이는 문제점

미션
- 기업 이념은 있지만 타사와의 차이가 없다.
- 단순한 미사여구이고 탑도 의식하고 있지 않다.
- 사회적 가치가 전혀 보이지 않는다.

→ 형식적인 미션

비전
- 정량 목표의 설정이 언제나 전년 대비뿐이다.
- 기업 변혁의 방법론이 없는데 항상 변혁! 변혁!
- 탑의 의지는 언제나 구호로만.

→ 구호만 있는 말장난의 비전

전략
- 전략이란 이름뿐인 수치 중심의 사업 계획
- 사업 부문 중심의 바텀 업(bottom up)뿐이고 사업 부문간의 시너지가 없다.

→ 수치 중심의 계획(전략 부재)

계획
- 전략이 없는 계획 책정이 되어버리고 현장 레벨에서의 조직력의 통합이 이루어지지 않는다.
- 단기적 관점이 강하고 현장 모면적이고 중장기 태스크 설정이 부족하다.

→ 전략과 단절된 계획

관리
- 관리자의 리더십이 부족하고 환경 변화에 대응할 수 없다.
- 학습하지 않고 생각하지 않는 조직이 되어버렸다.

→ 환경 변화에 대응할 수 없는 현장

실무
- 업무의 고도화와 효율화의 논의가 부분적이다.
- 조직 변경이 있을 때마다 일하는 방법이 달라진다.

→ 체계적 리엔지니어링(Re-engineering) 발상이 없다.

은 전략 구상형 비즈니스맨에게는 공통되는 특징이다.

다음 페이지의 A사의 비즈니스 하이어라키 분석 결과는 일본 기

◎ **A사의 비즈니스 하이어라키 분석~해답 예**

비즈니스 하이어라키	문제점 · 문제군	원 메시지!
미션	*말로는 알지만 개인의 업무로 살리지 못함. *조직에서 가장 주요한 것이라는 의식이 희박. *우리다움, 독자성이 없음.	'마음'이 느껴지지 않음.
비전	*정량 목표의 근거가 보이지 않음. *어떤 시장에서 리더인지 애매함.	'그래서 뭐?' 꿈이 부족함.
전략	*'○○의 넘버원'이라든가 목표를 전략으로 하고 있음. *어디를 어떻게하는 구체적 방침이 보이지 않기 때문에 의사 결정 룰이 되지 못함.	결국 아무것이나 발상!
계획	*전략부터 일관된 브레이크 다운이 되지 않음. *각 부서의 숫자가 당년도 비율로 배분되고 있음.	계획은 명백한 벽돌 쌓기 방식
관리	*데이터를 효율화 · 고도화하여 활용하는 시스템이 되어 있지 않음. *회의가 보고회로 되어버림.	관리를 위한 관리
업무	*상사나 타부서 등 사내만 바라보고 있음. *자사, 자기 부서 내의 방법을 바꾸려 하지 않음.	엔드 유저(End User)시점의 결여

업에 거의 공통적으로 나타나는 것이다. 그렇지만 중요한 것은 선택되는 말이다. A사의 독특한 본질을 드러내는 말이 중요한 것이다. 마음가짐, 꿈이 A사에게는 중요하다.

스텝③ ▶ 그렇다면 어떻게 할 것인지를 결정하고 공유한다

회사의 잘못된 문제를 알고 있으면서도 아무것도 하지 않는다면 그 사원 자신에게 책임이 있다. 설령 중도 채용으로 막 입사한 사원이라도 회사의 문제를 알게 되었다면 회사를 좋게 만들기 위하여 무엇인가를 해야 할 책임이 있다. 비즈니스 하이어라키 분석을 전 사원이 각자 작성하고 그것을 팀이나 과 단위에서 공유하는 장을 만드는 것이 좋다. 이렇게 하면 각자의 인식의 차이나 주체성의 차이가 나타나게 된다. 주변의 잘못으로 돌려도 아무것도 개선되지 않는다. 이 당연한 원칙에 입각하여 한 사람 한 사람이 주체적으로 현재 자신이 있는 곳을 보다 좋게 만드는 일에 진지하게 참여하도록 만드는 것이 이 분석의 목표다.

자주 범하는 잘못으로는 예를 들어 '매출 저조' '활기가 없다'와 같이 원 워드가 추상적이고 날카로운 느낌이 없게 되는 경우다. 가능한 한 기업 경영 과제의 본질을 나타내는 원 워드가 바람직하다.

매트릭스화의 트레이닝④ / 코어 컴피턴스 분석

● 고객은 어떤 관점에서 상품을 선택하는 것일까? 자신들은 고객의 심리를 이해하고 있는 것일까? 고객의 선정 이유를 토대로 A사와 경쟁사를 비교 분석해보자.

고객의 선정 요인에 대해 경쟁사와 비교한다

 '코어 컴피턴스(핵심 역량)'는 단순한 '강점'과는 다르다. SWOT 분석에서 말하는 '강점'에는 ① 기업이 일방적으로 생각하고 있는 '강점' ② 경쟁사도 동일하게 지니고 있는 강점 — 이런 것들도 포함된다. 예를 들면 ①에는 '0.1 나노세컨드(Nanosecond)에 도전하는 기술력' '업계 최대 수의 필드 서비스 담당자' 등이 있다. 업계 또는 엔지니어에게는 받아들여질지 모르지만 엔드 유저에게는 "그래서?" "그게 뭔데?"라고 할 만한 나 홀로 강점도 포함된다.

 ②에는 'OO로서의 종합력' '50년에 걸친 실적' 등이 있다. 기업의 의지와 노력이라기보다도 업계 전체의 추세에서 얻어진 자산을 떠올릴 수 있다. 이 역시 동일하게 "그래서 뭔데?"라고 할 가능성이 높다.

 그러나 코어 컴피턴스는 다르다. 코어 컴피턴스란 다음과 같은 능력을 말한다.

① 고객에게 이익을 줄 수 있는 스킬과 능력

② 경쟁 타사에 대해 차별적 우위성이 있는 독자적 스킬과 능력

분명히 고객을 위해서 기업의 의지로 길러낸 특별한 능력인 것이다. "그래서, 뭔데?"가 정확하게 전달될 수 있는 강점인 것이다.

'코어 컴피턴스 분석'은 고객의 선정 요인에 대해 자사와 경쟁사를 비교한다. 두 종류의 분석 차트를 사용할 수 있는데 여기서는 간단한 것을 소개하고, '트레이닝 3'에서 보다 강화된 분석 차트를 공부하기로 한다. '작성 프로세스'는 다음과 같은 순서가 된다.

① 고객이 선정하는 요인을 고객 눈높이로 생각하고 결정한다.

② 자사와 경쟁 타사(또는 자사 상품과 경쟁 상품)를 평가한다.

③ 이후 어떤 강점을 어떤 특징으로 할 것인지를 검토한다.

작성할 때의 '유의점'은 다음과 같다.

① 전제가 되는 대상 시장(타깃, 상품 카테고리 등)을 명확히 해둘 것.

② 현실의 시장 점유율(적어도 순위)을 파악해둘 것.

③ 자사의 평가가 유리하게 되기 쉽기 때문에 고객의 시점을 잊지 말 것(시장 점유율 순위와 일치할 것).

스텝① ▶ 선정 요인을 고객 눈높이로 생각하고 결정한다

전제가 되는 대상 시장은 국내의 스킨케어(skin care) 시장이라고 가정한다. 여성은 어떤 이유로 스킨케어 화장품을 사는 것일까?

누락이나 편향이 없도록 구매 프로세스 법칙을 사용해보는 것도 좋다. 'AIDMA의 법칙(Attention - Interest - Desire - Memory - Action의 약어, 소비자가 제품을 구매할 때까지의 주목 - 흥미 - 욕망 - 기억 - 행동의 심리적 과정을 정리한 이론)'이나 'AMTUL(암툴)의 법칙(Awareness - Memory - Test - Usage - Loyalty의 약어, 인지도 - 상기도 - 사용도 - 사용도 - 충성도. 광고에서 사용되는 것으로 AIDMA 각 단계별 측정 가능한 변수로 치환하여 광고 효과 평가가 가능하도록 한 것)', 또는 마케팅 믹스인 '4P'를 적용해도 좋다. 남성 독자에게는 '?'만 떠오를지 모르겠지만 호기심을 가지고 도전해보기 바란다.

현실적으로 스킨케어 화장품을 구입하려는 여성을 상상하는 일이 무리라면 자기 주변의 여성(동료나 가족 또는 친구)에게 물어보는 것이 좋다. 선정하는 최대 이유 4가지는 무엇일까?

① 광고 선전에서 흥미를 느꼈기 때문에
② 외관(용기의 디자인 등)이 매력적이었기 때문에
③ 브랜드에 대한 신뢰가 있기 때문에
④ 가까운 가게에서 취급하기 때문에 등

이러한 정보에서 스킨케어 제품 한 가지 제품만이 아니라 한 화장품 메이커에 대한 평가가 되는 단어로 정의해보자.

예를 들면 '정말 그렇군! 하고 느끼게 만드는 광고 선전력' '가게에서의 카운슬링 충실도' '스킨케어에서의 신뢰·실적' '다양한 판매 채널 대응력' 등의 표현이 된다. 'ㅇㅇㅇ한 △△력'과 같이 가능한 한 엔드 유저에게 이익이 전달될 수 있는 구체적인 '강점(△△력)'으로 표현하는 것이 포인트이다.

본래는 유저 앙케트 등에 의해 이러한 항목이 정해진다. 여기서는 저자의 판단에 의한 것이다.

스텝② ▶ 자사와 경쟁 기업(의 상품)을 평가한다

일반적으로 자사에 대한 평가에 너그러워지는 점에 주의하자. 그렇게 (자사 상품이) 좋다면 점유율이 더 높아야 정상일 것이다.

A사의 경우 스킨케어 시장의 라이벌을 시장 점유율로 보면 당연히 업계 종합 리더 B사와 종합 2위를 빼앗아간 C사이다. C사는 스킨케어가 강하다. 그리고 무시할 수 없는 외국 세력이나 통판 메이커도 특징이 있고 분석 대상이 될 수 있다.

경쟁 기업이 정해졌다면 4단계(선정 요인을 ◎○△×)로 각 회사를 대강 평가한다. 여기서는 논의가 중요하다. 담당자 사이에도 자사와 경쟁 기업의 평가가 다른 케이스도 있다. 이 논의를 통해서 포지셔닝을 명확히 하기 위한 정보의 공유화가 가능하다.

이때 각각의 선정 요인에 대해 어딘가 1개사는 반드시 ◎를 붙인다. 평가 결과를 ◎=3점, ○=2점, △=1점, ×=0점으로 점수화하고 합계치를 계산한다. 선정 요인의 중요도의 차이는 마지막에 계수로 정리한다.

◎ 코어 컴피턴스 분석 ~ 해답 예

◎=3 ○=2 △=1 ×=0

30대 코스메틱 프리크(Cosmetic Freak) 시점에서 본 선정 요인=코어 컴피턴스	A사	B사	C사	계수
① 가지고 있으면 기쁜 디자인	2○ 6	2○ 6	3◎ 9	3
② 화제나 주목받는 브랜드	1△ 5	2○ 10	3◎ 15	5
③ 사용하면 알 수 있는 '과연!' 효과	2○ 10	3◎ 15	2○ 10	5
④ 싸지도 않지만 너무 비싸지도 않은 가격	3◎ 12	0× 0	0× 0	4
⑤ 1:1로 보다 아름다워지는 카운슬링	3◎ 6	2○ 4	1△ 2	2
⑥ 인기 랭킹, 친구와 지인들의 평판	2○ 10	1△ 5	3◎ 15	5
⑦ 그 탤런트가! 매력적인 프로모션	3◎ 6	2○ 4	0× 0	2
합계점	2	2	2	
최종 평가	2	2	2	

◎○△×의 평가 기준

계수를 반영한 점수

스텝③ ▶ 금후 어떤 강점을 어떤 특징으로 할지 검토한다

분석할 때 선정 요인과 평가에 대한 논의가 코어 컴피턴스 분석의 묘미 중 하나이다. 또 하나는 분석 결과 중에 앞으로의 전략 책정을 위한 중요한 힌트가 다수 포함되어 있다는 점이다.

A사의 강점을 보다 강화해갈 것인가 아니면 니처(nicher)의 강점을 탈취할 것인가? 혹은 리더의 강점을 뛰어넘을 수 있도록 보강해갈 것인가? '트레이닝 3'에서 논의를 계속하기로 한다.

자주 범하는 잘못은 자사에 대한 평가가 무르게 된다는 점이다. 탑의 점유율이 50%이고 자신의 점유율이 10%라면 코어 컴피턴스도 5분의 1이다. 그러나 코어 컴피턴스 분석에서는 2분의 1이 되어버린다. 전략의 방향성을 잘못 판단하게 되는 근본적인 원인이다. 점유율이 5분의 1이라면 코어 컴피턴스도 5분의 1이라는 사실, 이 점을 잘못 판단하지 않기 바란다.

7 프로세스화의 트레이닝① / 비즈니스 시스템 분석

● ─── 비즈니스 시스템 분석으로 다른 경쟁 기업과 어떻게 다른지, 도대체 어떤 흐름이 고객들에게 베스트인지 이 점을 규명한다.

비즈니스의 흐름과 문제점을 타사와 비교한다

비즈니스 시스템이란 '어떤 상품을 만들어서 엔드 유저에게 전하고 팬(fan)으로 만들어가기까지의 흐름'을 말한다.

요컨대 화장품 메이커인 A사를 예로 들면, '연구·개발에서 조달·생산, 그리고 도매와 소매점을 거쳐 판매, 고객 서비스'라는 일련의 흐름이다.

원래 일본의 비즈니스 시스템에서는 도매업자의 존재가 문제시되고 있다. 도매에서 부가되는 마진(margin)에 의하여 엔드 유저에 대한 소매 가격이 높아지게 되는 업계 구조인 것이다. 그러나 업자와 얽혀 있지 않은 외자 계열과 인터넷의 출현에 의해 전통적으로 중간 업자의 존재를 온존시켜왔던 업계에는 급격한 구조 개혁이 일어나고 있다.

대표적인 것이 델(Dell) 컴퓨터. PC의 카탈로그 판매로 사업을 일으킨 델은 원래 메이커 직판이었다. 인터넷 출현과 함께 보다 빨리 EC(electronic commerce : 전자 상거래)로 전환하여 BTO(Built To Order : 수주 생산) 체제를 고도화시킴으로써 성공했다. 그들의 비즈니스 모델은 델 다이렉트 모델(Dell Direct Model)이라고 불리며 제조업에서의 베스트 프랙티스가 되었다.

'비즈니스 시스템 분석'이란 자사의 비즈니스의 흐름과 그 문제점을 타사의 흐름과 비교함으로써 강점·약점과 개선점을 발견하는 분석이다.

하나의 벤치마킹 분석이라 할 수 있다. 그 '작성 프로세스'는 다음과 같은 흐름이다.

① 자사의 비즈니스 시스템(흐름)을 명확히 그려낸다.
② 경쟁사의 비즈니스 시스템과 벤치마킹한다.
③ 자사의 비즈니스 시스템의 개선과 개혁을 검토한다.

작성상의 '유의점'은 다음과 같다.

① 벤치마크 대상은 직접적인 경쟁 대상이 아니라 '개선'에 도움이 되는 타업종의 기업도 검토할 것.
② 타사의 비즈니스 시스템에서의 강점과 약점은 사내 정보를 잘 활용할 것.
③ 문제점은 사내 사정이 아니라 어디까지나 고객에게 불이익을 주고 있는지 아닌지를 기준으로 생각할 것.

이 3가지 유의점을 의식하면서 진행하자. 그럼 화장품 메이커 A사에 대해서 생각해보자.

스텝① ▶ 비즈니스 시스템을 명확히 그려낸다

A사의 비즈니스 시스템의 흐름은? 8~10가지 정도로 자세히 정리하자. 각각에 어떤 문제점이 있는가?

흐름으로서는 97페이지의 도표를 생각할 수 있다. 각각의 담당 부서가 어떻게든 하고 싶다고 생각하고 있는 문제도 원 워드로 덧붙여보았다.

화장품 업계에서 최대의 문제는 유통 분야다. 1999년의 재판매제도 철폐에 의해 그 이전의 채널 분할 상태에서 채널 보더레스(channel borderless) 상태로 일변했다.

화장품 업계 전체로는 제도품과 일반품과 방판품(통판을 포함)으로 대체적으로 3분의 1씩 셰어(share)를 점하고 있다. 제도품은 체인 계열점용이고, 일반품은 양판점·드러그 스토어(Drug Store)·편의점용이다. 전자는 카운슬링 중심이고 후자는 셀프 서비스 판매라는 특징을 지닌다.

리더 B사처럼 A사와 같은 전통적인 제도품 메이커도 시장에 대응하여 셀프 서비스 판매용과 인터넷 판매 자회사를 설립했다. 이처럼 '유통'이라는 하나의 분야만으로도 이것을 더욱 세분화한 채널 분석 차트를 만듦으로써 보다 구체적인 대응의 선택지가 보이는 것이다.

A사도 B사도 유통 구조의 문제는 대단히 큰 테마다. 고객 원점

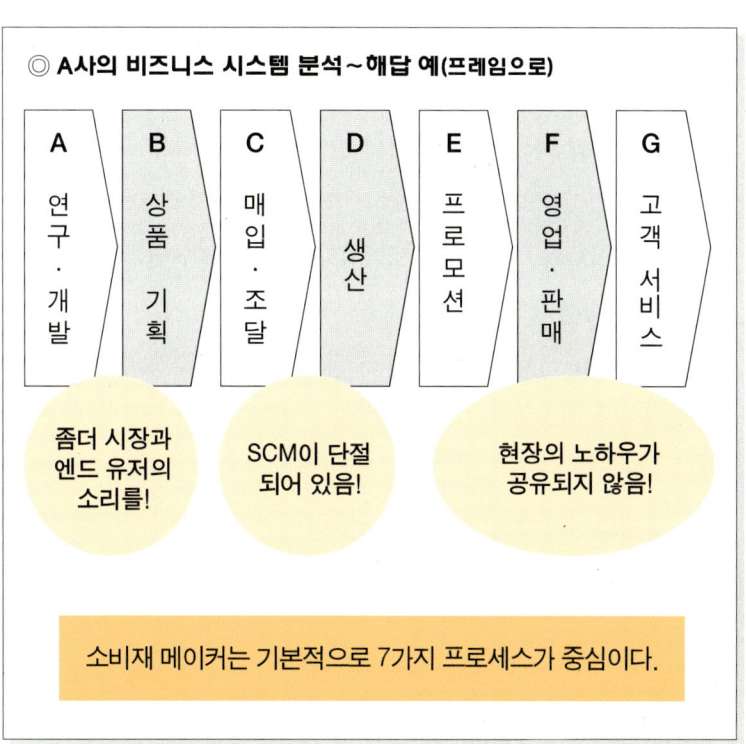

주의가 아니라 자사 편의주의로 일관해왔던 것이다.

스텝② ▶ 경쟁 기업을 벤치마킹한다

성숙 산업의 경우 병행하려는 의식이 강하다. 오래 전부터 존재하는 경쟁을 분석해도 새롭게 발견되는 것은 많지 않고 서로 잘 알고 있다. 이러한 업계에서는 타업종으로부터의 신규 진입 기업이나 해외의 기업을 벤치마킹 대상으로 하면 전혀 다른 어프로치가 보이게 된다.

외자 계열의 P사는 지금까지의 업계의 관습을 타파하기 위하여 도전하고 있다. 리베이트(rebate)의 완전 철폐나 ECR(Efficient Customer Response : 제조업자·도매업자·소매업자가 연계하여 소비자의 저가격 지향에 대응한 유통의 효율화를 진척시키는 것)과 SCM(Supply Chain Management)의 완전 도입 등이 그것이다. 업계의 편의가 아니라 언제나 시장과 고객의 관점에서 개혁을 지속하고 있다. P사 그룹의 화장품 M사는 오래된 점포인 백화점 M과 스피드 프로젝트라는 커래버레이션(collaboration : 협력, 합작)형 SCM을 추진하고 있다. 배울 점이 많기 때문에 M사가 벤치마킹 대상이다.

스텝③ ▶ 비즈니스 시스템의 개선·개혁을 검토한다

스텝 ①에서는 유통(채널)에 대하여 서술했지만 R&D(research and development : 기업의 연구와 개발)나 상품 기획, 프로모션 등에서도 각각 고객에게 베스트 상품과 서비스를 제공할 수 있는 체제인지 확인한다.

경영 과제 트리에서는 기업 전체 시점에서 보았을 때의 과제를 브레이크 다운했지만 비즈니스 시스템 분석에서는 그것을 담당 부서의 시점에서 다시 살펴본다. 단지 각 담당 부서 단위의 단편적인 접근을 피하기 위하여 비즈니스 시스템이라는 일관된 흐름 가운데

◎ A사의 비즈니스 시스템 분석~해답 예

	연구·개발	상품 기획	매입·조달	생산	프로모션	영업·판매	고객 서비스
	A	B	C	D	E	F	G
A사	·A와 B의 시너지 효과가 적다. 연계가 이루어지지 않는다. ·특허 신청 속도가 느리다. ·조사 데이터가 활용되지 않는다.		·제도품 이외의 상품에 대응해야 하고 생산 예측의 정도를 높일 필요가 있다. ·Web에서의 수주 생산에 본격적으로 대응하는 프로세스로 되어 있지 않다.		·상품 컨셉이 애매한 채로 판매에 이르는 케이스가 많다. ·상품 교육, 카운슬링 교육, 머천다이징 교육의 레벨이 각 지역, 각 팀별로 제각각이다. ·카운슬링 데이터가 사내, 판매 회사, 점두(店頭)에서 공유되고 있지 않다.		
M사	·'No 검품' 'No 전표' '승인 생략'		·글로벌 SCM에 의한 효율적인 수주·발주와 재고 관리가 가능. ·대형 백화점과의 커래버레이션형 SCM 개발. '상담'에서 '결제'까지 모두 디지털화.		·ECR의 철저한 추진. 점두 구색 → 보충 물류 ↓ 판매 촉진 ↓ 신제품 도입		
개선 포인트	좀더 시장과 엔드 유저의 소리를!		SCM이 단절되어 있음!		현장의 노하우가 공유되지 않음!		
	① 어렵게 얻어진 제도품 루트를 활용하여 커래버레이션형 SCM으로 정보를 일거에 관통시키자! ② 업무 프로세스의 효율화와 고도화를 꾀하자! ③ 고객에 대한 대면 서비스의 향상에 데이터를 활용하자! ④ F, G의 데이터 베이스를 A, B가 활용하자!						

참고해야 할 선진적인 벤치마크 대상인 외자 계열 경쟁사 M사와의 비교로 프로세스 변혁을 기도한다!

서 통일된 테마를 베이스로 할 필요가 있다. 99페이지에 A사의 비즈니스 시스템 분석의 해답 예를 정리해두었다. 포인트는 타사와 비교하여 자사의 약점이 어디에 있는가 하는 것이다.

비즈니스 시스템 분석에서 자주 발생하는 잘못은 코어 컴피턴스 분석과 동일하게 여하튼 자사의 각 프로세스를 과대평가하기 쉽다는 점이다. 전체로서는 "우리는 안 돼!"라고 하면서도 각 프로세스는 "열심히 하고 있어요!"가 되어버린다. 보다 엄격하게 약점을 표출시키기 바란다.

8 프로세스화의 트레이닝② / 커스터머 시나리오 분석

●—— 고객은 동일한 행동 프로세스, 심리 프로세스를 지니고 있지 않다. 도대체 어떤 커스터머 그룹이 상정될 수 있을까? 고객을 철저히 탐구해보자.

고객을 그룹화하고 애용 프로세스를 시나리오화한다

고객이 팬(fan)이 되기까지의 프로세스 가운데 하나로 'AMTUL(암툴)의 법칙'이 있다.

① Awareness : 상품을 인지한다.

② Memory : 유사 상품 가운데서 기억해낸다.

③ Trial Use : 우선 사용해본다.

④ Usage : 그대로 계속해서 사용(상용)한다.

⑤ Loyal Use : "이것 없으면 안돼!" 하고 애용하게 된다.

이상의 5가지 프로세스이다. 이들 프로세스는 공통되고 있지만 각각의 단계에서 "과연 그렇군!"이라고 느끼게 할지 "전혀 모르고 있군……" 하고 느끼게 할지는 고객 원츠에 따라 달라진다. 고객 그룹화에 의하여 복수의 시나리오가 상정될 수 있다. 그 중에서도 '③ Trial Use'는 특히 중요하다.

'커스터머 시나리오 분석' 이란 커스터머(고객)를 하나의 매스로 파악하지 않고 대표적인 목적(용도, 원츠)으로 그룹화하고 각각의 구매·시용·애용의 프로세스를 시나리오화하는 수법이다. '작성 프로세스' 는 다음 3가지이다.

① 대표적인 커스터머를 그룹화한다.
② 커스터머 그룹별로 프로세스의 시나리오를 만든다.
③ 중요 프로세스에서의 요구 베네피트(benefit)를 탐색한다.

작성상의 '유의점' 은 다음과 같다.

① 프로세스에는 전체 프로세스와 개별 프로세스가 있다는 점.
② 그룹화의 축은 하나가 아니라 복수로 생각할 수 있지만 어떤 상품 카테고리를 볼 때의 축은 특정한 하나를 기준으로 한다는 점.
③ 커스터머의 관찰·인터뷰 등 생생한 정보를 수집한다는 점.

이러한 3가지 점에 주의하면서 A사의 분석으로 옮겨가자.

스텝① ▶ 커스터머를 그룹화한다

여기서는 AMTUL과 같은 전체 프로세스가 아니라 어떤 장면에서의 구매에 대한 개별 프로세스를 생각해보자.

예를 들면 지금 백화점의 스킨케어 매장에서 물건을 고르는 고객 중에는 어떤 사람들이 있을까?

커스터머 시나리오 분석의 시작은 '자신이 유저' 가 되는 것이다. 남성도 여성이 되어(?) 생각하기 바란다.

① '잡지에서 본 그 상품!' '친구가 말했던 그것!' 과 같이 구체적인 구입 상품을 찾아온 사람

② "이 여드름 어떻게 해주세요!"라고 지푸라기라도 잡고 싶은 사람

③ '슬슬 교체할 시기'라고 신상품도 검토 대상에 넣고 있는 사람

④ '신기하고 뛰어난 물건은 우선적으로'라는 호기심이 왕성한 사람

⑤ "뭐가 있나" 하고 그냥 왔다 갔다 하는 사람

이 5가지 그룹에 대하여 각각 '지명 구매' 'SOS' '교체' '신기한' '무언가'라는 목적 의식에 대한 제목을 붙여볼 수가 있다.

스텝② ▶ 그룹마다 프로세스 시나리오를 만든다

스텝 ①의 5가지 목적 의식별 그룹에 대하여 각각의 커스터머 시나리오를 생각해보자.

백화점 코스메틱 플로어(Cosmetic Floor)의 경우 A사의 뷰티 카운슬러(Beauty Counselor)가 고객 대응을 담당하고 있다. 카운슬러가 이하 어떤 스텝에서 대응할지는 고객의 스탠스(stance : 태도)에 의하여 변하게 된다.

스텝 1 / 목적에 적합한 상품을 찾는다.

스텝 2 / 대상이라고 생각되는 상품을 입수하고 테스트한다.

스텝 3 / 효과나 가치를 확인한다.

스텝 4 / 구입(지불, 회원 등록, 인도)을 한다.

스텝 1에서 대응을 요구하는 고객, 최후의 구입 단계까지 한 사람으로 해결하려고 하는 고객 등 케이스 바이 케이스이다.

최근에는 메이커 파견의 카운슬러뿐만 아니라 백화점 측이 코스메틱 칸시어지(concierge)를 육성하여 고객에게 중립적으로 베스트 어드바이스를 하는 곳도 나오고 있다.

그리고 이프사(IPSA)의 팬=이프샐러, 어웨이크(AWAKE)의 팬=어웨이커, 아르비온(ALBION)의 팬=아르비오니스트 등과 같이 각 메이커나 브랜드의 애용자를 그룹화한 커스터머 시나리오도 AMTUL의 시나리오 만들기에서 빠뜨릴 수 없다.

스텝③ ▶ 요구 베너피트를 탐색한다

각 그룹별로 4가지 스텝에서 고객이 요구하는 마음 편한 커뮤니케이션은 다르다.

'지명 구매'의 경우 스텝 1에서 2와 3을 건너뛰고 스텝 4로 간다. 응대 시간은 짧은 것이 바람직하다.

'SOS'의 경우 스텝 1에서 카운슬러에게 대응을 요구하는 케이스가 많다. A사는 이 그룹을 통해서 많은 귀중한 정보를 얻을 수가 있다.

개인 정보도 물론이지만 신상품에 대한 힌트도 얻을 수 있다. 트러블 피부를 가진 고객의 무심한 한마디에서 다음번 히트 상품이

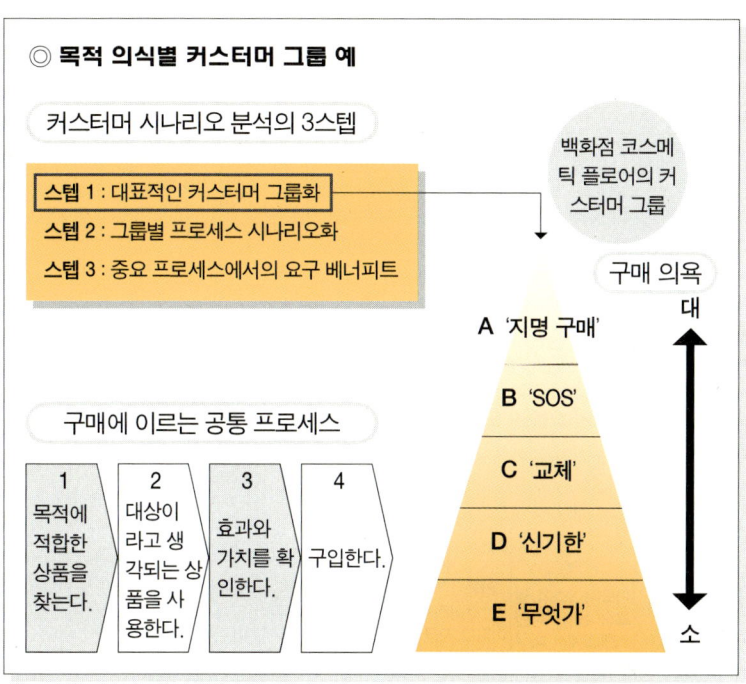

생겨난다. 문제 의식이 높은 고객은 중요한 정보원이다.

'교체'의 경우는 스텝 3에 시간을 많이 사용하는 것이 효과적이다. '신기한' 고객은 신상품 정보를 수집하는 것을 좋아한다. 이 경우는 기브 앤드 테이크(give and take)로 경쟁 상품의 사용 감각 등의 정보를 듣는다.

'무언가'의 경우는 살 것같이 보이더라도 스텝 4로 단번에 진행시키지 말 것. '스텝 1 = 목적을 명확히'하여 제공할 수 있는 도움에만 집중하여 신뢰를 쌓는다.

'트레이닝 1'의 참된 목적은 '분석력'을 높이기 위한 것이 아니

◎ A사의 백화점 스킨케어 판매 커스터머 · 시나리오 분석~해답 예

대 ←――――――――――――→ 소

커스터머 그룹 프로세스 시나리오	A '지명 구매' 구체적인 상품을 찾는 사람	B 'SOS' 트러블로 지푸라기라도 잡으려는 사람	C '교체' 슬슬 교체를 검토하고 있는 사람	D '신기한' 신기한 것을 찾는 코스메틱 프리크(Freak)한 사람	E '무언가' 특별한 목적 없이 어슬렁대는 사람
Step1 목적에 적합한 상품을 찾는다.	잠시 동태를 살펴보고서… "무엇을 찾고 있나요?" → 대답과 태도로 A~E를 예상	좌동(左同)	좌동	좌동	좌동 피부와 미용에 대한 목적을 찾아주어 친근하게 한다.
Step2 대상이라고 여겨지는 상품을 입수하고 사용한다.	찾고 있는 물건을 건네준다. "지금도 화제가 되고 있는 것입니다" 처럼 한마디…	**카운슬러 대응** 상황을 듣는 것이 핵심. 곤란해하는 상황에 공감하고 해결 파트너로서 어드바이스	"지금 무엇을 사용하고 계세요?" 구매 대상이 될 만한 것을 소개	**카운슬러 대응** "메이크업이 훌륭하십니다." 탤런트나 메이크업 아티스트가 좋아하는 프로 취향 상품 소개	
Step3 효과와 가치를 확인한다.	어드바이스가 필요하다면… 이런 스탠스에서 너무 접근하지도 너무 떨어지지도 않는다.	**카운슬러 대응** '이것이라면…' 이라고 지금까지의 사례, 실제 체험을 전하고 희망과 안도감을 심어준다.	**카운슬러 대응** 비교 정보가 필요하다면 어드바이스	**카운슬러 대응** 지금부터 어떤 것이 유행한다는 등의 발 빠른 정보로 신뢰하는 파트너가 된다.	
Step4 구입(지불, 회원 등록, 인도)한다.	**카운슬러 대응** 왜 그 상품인지 확인한다.	**카운슬러 대응** 곤란할 때는 언제라도… 마음이 놓이는 피부 파트너로 여기도록 한다.			

다. 분석 자체가 목적이 아니기 때문이다. '그래서?' '요컨대?' 라는 본질에 대한 답과 미래의 액션을 도출하기 위한 툴이 분석이고 그것을 꿰뚫어보는 것이 '통찰력' 이다. 꿰뚫어본 과제를 액션으로 연결하여 활용한다. 툴을 사용하는 사람의 주체성이 중요한 것이다.

◆ 트레이닝 1에서 배운 포인트 ◆

포인트 1
'통찰력=꿰뚫어보는 힘'을 제고하는 것을 의식하자!

포인트 2
지금부터 활용할 수 있는 액션을 잊지 말자!

포인트 3
통찰=발견을 토론하는 것으로 '가치'가 생겨난다!

Training 2

환경 분석력을 연마한다

"환경 분석은 분명히 중요하다. 하지만 실제로는 어떻게 하면 좋은가?"

이런 고민을 하는 사람들이 실은 많은 것 같다. 그런 사람들은 환경 분석을 행하는 프레임을 정하지도 않은 채 마구잡이로 정보 수집에 매달리면서 틀림없이 헛되이 시간을 보내고 있다. 그리고 이렇게 목적 의식 없이 수집된 정보는 결과적으로는 의미 없는 무용지물일 경우가 많다.

전략을 구축하는 데 있어서는 반드시 환경 분석을 할 필요가 있다. 환경 분석은 전략 구상을 위한 입구이다. 그 결과가 '왜 그 전략을 채용하는가'라는 판단을 할 때의 배경이 되기 때문이다. 또 전략 자체의 목적이나 배경이 애매하면 계획이나 목표 관리에 대한 로지컬한 대입도 불가능하게 되어버린다.

훌륭한 환경 분석이 가능하도록 할 것, 이것이 훌륭한 전략을 구축하는 첫걸음이다.

트레이닝 2의 중요 포인트

❶ 환경 분석의 목적과 자세를 안다!

❷ 환경 분석의 '2가지 분석 툴'과 '3가지 어프로치'의 사용 방법을 안다.

❸ 환경 분석을 통해서 창조적인 가설 검증을 할 수 있도록 한다!

환경 분석 스킬을 자기 것으로 만든다!

1 환경 분석의 프레임을 파악한다

●──── 환경 분석은 우선 분석을 행하는 프레임을 결정하는 것에서 시작된다. 여기서는 대표적인 2가지 툴과 3가지 어프로치를 소개하려 한다.

2가지 분석 툴과 3가지 어프로치

환경 분석에는 2가지 분석 툴과 3가지 어프로치가 있다.

【2가지 분석 툴】
① 3C 분석
② 5Forces 분석

【3가지 어프로치】
① 매크로 환경 분석
② 업계·시장 환경 분석
③ 사내 환경 분석

이러한 분석 툴과 어프로치는 마케팅 관련 서적 등에서 소개하

◎ 3C 분석

Customer
메인 타깃은
＊＊＊＊

한마디로 하면

Competitor
최근 3년 간의 지역 점유율은
＊＊＊＊＊

한마디로 하면

Company
딩 사업소의 최대 강점은
＊＊＊＊＊

한마디로 하면

각각의 C 분석으로 결국 무엇을 이야기할 수 있는지를 '한마디로' 정리하는 것이 포인트!

◎ 5Forces 분석(5가지 경쟁 요인)

- 신규 진입 업자
- 판매자의 교섭력
- 신규 진입의 위협
- 공급업자
- 경쟁업자 **경쟁업자간의 적대 관계**
- 고객
- 대체품
- 대체품·서비스의 위협
- 구매자의 교섭력

5가지 경쟁 요인
『경쟁의 전략』
(1980)에서

조금 어렵게 보이지만 결국은 '3C 분석을 확실하게 하라'는 것을 말하는 것이다.

고 있는 경우도 많고, 독자 가운데는 이러한 프레임을 실제로 활용하고 있는 사람도 많을 것으로 안다.

프레임은 틀이다. 사물을 어떤 틀에 대어보고 정리하는 것으로 상대에게 설명하기 쉽게 되고 당연히 상대도 이해하기 쉽게 된다. 요컨대 어떤 환경을 어떤 범위에서 구분하고 거기서 어떤 정보를 모아 분석해야 할 것인가라는 '틀'을 정하는 것이다.

환경 분석은 우선 분석을 하는 프레임을 정하는 데서 시작된다. 그 대표적인 프레임으로서 '2가지 분석 툴' '3가지 어프로치'를 소개하려는 것이지만 우선은 프레임워크 사고의 중요함을 확인해 두자.

프레임워크 사고란 한마디로 말하면 '누락 없이 생각하기 위한 사고법'을 말한다. 요컨대 프레임워크란 분석이나 과제 체계화 등의 가설을 만들 때의 '축'을 끌어내는 것이다. 마케팅의 '4P'라면 프로덕트(Product)·프라이스(Price)·플레이스먼트(Placement)·프로모션(Promotion), 포지셔닝의 점유율로 생각해보면 리더(Leader)·챌린저(Challenger)·팔로우어(Follower)·니처(Nicher)라는 측면(축) 등이 그 대표적인 예이다.

3C 분석과 5Forces 분석

당신이 어떤 회사의 A 사업소의 과장이라고 가정해보자. 당신은 지난 주 A 사업소에 막 취임한 신임 소장에게 현재의 A 사업소의 현황을 3분 간에 걸쳐 간단히 설명하라는 의뢰를 받았다.
　당신이라면 어떤 프레임으로 A 사업소의 현상을 설명할 것인가?

　이런 케이스에서는 3C 분석이라는 환경 분석 툴의 프레임이 도움이 된다. 3C 분석의 3가지 C란 ①고객·시장(Customer) ②경쟁(Competitor) ③자사(Company)의 머리글자를 지칭한다. 업계에 따라서는 도매와 대리점 등의 채널 구조 분석이 중요한 의미를 지니는 경우도 있기 때문에 여기에 ④채널(Channel)을 더해 4C 분석이라고 부르는 경우도 있다.

　이러한 환경 구성 요소를 토대로 하면 대체로 누락이나 중복 없이 전체상을 파악할 수 있다. 각각의 C에 1분씩을 사용하면 신임 소장이 이해하기 쉽도록 간단하게 정리된 설명을 3분 간에 다 할 수 있다.

　환경 분석을 종합할 때 도움이 되는 프레임을 하나 더 배워두자. 프롤로그에서 '현대의 미스터 전략'이라고 소개했던 하버드 대학의 마이클 포터 교수가 제창한 5가지 경쟁 요인(5Forces) 분석이다.

　이 분석에서는 업계의 매력도를 결정하는 요인을 ① 신규 진입의 위협 ② 대체 제품·서비스의 위협 ③ 고객(구매자)의 교섭력 ④ 공급업자(판매자)의 교섭력 ⑤ 경쟁업자간의 적대 관계 ― 이상 5가지로 분류하고 구조적으로 그 업계의 매력도를 측정한다.

　즉 현상의 업계 매력도를 파악함과 동시에 장래의 매력도까지도

◎ 3C 분석과 5Forces 분석의 상관도

	신규 가입자	대체품	고객	공급업자	경쟁업자
고객·시장					
경쟁					
자사					

전혀 다른 것처럼 보이는 이 2가지 분석 툴도 크로스시켜보면 다양한 상관이 나타난다.

예측하면서 경쟁·경합 요인 가운데 있는 자사의 제품이나 서비스의 포지셔닝을 객관적으로 파악하고 전략을 고려해야 한다는 발상이다.

실은 이 3C 분석과 5Forces 분석 사이에는 깊은 관련이 있다. 이 2가지 툴을 크로스시킨 위의 도표를 보면 그 관련성의 깊이를 이해할 수 있을 것이다.

3C 분석은 큰 프레임워크, 5Forces 분석은 보다 경쟁을 의식한 프레임워크이다. 경쟁이 격심한 경우는 5Forces 분석의 관점이 중요하다.

매크로 환경 분석→업계 · 시장 환경 분석→사내 환경 분석

환경 분석에는 크게 이하의 3가지 어프로치가 존재한다.
① 매크로 환경 분석 → 대략적인 벡터를 파악하자!
② 업계 · 시장 환경 분석 → 신선한 데이터를 사용하여 이해도를 높이자!
③ 사내 환경 분석 → 제3자의 관점에서 자사를 객관화하자!

①의 매크로 환경 분석을 시행하는 목적은 사회 전체의 트렌드(trend)나 커다란 방향성을 대략적으로 파악하는 것이다. 이를 통해서 보다 넓은 시점에서 지금 세상에 일어나고 있는 일을 파악하는 것이 중요하다. 여기서 세세한 숫자를 긁어모으는 상세한 분석을 할 필요는 거의 없다.

그리고 매크로 환경에서 분석해야 할 항목은 업계마다 그다지 큰 차이는 없기 때문에 이 분석 스킬은 비교적 쉽게 익힐 수 있는 것이라 할 수 있다. 사회나 경제의 큰 움직임, 사람들의 라이프 스타일이나 가치관의 변화와 같은 항목 등이 여기에 해당된다.

②의 업계 · 시장 환경 분석이란 자사가 속한 업계나 시장 환경은 물론이고 관련 업계를 포함한 전체의 트렌드나 방향성을 매크로 환경보다는 범위를 좁힌 형태로 파악하기 위하여 시행하는 것이다. 그런 의미에서 업계 · 시장 분석에서는 매크로 환경과 달리 사실이나 살아있는 데이터를 입수하는 것이 중요하다.

업계 · 시장 환경 분석은 대단히 중요하다. 환경 분석 중에 가장 전략 구상력이 요구되는 파트이다. 이 분석 결과의 우열이 이후 전략의 완성도를 좌우한다고 해도 과언이 아니다.

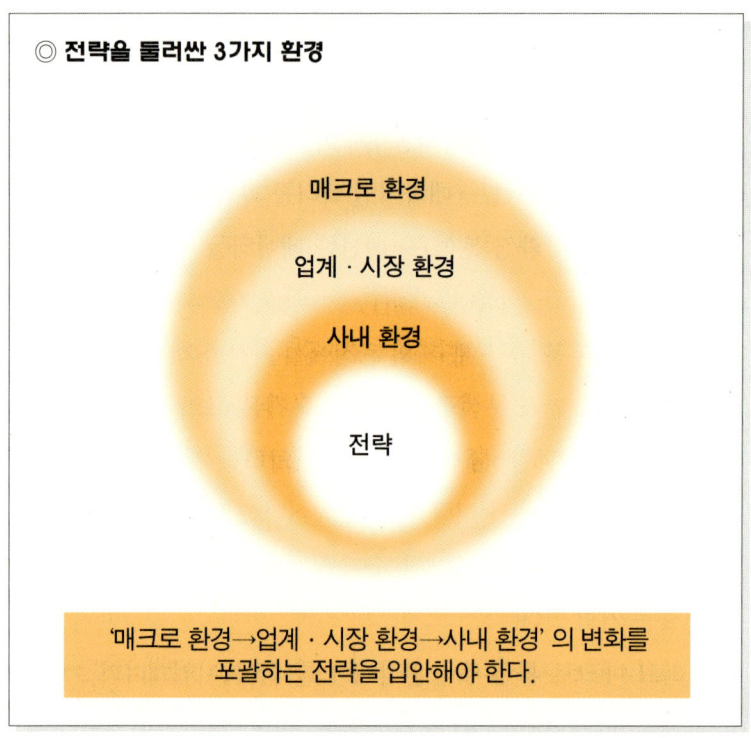

③의 사내 환경 분석이란 이름대로 자사 내의 환경 분석을 행하는 것을 지칭한다. 여기서도 업계·시장 환경 분석과 동일하게 사실이나 데이터를 수집하는 것이 중요하다. 수집하는 데이터에는 '정량적 어프로치'와 '정성적 어프로치'의 2가지가 있다.

트레이닝 2에서는 이하의 순서대로 크레디트 회사 B사의 환경 분석을 시행하기로 하자.

① 매크로 환경 분석 ⇒ 큰 관점에서 B사를 둘러싼 환경을 조감한다.

② 업계·시장 환경 분석 ⇒ 현재와 미래의 변화의 정보를 토대

로 실감한다.

③ **사내 환경 분석** ⇒ ① ②를 토대로 자사를 객관적으로 분석한다.

여기서 유의점은 3가지 있다.

① 스텝 1~3까지의 환경 분석은 그 관련성에 항상 유의한다.

② 각각의 분석은 반드시 자기 나름대로의 가설을 가지고 진행한다.

③ 마지막으로 '결국 무엇을 이야기하고자 하는지'를 날카롭게 한마디로 표현할 수 있도록 머리를 짜낸다.

★케이스 트레이닝 2

환경 분석의 트레이닝

—— 고정 관념은 한번 리셋(reset)시키기 바란다.
지식과 정보의 백지 상태에서 B사의 환경 분석을 함께 생각해보자.

우선 크레디트 회사 B사의 정보와 데이터를 파악하기 바란다.

◎ **1. B사 프로필**

회사명	세븐 크레디트
매출액	2조 엔(전년 대비 10% 증가)
종업원수	1800명
설립	1950년 4월
사업 개요	크레디트 카드 사업 외
최근 토픽	① 변화는 찬스! '공격' 중시 경영으로 전환을 추진 ② 전략적 제휴를 적극적으로 추진하고 신규 고객 획득은 호조 ③ 크레디트 카드를 중심으로 파이낸스·보험·여행 등의 상품도 취급
특징	① B사는 유통 계열의 카드 회사 ② 근년의 신규 고객 획득 수는 업계에서도 주목(영업력 강함) ③ 신 채널 개척(편의점과 WEB)

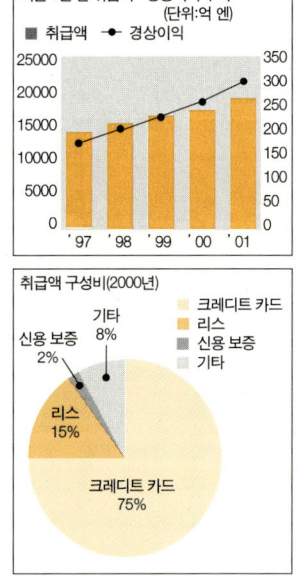

◎ **2. 탑의 프로필과 문제 의식**

성명 ·············· 미야노 유키히코(宮野幸彦)
연령 ·············· 50세
발언 ·············· 급격한 경쟁에서 이기고 업계의 리더를 목표로 한다!
　　　　　　'주체성 있는 사원' 으로의 의식 개혁 필요. 임금 제도도 개혁.
문제 의식 ······ ① 상품 경쟁력의 강화(경쟁 타사에 대한 우위성 확보)가 급선무.
　　　　　　② 신규 진입 업자에 대한 위기감은 상당히 강함.
　　　　　　③ 카드 1매당 신규 고객 획득 코스트가 급증 중.
　　　　　　　　(최대 코스트인 인건비의 억제가 이후의 관건.)

◎ **3. 본 케이스의 전제가 되는 정보**

'발행 계열별 세력 구분'　* 원의 크기는 총 발행 매수를 나타냄.

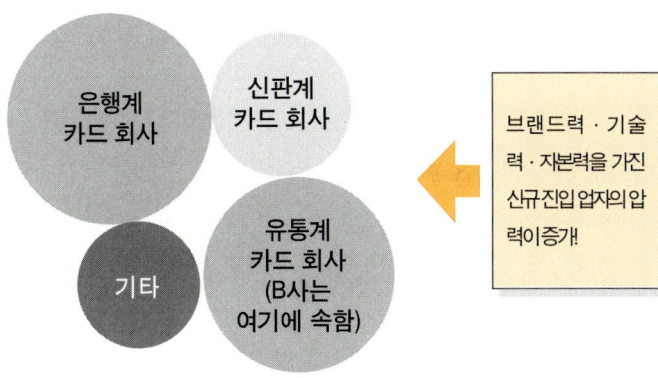

은행 재편에 따라 은행계 카드 회사의 재편이 진행. 결제 수단 다양화 진행. 브랜드력·기술력·자본력이 있는 신규 진입 업자를 포함하는 메가 컴퍼티션(Mega Competition, 대경쟁) 시대로!

2 매크로 환경 분석

● 환경 분석은 전략 구상으로 들어가는 입구이다. 그리고 매크로 환경 분석은 환경 분석의 입구가 된다. 따라서 매크로 환경 분석은 전략 구상으로 들어가는 진정한 입구가 되는 것이다.

6가지 스텝으로 매크로 환경 분석을 진행한다

매크로 환경 분석에서는 사회, 경제, 라이프 스타일의 변화 등 커다란 테마를 다룬다. "세상에는 어떤 움직임이 일어나고 있을까" "이후 어떤 방향으로 가게 될까"와 같은 커다란 변화의 방향성을 객관적으로 떠오르게 하는 것이 매크로 환경 분석의 주요한 목표다.

매크로 환경 분석을 진행시키는 순서는 크게 6단계로 나누어진다.

① 분석 항목을 블랭크(blank)로 한 매크로 환경 분석 시트를 작성

② 자사와 관련이 깊을 것 같은 분석 항목을 결정하고 분석 시트에 기입

③ 분석 항목별로 트렌드를 리스트 업

④ 트렌드 중에서 자사 전략에 대한 영향력이 가장 클 것 같은 테마의 키워드를 추출

⑤ 해당 원 워드에 대한 가설을 수립

◎ 매크로 환경 분석 시트(포맷)

분석 항목	항목별 트렌드 (환경 변화)	전략에 영향을 주는 분석 결과
사회	• 취직 빙하기의 일상화　• 고실업율 • 고용 유동화의 가속 • 소자화 · 고령화　• 임금 하향	➡ 키워드를 추출
경제	• 저성장 경제　• 가격 파괴 • 초저금리　• 규제 완화 • 악성 디플레이션(deflationary spiral)	➡ 키워드를 추출
산업 구조	• 제조업 공동화 • 창업가 붐 • 아시아(특히 중국)로 시프트	➡ 키워드를 추출
글로벌리제이션	• 광역 경제권　• 영어의 공용어화 • 중국의 WTO 가입 • 일본의 고립화	➡ 키워드를 추출
정보화	• 인터넷/인트라넷 • ADSL　• IC카드 • 차세대 휴대 전화 • 정보 리터러시(Literacy)	➡ 키워드를 추출
가치관/ 라이프 스타일	• 일점 호화주의　• 자기 책임 • 캐리어(Career)　• 전직 지향	➡ 키워드를 추출
경영론	• 코어 컴피턴스 경영 • 아웃소싱　• 얼라이언스(제휴) • 코퍼레이트 가버넌스(주주 지배) • 날리지 매니지먼트(지식 경영) • 컴피턴시	➡ 키워드를 추출
환경	• 가전 리사이클법 • 제로 이미션(emission) • 에코카(ECO Car : 저공해 차) • 지구 온난화(쿄토 의정서)	➡ 키워드를 추출

매크로 환경 분석은 대략적으로 큰 관점에서 시행한다.

⑥ 가설 검증을 위한 정보 수집(알기 쉽게 그래프화)

요컨대 평소에 정보 인풋(input)을 하고 있지 않다면 '트렌드가 뭐지' 라는 지점에서부터 정보를 수집해야 하고 시간적 로스(loss)도 크다. 오늘부터라도 이 트레이닝을 참고로 일상적인 정보 수집을 습관화해두기 바란다. 지속적으로 하면 큰 힘이 될 것이다.

우선은 121페이지의 매크로 환경 분석 시트 양식을 참고로 크레디트 회사인 B사의 매크로 환경 분석 시트를 작성해보자.

① 크레디트 업계에 특히 영향을 주는 분석 항목은 무엇인가?
② 그 분석 항목에서 어떤 키워드를 추출할 것인가?

여기서는 B사에 관계가 깊을 것 같은 분석 항목을 사회·경제·정보화·가치관 / 라이프 스타일의 네 항목으로 범위를 좁혔다. 다음에 네 항목의 현재 트렌드를 리스트 업하고 각각의 트렌드에서 B사에 영향을 줄 것 같은 키워드를 추출해보았다.

이 작업은 평소에 안테나를 세우고 다니면서 정보 수집과 정보 관리를 하고 있는 사람에게는 그다지 시간이 걸리지 않는 일이다.

만약 이 키워드 추출에 상당한 시간이 걸린 사람은 정보 수집 방법을 변경하거나 일상적인 정보 수집의 습관화에 신경을 쓰길 바란다. 예를 들면 주간 비즈니스 잡지 등에는 매주의 국내 주요 경제 지표를 게재하는 것이 있다. 전 세대 소비 지출이나 신설 주택 착공 호수와 실업률 등 변화의 벡터를 파악하면 다양한 상황이 떠오르게 되는 것이다.

여기서는 B사에 관계가 깊을 것 같은 키워드를 다음과 같이 결정했다.

① 사회 ⇒ 소자화(少子化 : 출생률의 저하로 인해 자녀의 수가 줄어

드는 현상) · 고령화

② 경제 ⇒ 타업종 진입

③ 정보화 ⇒ IC카드

④ 가치관 / 라이프 스타일 ⇒ 소비 행동의 다양화

매크로 환경 분석을 위한 정보 수집은 여기서부터 시작한다. 그러나 여기서 아무 것도 생각하지 않고 정보 수집으로 넘어가버리면 매크로 환경 분석은 단순한 정보 수집 작업에 지나지 않게 된다. 환경 분석이란 구상력을 최대한으로 활용한 가설 검증 작업이라는 것은 전술한 바가 있다.

우선은 이 4가지 테마(원 워드)를 조사하기 전에 당신 나름의 가설을 생각하기 바란다.

① 이러한 원 워드는 향후 B사에 어떤 영향을 줄 것인가?

② 그것을 위한 대책으로 어떤 것이 상정될 것인가?

여기서는 아래와 같은 가설을 세워보았다.

① 소자화 · 고령화

세그멘테이션(segmentation : 세분화)을 다시 생각할 필요가 있을 것이다. 그리고 실버 마켓(silver market)의 특징도 파악해두어야 한다. 업종을 불문하고 성공 사례를 수집해봐야 한다.

② 타업종 진입

예전에는 경쟁 상대라고 생각지도 않았던 업종이나 외자의 신규 진입이 증가하는 경향이 있고, 향후 경쟁의 격화는 피할 수 없다. 금융업계의 재편도 가속화되고 스케일메리트(scale merit : 규모를 확대함으로써 얻는 이익)를 향유할 수 없는 카드 회사나 경쟁 우위성을 상실한 기업은 시장에서 도태될 것이다.

③ IC카드

가까운 장래에 틀림없이 IC카드가 표준이 될 것이다. 현재도 다양한 형태로 실용화가 진전되고 있으며, B사의 이후 전략에 대한 영향은 대단히 크다고 생각되기 때문에 기술 혁신 동향에서도 눈을 뗄 수가 없다.

④ 소비 행동의 다양화

"대중적인 판매 방식은 더 이상 통용되지 않는다. 앞으로는 One to One 시대다"라고 일컬어지던 것도 옛날 일이 되었지만, 과연 국내에서 One to One 마케팅에 성공한 기업은 존재하는 것일까? 성공의 관건은 고객 데이터 베이스의 정비와 CRM 체제 구축에 있는 것 같다. 최신 기술 동향이나 해외를 포함한 성공 사례를 벤치마킹할 필요가 있다.

이상의 가설을 검증하기 위하여 정보 수집을 시작하기로 한다. 비교적 규모가 큰 도서관이라면 정기 간행물이나 일반 기업이 발행하고 있는 백서나 조사 자료는 대부분 갖추고 있다. 인터넷 검색을 활용하는 것은 말할 필요도 없다. 시간과 장소를 불문하고 질릴 정도로 많은 양의 정보를 입수할 수 있다.

모아진 정보나 데이터를 토대로 매크로 환경을 종합 정리한다. 데이터 등은 가능한 한 그래프화·도표화하여 알기 쉽게 만든다. 또 거기서 도출된 발견(finding)은 원 메시지(one message)로 정리한다. 그리고 오른쪽 페이지의 도표처럼 최종적으로는 매크로 환경 전체로서 '결국 무엇이라고 말할 수 있는지'를 한마디로 종합한다. 날카로우면서도 임팩트(impact)가 있는 한마디를 도출할 수 있도록 집중하기 바란다. B사의 경우는 '마지막까지 살아남을 수 있

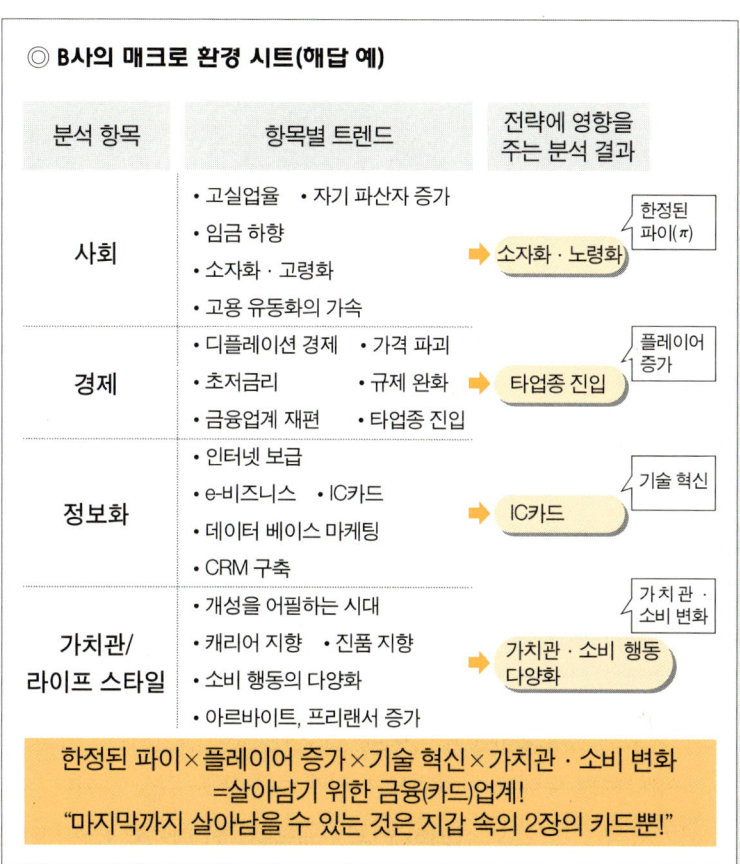

는 것은 지갑 속에 있는 2장의 카드뿐!' 으로 했다.

　매크로 환경 분석의 결과를 설명할 때 이 '한마디' 가 생명이 된다. 아무리 훌륭한 정보를 모았다고 해도 이 한마디를 듣고서 '???' 라고 생각하게 된다면 그들은 이후의 업계·시장 환경 분석이나 사내 환경 분석의 이야기를 들으려 하지 않을 것이다.

과거 · 현재 · 미래의 시간 축으로 생각한다

 매크로 환경 분석에서 중요한 것은 시대를 과거 · 현재 · 미래의 시간 축으로 생각하는 것이다. 일반적으로는 과거= -5년, 미래= +5년의 합계 10년 정도가 하나의 분석 범위로서 선택된다. B사의 경우도 이 -5년 +5년의 10년이 바람직하다. 금융×기술의 움직임은 현재를 기점으로 한 -5년 +5년이 가장 눈을 뗄 수 없기 때문이다.
 그리고 -5년 +5년의 범위를 분석 항목 중에서 무엇을 사용하면 이야기할 수 있을지를 생각한다. 좁혀 들어가기 전에는 다소 많은 항목을 추출해둬야 한다.
 B사의 경우에서는 '사회' '경제' '정보화' '가치관 / 라이프 스타일' 의 4가지 항목이 되었지만 좁히기 전에는 '세계화' '경영론'도 후보에 있었다. 그러나 국내 마켓 중심, 크레디트 비즈니스 중심이라는 점에서 4가지로 압축했던 것이다. 각종 데이터, 각종 뉴스 등에서 항목별 트렌드의 키워드는 쉽게 추출할 수 있을 것이다.
 여기서 주의할 점은 이러한 키워드 군에서 원 워드로 축약할 때 가능한 한 구체적으로 한다는 것이다. 전략 가설을 이미지화하여 불필요한 키워드를 과감하게 던져버릴 용기가 필요하다. 여기서는 키워드 중에서 가장 가설의 이미지에 가까운 것을 하나만 선택했다. 이 방법 이외에 많은 키워드 전체를 원 워드로 하는 방법도 있다. 하지만 이것은 대체적으로 어렵기 때문에 초심자는 하나만 선택하는 방법이 좋다.

3 업계 · 시장 환경 분석

●──── 업계 · 시장 환경 분석은 환경 분석의 3가지 어프로치(① 매크로 환경 분석 ② 업계 · 시장 환경 분석 ③ 사내 환경 분석) 중에서도 매우 중요한 의미를 지닌다.

1차 데이터와 2차 데이터

지금 업계의 벽을 넘어선 기업 경쟁이 빈번히 일어나고 있고, 대폭적인 규제 완화와 IT화의 진전, M&A, 전략 제휴의 가속화 등에 수반하여 하나의 기업을 어떤 특정한 업계 구분으로 이야기하는 것은 어려운 일이 되고 있다.

업계 장벽은 기업의 자금력과 기술력에 의하여 아주 간단하게 넘어설 수 있는 케이스가 나오고 있다. 이것을 찬스로 볼 것인가 펀치로 볼 것인가? 이 점을 올바르게 구분하기 위해서도 업계 · 시장 환경 분석은 객관적인 데이터를 모아서 명확하게 해둘 필요가 있는 것이다.

실제 분석을 수행하기 전에 정보의 종류에 대해 확인해두기로 하자. 정보란 129페이지의 그림과 같이 크게 1차 데이터(primary data)와 2차 데이터(secondary data)의 2가지로 구분할 수 있다.

2차 데이터란 세상에 이미 공표되어 있는 문헌 정보를 지칭한다. 친근한 것부터 이야기하자면 일상의 신문이나 잡지 기사와 연구 리포트, 관청이 발표하는 각종 백서 등이 이것에 해당된다.

그리고 최근에 IR(information retrieval : 정보 검색) 활동의 강화에 따라 홈페이지에 게재되고 있는 기업의 유가증권 보고서나 재무 리포트 등에서도 상당량의 정보를 입수할 수 있게 되었다. 예를 들면 우량 IR 사이트이기도 한 NTT(일본 전신전화 주식회사)의 IR 사이트에는 확실히 원하는 정보가 입수하기 쉽게 만들어져 있다. 재무 리포트 등은 현재 거의 모든 기업에서 PDF판 또는 HTML판으로 제공되고 있지만, NTT에서는 금후 엑셀(Excel) 형식으로의 제공을 검토하고 있다고 한다. 투자자가 독자적으로 데이터를 모아 분석하기 쉽게 하려는 것이 그 의도이다.

한편 1차 데이터란 세상에 이미 존재하고 있는 공표 정보가 아니라 환경 분석을 위하여 새롭게 수집하는 것이다. 구체적으로는 앙케트나 전문가 · 중심 인물(key man)의 인터뷰가 여기에 해당되지만 이 정보 수집에는 2차 데이터와 비교하면 시간과 노력, 코스트가 들게 된다.

그러나 이러한 '생생한 소리'에는 그 나름의 가치나 비중이 확실히 있다. 2차 데이터를 정리하여 숫자가 가득 찬 수십 장의 리포트에 가치가 없다고 말하려는 것은 아니다. 다만, 경우에 따라서는 10일 간에 걸쳐 작성한 수십 장의 리포트에서 말하고자 하는 것을 단 1분 간의 전문가 인터뷰로 파악할 수도 있다. 곤란함을 수반하는 만큼 그만한 유효성을 지닌 수단이라고 할 수도 있다.

인터뷰를 할 때에는 확실한 사전 준비를 해두어야 한다. 상대는

◎ **정보의 종류**

1차 데이터 (primary data)	실사	정량 조사(앙케트 등), 정성 조사(포커스 그룹 인터뷰, 심층 인터뷰 등
	관찰	점내 고객 동선, 구매 동향 조사, 구색 조사 등
	실험	캠페인, 일시 진열 등
	기타	영업 일보, 고객 클레임 분석, POS 데이터 등
2차 데이터 (secondary data)	정부 간행물	각종 백서, 각종 통계 자료 등
	잡지	비즈니스 잡지, 전문지 등
	신문	일반지, 전문지 등
	기타	인터넷 Web, 메일 매거진 등

코스트와 스피드를 고려하면 인터넷을 활용하지 않을 방법은 없다. 1차 데이터(생생한 소리)는 수고와 시간이 들지만 유익한 정보를 얻을 수 있는 경우가 많다.

전문가이다. 말하자면 그 길에서는 프로다. "아무 것도 모르기 때문에 제로 베이스에서 가르쳐주십시오"라는 식의 느슨한 마음으로는 가치 있는 한마디를 끌어낸다는 것이 불가능할 것이다. 조사자도 확실한 사전 정보 무장이 필요하다. 어떤 일정 수준 이상의 지식·정보가 있어야 비로소 상대와 동일한 지평에서 이야기할 수 있다. 전문가는 당연한 일이지만 바쁜 사람이 많다. 제한된 인터뷰 시간에 얼마나 가치 있는 정보를 얻어낼 것인지, 입수할 수 있는 정보의 질과 양은 조사자의 레벨에 의하여 차이가 나타난다 해도 과언이 아니다.

최소 5가지 항목은 분석한다

업계·시장 환경 분석에서는 업계 특성이나 업계에서의 자사 포지셔닝에 따라 분석을 행하는 초점은 약간 달라진다. 그러나 어떤 업계라도 최소 다음의 5가지 항목에 관한 분석은 해야 한다.

① 시장 규모의 추이
② 시장 점유율의 분포
③ 시장 구조를 변화시키는 요인
④ 미래를 볼 수 있는 시장의 방향성 파악
⑤ 업계·시장에서의 자사 포지셔닝 파악

①~⑤ 모두 기본적으로는 2차 데이터 중심의 정리 방식이 될 것이다. 업계 단체 등이 발간하는 정기 간행물이나 시판 서적, 인터넷에서도 일정 수준의 정보를 얻을 수가 있다. 굳이 이야기한다면 ③~⑤에 대해서는 전문가 인터뷰 등 1차 데이터도 수집함으로써 보다 객관성·신뢰성 높은 분석 결과로 마무리할 수 있을 것이다.

업계·시장 분석의 6가지 스텝

업계·시장을 알기 위하여 수행하는 마켓 분석을 추진하는 수순을 대략적으로 서술하면 다음의 6가지 스텝으로 구분된다.

① 업계·시장 분석 시트를 작성한다.

◎ 업계 · 시장 환경 분석에 도움이 되는 사이트

업계 · 시장 환경 정보
- 대외경제정책연구원   http://www.kieo.go.kr
- 삼성경제연구소   http://www.seri.org
- LG경제연구원   http://www.lgeri.com
- 월스트리트 저널   http://www.interactive.wsj.com
- 포스코경영연구소   http://www.posri.re.kr
- 한국개발연구원   http://www.kdi.re.kr
- 현대경제연구원   http://www.hri.co.kr

기업 정보
- 한국기업평가   http://www.korearatings.com
- 한국기업정보   http://www.eccompany.co.kr
- 한국신용평가   http://www.kisinfo.com
- 한국신용정보   http://www.nice.co.kr
- 비즈파크   http://www.bizpark.co.kr
- 미국 상장기업 각종 자료 http://www.sec.gov

협회 / 공사
- 한국증권업협회   http://www.ksda.or.kr
- 한국조선공업협회   http://www.koshipa.or.kr
- 한국기술거래협회   http://www.ktta.or.kr
- 한국무역협회   http://www.kita.or.kr
- 대한무역투자진흥공사 http://www.kotra.or.kr
- 한국토지공사   http://www.koland.co.kr
- 농수산물유통공사   http://www.afmc.co.kr
- 농업기반공사   http://www.karico.co.kr
- 한국석유공사   http://www.knoc.co.kr

정부 기관
- 산업자원부   http://www.mocie.go.kr
- 통계청   http://www.nso.go.kr
- 건설교통부   http://www.moct.go.kr

② 선별한 항목에 대한 가설을 세운다.
③ 예비 조사를 위한 정보를 수집한다.
④ 예비 조사의 결과를 받아 본 조사의 계획을 세운다.
⑤ 정보를 수집한다.
⑥ 수집한 결과를 분석한다.

①의 업계·시장 분석 시트의 포맷이나 여기서 행하는 작업은 121페이지에서 서술한 매크로 환경 분석 시트와 거의 같은 요령으로 진행하게 된다.

업계·시장 환경 가운데 자사 전략에 관계가 깊을 것 같은 분석 항목을 선별하는 작업이지만 상기 ①~⑤의 최소로 분석해야 하는 항목에 대해서는 망라되어야 할 것이다.

②에서는 앞으로 수행할 예비 조사를 위한 가설을 세운다. 함축된 조사를 하기 위한 가설 설정의 중요성은 이해하고 있을 것이라 본다.

③은 본격적인 정보 수집에 들어가기 전 예비 단계에 해당되고, 2차 데이터의 수집이 중심이 된다. 정말 이 방향에서 조사를 추진한다면 ②에서 세운 가설이 검증될지 아닐지는 여기서 확인해야 한다. ④는 예비 조사의 결과를 받아 이후의 조사 방향성을 결정하는 단계이다. ③에서는 2차 데이터 수집이 중심이지만 이 단계에서는 1차 데이터 수집으로 작업의 축을 옮길 필요가 있다. 나머지는 제목 그대로 ⑤는 ④의 실행 단계, ⑥은 결과의 분석을 행하는 단계라고 할 수 있다.

케이스로 본 업계·시장 환경 분석

그럼 지금부터는 크레디트 회사인 B사를 둘러싼 업계·시장 환경 분석을 실제로 해보자.

이번에는 여러분들 자신의 힘으로 분석 항목과 항목별 트렌드를 찾아내 B사의 전략에 영향을 주는 분석 결과의 키워드를 추출해보기 바란다. 분석에 완전한 답은 존재하지 않는다. 자신이 보유하는 모든 정보 서랍 속을 찾아다니면서 자기 나름의 가설을 가지고 대처하기 바란다.

여기서는 ① 시장 규모 ② 시장 점유율 ③ 시장 구조 변화 ④ 법의 정비 ⑤ 기술 ⑥ 업계 전체의 과제 — 이상 6가지 분석 항목에 대한 가설을 생각해보자. 6가지로 범위를 좁히는 방법은 소거법이 기본이다. 필요치 않은 항목을 제외시키고 좁히고 다시 빠진 것을 채운다. 판단 기준은 금융·크레디트·IT의 축이다.

각각 항목별 트렌드·키워드에 관해서 어떤 움직임이 상정될 수 있을까? 이러한 움직임을 파악하는 데는 어떤 정보를 어떤 수단으로 수집해야 할까? 그 움직임은 B사에게 지금, 그리고 향후 어떤 임팩트를 줄 가능성이 있을까? 이에 대응하기 위한 대책으로 어떤 방법이 고려될 수 있을까?

여기서는 다음과 같은 가설을 세우고 그 뒤의 정보 수집을 진행하는 것으로 했다. 가설을 세울 때의 주의 점은 다음을 기본으로 하

는 것이 좋다.

①　탑(최고 경영자)의 문제 의식

②　경쟁사를 중심으로 한 업계의 객관적인 트렌드

③　고객을 포함한 시장의 객관적 트렌드

가설을 세우는 방법은 전문가가 말하는 범용적 분석 포인트를 기본으로 해도 되지만 중요한 점은 자기 자신의 독자적인 분석 포인트를 분명히 갖는 것이다. 요컨대 B사의 특징을 잘 생각해보는 것이다. B사는 유통업계이기 때문에 쇼핑 트렌드를 분명히 생각할 필요가 있다.

1) 시장 규모

경기 불황이라고 해도 크레디트 카드의 이용은 점점 늘어나고 있다. 구체적으로 늘고 있는 것이 카드 쇼핑인지 카드 캐싱(card cashing : 현금 서비스)인지를 알 필요가 있다. 그리고 그것은 무엇 때문일까? 이용이 늘어나는 것은 2가지 이유를 생각할 수 있다. 카드를 이용하는 고객이 늘고 있거나 고객 1인당 이용 단가가 늘어나고 있을 것이다. 시장 규모에 대해서는 카드 선진국인 미국이나 유럽과 비교함으로써 국내의 마켓으로서의 성장 여력을 어느 정도 판단하는 일도 가능하다.

2) 시장 동향

카드 업계는 스케일메리트(scale merit)를 추구할 수 있는 업계이다. 각 회사 모두 살아남는 조건으로 점유율 획득을 중시하고 있을 것이다. 향후 소자화의 진전에 따라 최근 수년과 같이 대량의 카드 획득은 어렵게 된다. 수년 후 고객이 지갑에 남겨놓을 2장의 카드로 선택되기 위해서 지금 대량의 카드를 발행해두고 싶다고 생각하는 것이 당연하다. 그리고 각 회사의 회원 고객 카드 가동률에는 당연히 격차가 있을 것이기 때문에 점유율에 대해서는 카드 발행 매수의 점유율뿐만 아니라 취급액의 점유율에 대해서도 조사할 필요가 있을 것이다.

3) 시장 구조 변화(신규 진입 위협의 증대)

최근 몇 년 동안 외국 자본 기업의 국내 금융 시장으로의 진입(매수)이 활발하지만, 카드 업계를 둘러싼 시장 구조에는 어떤 변화를 초래했을까? 그들의 진입 목적은 무엇인가? 국내의 크레디트 카드 시장에는 아직 그만한 성장 여력이 있는 것일까? 국내에서는 금융 기관의 통합과 더불어 그 산하에 있는 크레디트 카드 회사의 통폐합 움직임도 활발하다. 여하튼 최근 몇 년 동안 시장 구조가 격변하고 있다는 점은 틀림없다.

4) 법의 정비(개인 정보 보호)

특히 인터넷에서 크레디트 카드의 이용 기회 확대에 따라 개인 정보 보호에 관한 관심이 대단히 높아지고 있다. 모르는 회사에서 보낸 DM(Direct Mail)을 받는 일도 많지만 최근에는 인재 파견 업자나 은행, 유통업, 통신업(휴대 전화) 등에서의 고객 정보 누설 사건이 알려져 크레디트 카드 회사에 대한 불신감과 불안감이 불식되지 않고 있다. 크레디트 카드 업계 전체에서 그리고 법제 면에서 어떤 조치가 취해지고 있는지 조사할 필요가 있다.

5) 기술(결제 수단의 다양화)

크레디트 카드의 중요 기능 중의 하나가 결제 기능이다. 우리 나라는 미국처럼 가계수표가 발달되지 않아 현금 이외의 결제 시장은 지금까지는 거의 크레디트 카드의 독무대였다. 하지만 최근에는 결제 시장을 숨 가쁘게 노리는 기업이 많다. 주변을 돌아봐도 현금을 지니지 않고서 결제할 수 있는 곳이 대단히 많아졌다. 사원 식당에서의 지불은 IC 칩을 부착한 사원증이고 데빗 카드(Debit card)를 사용할 수 있는 소매점도 늘어났다. 휴대 전화도 전자 지갑으로 위치가 바뀌고 있다. 또 결제 기능에 ID(본인 인증) 기능을 더하여 지문이나 눈동자의 홍채 인증을 행하는 바이오 메트릭스(Biometrics) 인증 움직임도 활발하다. 신규 진입을 노리는 기업에 공통적인 것은 무엇인가? 기술력 이외에 브랜드력인가? 자금력인가? 압도적인 인프라 기반인가?

6) 업계 전체의 과제(카드 범죄에 대한 대응)

장기화되는 불황의 영향도 있어서 개인의 자기 파산이 해마다 증가하고 있는 것 같다. 또한 크레디트 카드를 사용하는 범죄 수법도 점점 다양화·정교화되고 있는 것 같다. 카드 범죄가 급증하는 요즘 기술 정비와 법 정비 및 처벌 강화를 시도하는 것은 가장 시급한 과제가 될 것이다.

이상과 같은 가설을 가지고 이후 정보 수집을 진행하게 되겠지만 이것만을 보더라도 현재의 크레디트 카드 업계에 '기술 진화'가 주는 영향은 대단히 크다는 사실이 전달되었을 것이다. 극단적으로 말하면 몇 년 뒤에는 더 이상 '사각형 플라스틱 카드'는 존재하지 않을 가능성도 충분히 있다. 실제로 휴대 전화뿐만 아니라 시계 같은 것이 일반적인 결제 툴로 사용되는 케이스도 실용화되고 있다.

자주 분석의 축이 어긋나는 경우가 있다. 축이 어긋나지 않도록 하기 위해서는 과거·현재·미래의 시간 축을 확실히 파악하는 것이 중요하다.

사내 환경 분석

● 매크로 환경, 업계·시장 분석 다음에 오는 것이 사내 환경 분석이다.

정량 어프로치와 정성 어프로치

'적을 알고 자신을 안다'는 것의 중요성은 머리로는 이해해도 실제로 기업 가운데 '자신을 알기' 위하여 충분한 시간과 노력, 코스트를 들여가면서 자사 분석을 하고 있는 곳은 의외로 적다. 언제나 그 움직임에 신경을 쓰고 있는 경쟁 타사에 관한 강점과 약점은 매끄럽게 슬슬 잘 설명하면서도 정작 자사의 차별적 우위성을 객관적으로 질문 받게 되면 엉성하게 대답하는 사람도 많다.

사내 환경 분석에는 크게 2가지 어프로치가 있다.

① 정량 어프로치

매출액·매출 총이익, 경상이익 등의 수치로 나타내는 데이터를 지칭한다. 최근에는 소니나 카오(花王)와 같이 EVA(경제적 부가가치) 등의 새로운 경제 지표를 적극 도입하는 기업도 늘어나고 있다.

② 정성 어프로치

사원이나 고객, 클라이언트(client)의 의견 등 수치로는 나타낼 수 없는 정보를 지칭한다. 따라서 정보 소스는 주로 사내 현장의 소리, 고객의 소리, 유통 채널의 소리 등이다.

환경 분석을 행하는 항목은 매크로 환경 분석이나 업계·시장 환경 분석과 동일하게 140페이지의 도표와 같은 분석 시트를 활용하여 결정한다.

이 시트를 활용하여 미션·비전·기본 전략·개별 전략까지의 강점·약점을 분석함으로써 사내 환경 분석을 수행할 수 있다. 일보 진전된 분석을 위해서는 SWOT 분석, PPM 분석 등의 다른 분석 툴을 사용하는 것이 유효할 것이다. 분석 툴에 대해서는 트레이닝 1에서 서술한 대로이다.

B사의 사내 환경 분석 항목은 취급액·취급액의 구성·고객 수·판매비·경상이익·사원수·1인당 취급액·1인당 판매관리비 등과 같은 베이직한 수치 항목이 기본이다. 가능한 한 표보다는 그래프로 만드는 것이 좋다.

그리고 그 외의 항목은 업계·시장 환경 분석에서 가지고 온다.

예를 들면 신용 공여액·신용 공여 잔액·카드 발행 매수·각종 점유율·법률의 정비와 이를 위한 조치·카드 범죄 건수·범죄 대응 조치·개인 파산자 수·개인 파산자 증가에 대한 대응 조치·개인 정보 보호 체제에 대한 조치 등과 같은 항목을 사내 환경으로 정리할 필요가 있다.

◎ **사내 환경 분석 시트**

분석 항목(평가)		자사의 강점	자사의 약점
미션		유통계 크레디트 회사로서의 가치 창조	미사여구 선행
비전(사업 영역)		그룹력의 시너지	시너지의 계기가 미약
기본 전략		유통업태의 결제 통합~신기술에 의한 크레디트 스타일의 새로운 창조	시너지 구체화에 대한 마인드 공유 부재
개별 전략	상품	쇼핑과 캐싱의 통합	캐싱에 조금 편향
	가격	수수료의 단계화	—
	채널	전업태 전점포 서비스 카운터 설치	카운터 인지도 낮음
	프로모션	브랜드력 강화에 의한 라이프 스타일 제안	광고비 염출이 어려움
	기술	S사와의 얼라이언스로 디팍토(업계 표준)를 노림	기술 리더십력이 주위에 나타나지 않음
	인재	커스터머 서비스(CRM) 체제 강화, 업계 넘버원의 퍼포먼스	서비스 리더 부재
	정보	고객 DB 활용, 인프라 정비 스피드 배양	IT 투자의 비대화

세로축은 비즈니스 하이어라키로 생각한다

각각의 개별 전략이 일관성을 지닐 수 있도록 전략의 각 요소에서 강점과 약점을 분석한다.

환경 분석을 정리해두자

매크로 → 업계·시장 → 사내의 흐름은 모두 그 분석 항목(환경 변화 항목)에 달려 있다. 항목을 통합시켜서 매크로 → 업계 → 사내로의 브레이크 다운이 요구된다. B사의 환경 분석의 포인트는 '기술 × 라이프 스타일'의 분석 항목 통합에서 보인 '쇼핑 결제시의 기술 트렌드를 예상한 크레디트 스타일의 새로운 비전 제안'이 될 것이다.

가설은 브레이크 다운의 역발상이 좋다. 자주 범하는 잘못도 그렇지만 가능한 한 사내 환경 분석 항목을 의식한 형태로 거슬러 올라가 가설을 만드는 것이 보다 분석 내용이 압축되어 바람직하다는 것을 염두에 두길 바란다.

◆ 트레이닝 2에서 배운 포인트 ◆

포인트 1
환경 분석은 정보 수집력이 생명! 정보 수집은 일상적으로 습관화해야 한다!

포인트 2
환경 분석 중에서도 전략에 대한 영향도가 특히 큰 것이 업계·시장 환경 분석. 여기서의 분석 미스는 치명적이기 쉽다. 데이터 수집은 신중하게! 분석 결과는 도표화 등으로 대담하게 제시할 것!

포인트 3
환경 분석은 단순한 정보 수집이 아니다. 가설 검증 작업이다!

Training 3

전략 가설력을 제고한다

"어떻게 해서든 ○○○을 실현시키고 싶다" — 전략 가설의 본질은 사람을 고무하는 '강력함'과 '지혜와 용기'이다. 그 바탕은 열정, 의지이다. 이것이 절반이다. 나머지 반은 분석 툴로서의 '베스트 프랙티스 분석' '코어 컴피턴스 분석' '전략 맵'이다. 이 모든 것을 잘 구사하는 데 달려 있다. 포인트는 다음의 3가지.

① 전략적 대책으로는 어떤 것들이 있는지 샅샅이 찾아낸다. ⇒ 베스트 프랙티스 분석
② 전략으로서의 '예리함'을 찾아내고 그것을 눈에 띄게 한다. ⇒ 코어 컴피턴스 분석
③ 공격의 조감도, 공격하는 방법의 지도를 그린다. ⇒ 전략 맵

전략 가설은 마음과 뜻을 시나리오화한 것이다. 좋은 전략 가설은 사람을 흥분시키는 요소를 지니고 있다. 구상력이 있기 때문이다. 전략 구상력이 있는 사람은 객관적·논리적으로 이끌어간다.

트레이닝 3의 중요 포인트

전략 가설력을 제고한다!

❶ 전략을 생각할 때 '최선의 실천'을 안다.

❷ 강력한 전략을 만들기 위하여 '예리함'을 눈에 띄게 한다.

❸ 공격 장소와 공격 방법의 '조감도'를 그린다.

1 전략 가설의 정리 방법

● ── 객관적·논리적으로 이끌기 위하여 '최선의 실천'을 알고 스스로 '최선의 실천가'가 되라!

베스트 프랙티스로 전략 가설의 시야를 좁히자

기업 경영에서는 모든 정보가 언제나 모아진다고 한정할 수는 없다. 오히려 그런 경우가 거의 없다고 하는 게 옳다. 그래서 전략 가설이 필요하게 된다. 이때 가지고 있는 정보가 전체의 60%이면 60%의 가설, 80%이면 80%의 가설이 된다. 어떤 정보, 어떤 상황이 갖추어지면 그 가설이 검증되는지에 대한 지표를 명확히 하여 가설을 만들고 실천하면서 검증하는 것이다. 이 사이클을 '가설 검증 사이클'이라 한다. 이 가설 검증 사이클의 레벨을 제고하는 것이 베스트 프랙티스(Best Practices)이다.

전략적인 기업은 경쟁 기업을 잘 연구하고 있다. 그것뿐만 아니다. 사내외·업계 내외·국내외의 다양한 '최선(Best)의 실천'을 추구하고 스스로가 최선의 실천가가 되려고 하는 것이다. 전략 가설 경영이란 베스트 프랙티스 경영을 베이스로 하는 것이라 할 수 있다.

베스트 프랙티스에 의하여 '최선의 실천'을 알아두는 것만으로는 의미가 없다. 전략 가설의 시점을 좁히기 위한 평가 기준, 척도가 필요하다. 베스트 프랙티스는 이런 기업의 전략의 평가 기준, 척도 만들기에 기여하는 것이다. 요컨대 베스트 프랙티스에서는 '최선을 아는 것'에서 '최선의 전략을 만들 때의 기준 만들기'로 그 분석 레벨을 활용 레벨로 제고할 필요가 있는 것이다.

자기 나름의 전략 맵을 만든다

"20세기 말…… 사상 최고의 결전이 시작된다" — 시뮬레이션 게임「대전략」의 선전 문구다. 이 게임에서는 군단 레벨을 전체적으로 지휘하는 '전략 맵'과 개개 부대 레벨을 지휘하는 '전략 맵' 양면에서의 대결이 리얼 타임으로 이루어지는 게임이 진행된다. 순간 순간 국지전과 전면전 양쪽으로 대응하는 일이 필요하게 된다.

게임에서는 10분, 20분에 전세가 크게 달라진다. 그러나 현실의 기업 경영에서는 어떻게 될까? 1년, 2년? 그렇지 않다. 변화의 속도도 빠르고 변화의 크기도 엄청나게 크다. 3개월 단위로 전세가 바뀐다고 알고 있어야 한다. 델 컴퓨터의 전략 시간 개념은 '몇 시간'이다. 디바이스(device : 컴퓨터 시스템의 특정 기능 장치) 가격의 움직임과 재고, 경쟁 제품의 가격 변동 등을 읽고 몇 시간 단위로 자사 제품의 가격을 전략적으로 바꾼다.

일본 컴퓨터 메이커의 중요한 관리 지표는 '재고'이다. 델의 중요

> ◎ **전략 맵의 정의**
>
> 전략 맵이란……
>
> > 어디서 어떻게 싸울 것인지 전체상과 전체를 구성하는 싸움 방식의 차이를 옵션으로 정리한 것이다.
>
> > 싸울 장소와 싸움 방식이 명확히 나타나지 않으면 안 된다.
>
> > 요컨대 '전략 축에서 싸울 필드를 규정하는' 것이다.
>
> **전략 축이란 코어 컴피턴스의 기축이기도 하다!**

관리 지표는 '속도 효율(velocity)' 이다. '예측하여, 만들어서, 파는 것' 이 아니라 '팔릴 만큼, 금방, 만든다' 는 것이다. 가격과 수량의 변수를 순식간에 읽고서 가격 설정의 옵션을 항상 몇 가지씩 준비하고 있는 것이 델이다. 베스트 프랙티스는 단순히 다른 회사의 연구가 아니다. 스스로 최선이 되기 위한 방법과 실천 방식을 찾는 것이다. 단지 실천하는 방식을 모방하면 최선이 되는 것일까? 그렇게 간단하게 되지는 않는다. 여기서 코어 컴피턴스 분석이 필요하다.

경쟁 기업과 비교해도 압도적으로 강하다고 할 수 있는 독자적 경쟁 우위성을 어디에 설정할 것인지를 정하는 것이다. 그리고 "우리는 이런 코어 컴피턴스로 간다!"라는 전략 기축에서 싸울 장소를 정의한다. 이 일련의 흐름이 전략 가설의 레벨을 높여주게 된다. 구상력 있는 전략 가설은 이렇게 만들어지는 것이다.

전략 맵은 어디서 어떻게 싸울 것인가에 대한 전체상과 전체를 구성하는 싸움 방법의 차이를 옵션으로 정리한 것이다. 어디를 사수하고 어디서 이길 것인가? 여기서의 싸움 방법은? 등등 싸울 장소와 싸움의 방법이 명확하게 나타나 있지 않으면 안 된다.

전략 맵은 코어 컴피턴스 분석이 베이스가 된다. 비즈니스를 수행하면서 무엇이 가장 중요한 테마이고 코어 컴피턴스인가를 포착하는 것이다. 코어 컴피턴스 분석의 결과를 받아서 전략 축에서 싸우는 필드를 규정하는 것이 전략 맵의 본질이다.

전략 구상이 전략 가설의 가치를 제고한다

그럼 전략 가설을 정리하는 데 있어 왜 베스트 프랙티스와 코어 컴피턴스 분석이 필요한 것이고 그 본질은 무엇인지를 생각해보자.

전략 구상력이 강한 기업, 요컨대 '비전 있는 기업(visionary company)'의 예로 IBM, 3M, J&J, 소니 등을 들 수 있다. 이들 기업은 왜 강하고 매력적이며 사람들과 사회로부터 존경을 받는 것일까?

우선 전략적으로 우수한 싸움을 전개해왔다는 점이 있다. 요컨대 사람을 매료시키는 것, 그것이 구상이고 비전이다. 전략 구상이 전략 가설을 매력적인 것으로 만들고 그 가치를 제고하며 사람을 매료시키고 기업을 움직이며 시간을 넘어 비약시키는 것이다.

제임스 콜린즈와 제리 포라스가 저술한 『비전 있는 기업』은 "기본 이념이 진정 탁월한 기업을 낳는다"고 주장한다. 그리고 이 책의 진정한 제언은 "전략만으로는 안 돼, 비전을 소중히!"라는 것이다.

★케이스 트레이닝 3

전략 가설 트레이닝

― 격심한 경쟁 상황, 저가격 경쟁과 유언비어 피해와의 싸움!
베스트 프랙티스와 전략 맵으로 형세 역전을 기도하자!

우선 외식 체인 C사의 정보와 데이터를 충분히 이해하자.

◎ **1. C사 프로필**

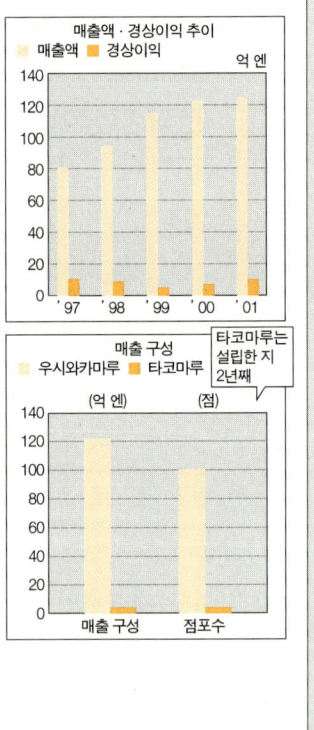

- 회사명 ········· 우시와카마루 푸드 서비스
  야키니쿠(일본식 고기구이)점 체인
- 매출액 ········· 129억 엔
- 경상이익 ······· 9.4억 엔
- 종업원수 ······· 280명
- 설립 ··········· 1984년 5월
- 사업 개요 ······ 야키니쿠점 '우시와카마루'
  99점
  타코야키(문어구이)점 '타코마루'
  5점
- 최근 토픽 ······ ① 기존 점포는 전년 수준
  ② 교외형 신규 출점에 적극적
  ③ 식자재 가공으로 협력 공장을
  활용
- 특징 ··········· ① '우시와카마루' 브랜드로 수도
  권 도미넌트 전략 전개
  ② 역 앞, 이자카야(일본식 선술집)
  형에서 교외, 일본 식당형으로
  시프트
  ③ 야키니쿠점과 이자카야와 패밀
  리 레스토랑의 중간 형태를 소구

◎ 2. 탑의 프러파일과 문제 의식

성명 ············· 우시야마 마루오(牛山丸夫)
연령 ············· 45세
경력 ············· 니치베 대학 졸업 후 건설 회사 근무를 거쳐 이 회사를 설립
발언 ············· '늘 고객의 소리에 귀를 귀울여라!' '가치 창조야말로 일이다'
　　　　　　　'주체성 있는 사원' 으로의 의식 개혁이 필요. 임금 제도도 개혁
문제 의식 ······· ① 경쟁 체인의 강력한 공격에 어떻게 대응할 것인가? 새로운 가치 창조
　　　　　　　　에 계속 도전하고 싶다.
　　　　　　　② 광우병 대책을 잘못하게 되면 회복 불가능한 사태가 된다. 그리고 저
　　　　　　　　가격 · 양질화는 생활자(소비자) 사이에서는 절대 조건으로 되어 있다.
　　　　　　　③ 업태 개발을 해야 할 것인가 아니면 현 업태의 확장인가?
　　　　　　　④ 자사의 미션과 비전은 어떻게 하면 좋은가?

◎ 3. 본 케이스의 전제가 되는 정보

〈시장 · 고객의 동향〉
- 저가격 지향
- 맛, 품질, 가격, 편리성 등 고객이 요구하는 베너피트(benefit)의 다양화
- 외식에서 중간 형태로 시프트

〈경쟁사 동향〉
- 2위 야키니쿠 체인 '규시카쿠' 와 3위 '규뉴니쿠' 가 맹추격중. 현재 80점포를 5년 후 500점포 목표로 급격 확대
- 팔로우어 야키니쿠점은 부진
- 부진 야키니쿠점의 철수가 계속

〈매크로 · 업계 동향〉
- 광우병에 의한 소고기 소비의 급감
- 식품의 안전성에 대한 관심 급등
- 정보 공개~안전 관리 체제 요청 증대

~ 현상의 연장선상에서는 미래가 없다!
미래는 내일부터 만드는 것이 아니라 오늘 만드는 것이다!

2 베스트 프랙티스 분석

● ── C사 자신이 최선의 실천가가 되기 위하여 어떤 기업의 어떤 최선의 실천을 배울 필요가 있는가?

뛰어난 전략을 본보기로 삼아 응용한다

베스트 프랙티스란 무엇인가? 그 의도를 확인하자.

첫번째는 '최선의 실천을 안다'는 것이다. 머릿속에 전략적인 대책 사례가 하나도 없는데 거기서 상상적인 전략을 만들어내려는 사람을 자주 본다. 단언한다면 절대 무리다.

대다수의 뛰어난 전략은 이미 있는 누군가가 만든 전략을 본보기로 삼아 그 본질을 탐구하고 자사용으로 커스터마이즈(customize)한 것이다. 응용 전개력이 결정적으로 중요하다. 요컨대 베스트 프랙티스란 전략의 응용 전개력을 제고하는 분석 트레이닝이기도 하다.

두번째 목적은 '전략 가설 관점의 범위를 좁힌다'는 것이다. 어떤 관점에서 전략 만들기가 필요한지 전략을 생각할 때의 목표가 되는 척도, 기준은 어느 정도라야 하는지를 분명히 한다.

베스트 프랙티스란 한마디로 '좋은 점을 취한다' 는 것이다. 좋은 점을 취하는 것만으로도 일정 레벨은 클리어할 수 있지만 그대로 자사에서 사용할 수는 없다. 자사에 어떻게 접목시킬 것인가? 베스트 프랙티스란 실천적 활용력을 강화하는 트레이닝이기도 하다.

그리고 총체적인 노림수는 여기에 있다. 베스트 프랙티스란 늘 최선의 실천과 자사를 지속적으로 비교하여 이노베이션(innovation)을 계속하기 위한 기업 변혁의 툴인 것이다. 한 번 하고 끝내는 것이 아니다. '지속적인 이노베이션' 이 핵심 고리이다.

베스트 프랙티스의 '분석 프로세스' 는 크게 이하의 3가지 흐름에 있다.

① 베스트 프랙티스 테마와 타깃을 설정한다.
② 테마별로 정보를 수집하고 분석한다.
③ 액션 플랜의 작성 - 실시 - 정착화

이 분석에서 '유의점' 은 3가지이다. 커다란 스탠스 레벨에서 확인해두자.

① 타사를 조사 연구하는 것이 아니라 최선의 본질을 추구한다.
② 삼현주의(현장, 현물, 현실)를 중시한다.
③ 플랜 만들기보다 실천과 정착에 철저히 집착한다.

여기서 가장 중요한 것은 '최선' 의 본질을 추구하는 데 있다.

최선을 추구하는 것이야말로 현상에는 없는 관점, 현상의 연장에 없는 높은 곳(= 구상)으로 인도되는 것이다.

스텝① ▶ 테마와 타깃을 설정한다

우선 최초로 시행하는 것이 베스트 프랙티스 테마와 타깃을 설정하는 것이다. 이 다음 스텝에서 실제로 리서치를 하게 되기 때문에 리서치 프레임 만들기에 해당되는 것이라고 생각해도 좋다. 효율적인 프레임 만들기가 리서치의 성과를 좌우하지만 이 작업도 동일하다. 프레임의 항목을 확인해두자.

① 테마

기본은 비즈니스 프로세스를 베이스로 수행한다. 기획 · 개발 · 조달 · 생산 · 판매 · 물류 · 서비스 · 메인터넌스(maintenance)의 프로세스별로 베스트 프랙티스를 찾는 방법이다. 이 밖에도 전략, 사업, 상품 등 다양한 테마가 있을 수 있다. 너무 특정된 개별 프로세스에 한정하여 설정하지 않는 것이 좋다.

② 타깃

대상 기업. 반드시 한 회사로 제한할 필요는 없다. 가능한 한 업계외, 국외에서의 사례도 찾는다. '운임이 싸기 때문에 고객 만족 넘버원'을 자랑하는 미국 사우스웨스트 항공은 급유와 메카닉 정비의 베스트 프랙티스로서 인디500마일즈(정식 명칭은 인디애나폴리스 500마일 레이스)의 피트 크루(pit crew : 자동차나 오토바이 경기에서 차량을 정비하거나 급유하는 스탭)를 타깃으로 하고 있다. 이 점이 이 회사 전략의 중심 요소가 되고 있다. 같은 업계의 경쟁사와 비교해도 같은 수준이라 변혁을 촉진하는 기준이 되지 않는 경우도 많이 있다.

③ 관점과 척도

전략 가설의 관점을 좁히기 위한 항목이 이것이다. 각각의 타깃이 그 테마에 대하여 '어떤 관점에서' '어떤 척도와 기준 아래' 실천되고 있는지를 확인하는 것이다. 사우스웨스트의 예에서는 인디 500에 대하여 '전원이 순식간에 판단하면서 움직이는 팀 빌딩'이라는 관점에서 '콤마 1초'의 척도로 최선의 실천을 올리려 하고 있다. 지금까지의 항공 업계에서 수십 분 단위였던 것을 콤마 1초의 사이클로 전체의 성과를 올릴 수 있도록 '관점과 척도'를 바꾸는 것에 의해 진정한 최선으로의 개념 변혁을 일으키고 있는 것이다.

④ 리서치 방법

일반적으로 공개되는 업계 전문지나 각종 통계 자료, 유가증권 보고서, 서적, 공개 데이터 베이스 등의 2차 데이터에 의한 정보 수집을 하는 것인지, 업계 단체나 업계 전문가, 그 기업의 담당자 방문, 히어링 등에 의한 1차 데이터의 수집인지를 판단한다. 가능한 한 '자료를 모아 정리하고 끝'이 되지 않도록 한다. 살아있는 정보, 최선의 본질은 자신이 직접 움직여 여러 사람과 만나지 않으면 포착되지 않는다. 현장·현물·현실의 삼현주의를 중시하자.

⑤ 수단·방법

그 테마에 관하여 타깃 기업이 어떤 관점과 척도 아래 '어떤 수행 방법'을 쓰고 있는지를 정리한다. 가능한 한 자료 베이스에서 베스트 프랙티스의 개요를 확인해두고 히어링 등으로 더 상세한 내용을 확인해두자.

그럼 C사의 전제를 토대로 어떤 베스트 프랙티스 테마와 타깃을 생각할 수 있는지 실제로 스스로 4가지를 생각해보자. 특히 중요한 것으로는 어떤 것들을 생각할 수 있을까?

힌트는 우시야마 사장의 문제 의식 가운데 나와 있다. 확인해보자.
① 경쟁사 체인의 강렬한 공세에 어떻게 대응할 것인가?
② 광우병의 유언비어 피해, 저가격 지향에 대한 대응은?
③ 기존 업태 강화인가, 신업태 개발과 다업태화인가?
④ 원래 무엇 때문에 이 사업을 하고 있는 것인가?

우시야마 사장의 문제 의식은 다음과 같이 정리할 수 있다.

테마 1 / 최대의 테마는 경쟁 상황이다. 경쟁사의 강렬한 공세 = 경쟁사의 성장 구조를 연구하여 대항할 수 없는 것이라면 기존 업태 강화도 있을 수 없다.

테마 2 / 그리고 광우병의 유언비어 대책. 이것은 퀄리티 매니지먼트(Quality Management)의 문제이고, 프로모션, 정보 공개의 문제이기도 하다. 생산자 단체, 유통업자가 섞여 있는 유통 구조에도 메스를 들이댈 필요가 있을지도 모른다. 나아가 저가격 지향에 대한 대응도 필요하다. 식자재 조달과 인건비 억제의 협소한 범위에서 생각할 문제가 아니다. 점포 운영에서 구색 구비까지를 포함한 로 코스트 오퍼레이션(low cost operation)의 관점에서 체크할 필요가 있다.

테마 3 / 기존의 야키니쿠점(일본식 고기구이집)이 경쟁사의 공세로 신장하지 못하고 있다. 만약 한 번에 역전시킬 길이 없다면 타코야키점 '타코마루'에 이어 제3, 제4의 기둥이 될 업태 개발이 필요하게 된다. 여기서 지금 주목받고 있는 활기 있는 신업태, 혹은 업태 개발, 다업태화의 베스트 프랙티스가 필요하게 된다.

테마 4 / 테마 3과도 관련되어 있다. '무엇 때문에' '어떤 사업을 하고 있는가?' 요컨대 사업 구상이다. 이 질문에 대한 답변이야말로 전략 가설의 가치를 높이는 것이다.

이상 4가지 중에 3가지가 모두 일치한다면 합격이다. 가장 중요한 테마는 1과 2이다. 이 2가지가 맞아도 합격 라인으로 생각해도 된다.

스텝② ▶ 테마별로 정보를 수집하고 분석한다

그럼 베스트 프랙티스의 정보 수집과 분석을 해보자. 지면 관계상 전술한 가장 중요한 테마 1과 2의 경쟁사와 광우병에 대한 유언비어 피해에 관한 베스트 프랙티스로 대상을 좁혀서 구체적으로 살펴보자.

전술한 사장의 문제 의식을 베이스로 하면 어떤 정보 수집의 포인트를 생각할 수 있는가? 3가지 정도 들어보자. 이 부분부터 어려워지지만 과감하게 시도해보자. 현실의 비즈니스 세계에서는 해답이 간단하게 주어지지 않는 것이다.

포인트 1 / 경쟁사의 성장 구조를 안다. 따라서 단순히 전문지, 신문 기사 등의 자료가 아니라 점포에 가보고, 먹어보고, 서비스를 받아본다…… 삼현주의의 실천이다.

포인트 2 / 우수한 실행 방법을 확인하는 것이 아니라 그 배경에

◎ C사의 베스트 프랙티스 프레임

테마	타깃	관점과 척도	리서치 방법
① 경쟁사의 성장 구소	규시카쿠	· 점포 운영(체인 오퍼레이션 점포수) · 입지(역전형 ⇔ 교외형) · 메뉴(메뉴 수, 개정 빈도, 히트율) · 퀄리티 매니지먼트(생산자 단체에 대한 영향도) 등	· 신문, 잡지, 전문지 · 현장 관찰 (점포 외관, 입지 상황, 점장 역량, 서비스 레벨 등)
② 광우병의 유언비어 대책	생산자 단체 유통업자	· 퀄리티 매니지먼트(생산자 단체에 대한 영향도) · 프로모션(발신 빈도) · 정보 공개~정부 관공서에 대한 활동(발신 빈도) 등	· 현지 시찰 · 현지 관찰
③ 업태 개발	주목받고 있는 활기 있는 신업태, 혹은 업태 개발, 다업태화	· 업태의 컨셉(신규성 레벨) · 신 카테고리, 신 마켓 창조 가능성(시장 포텐셜의 규모) · 다각화 전개 시나리오(시너지와 그 활용도)	· 신문, 잡지, 전문지 · 현지 시찰 · 현지 관찰
④ 사업 구상	경쟁 기업을 포함한 음식 업계 주요 기업	· 창업자, 기업 최고 경영층의 생각, 고집, 뜻(이념의 침투도, 에피소드 수)	· 신문, 잡지, 전문지 · 현지 관찰

→ 리서치의 결과에서 어떤 수단·방법인지를 정리한다

**어떤 관점에서 베스트를 찾을 것인가?
이 프레임이 열쇠를 쥐고 있다!**

있는 사고 방식, 중요시하고 있는 고집이나 철학을 찾는다. 우수한 실행 방법에는 우수한 사고 방식의 공유가 전제되어 있다. 최선의 본질은 보다 이념적인 형태로 승화되어 있는 것이다.

포인트 3 / 스스로 최선이 되기 위하여 갭(gap)을 인식하고 응용할 수 있는 점을 찾는다. 이 분석을 통해서 스스로 최선이 되기 위한 플랜을 만들어낸다. 단지 수집된 정보는 이미 과거의 것이 된다. 경쟁사는 이 순간에도 다음 전략을 만들어내고 있을지도 모른다. 늘 앞을 읽고 정보 수집과 분석을 계속할 필요가 있다.

최대의 라이벌 '규시카쿠(牛四角)'의 움직임은 C사에 커다란 영향을 줄 것이다. 158페이지의 베스트 프랙티스 분석을 보고 생각할 수 있는 포인트를 3가지 정도 정리해보자.

우선 규시카쿠부터 보자.

1 / 출점~입지 전략, 조달, 서비스, 교육, 체인 오퍼레이션 등이 일관되게 '어떤 사고 방식' 하에 틀과 체계가 정교하게 조직되어 있다. 특정 프로세스의 우위성으로 성장하고 있지 않다는 것을 알 수 있다.

2 / 그 '어떤 사고 방식'이 최선의 본질 = 구상이다. 규시카쿠의 경우, 저가격이면서 여성들끼리도 부담 없이 이용할 수 있는 '멋있는 야키니쿠점'의 실현이다.

3 / 규시카쿠의 사각 지대는 없는가? 자사 브랜드 '우시와카마루(牛若丸)'에 승산은 없는가? 그것은 광우병 대책~퀄리티 매니지먼

◎ 경쟁 기업 '규시카쿠'의 베스트 프랙티스 분석

테마	실천 내용
출점~입지 전략	· 물건~자금의 대주에게 우량한 대출처로서의 포지션 획득 · 수도권 중심의 출점에서 '에어리어 프랜차이즈 제도'에 의한 전국 전개로 · 2등 출점지로 임대료 부담 경감
점포 분위기	· 종래 야키니쿠점의 이미지를 일신 · 안정된 분위기에서 와인으로 일본식 고기구이를
객단가 사고 방식	· 평균 객단가를 4000엔으로 하고 고기, 야채, 음료의 가격을 철저하게 저렴하게 설정 · 젊은 층의 수요를 환기
브랜드	· 급성장 프랜차이징으로서의 브랜드력 강화
매입	· 갈비, 로스, 텅(혀) 등 각종 식재별로 세심한 매입 시스템 · '지정 업자 제도'에 의한 엄선된 매입처
인사~교육	· 100항목에 이르는 아르바이트에 대한 평가 항목 · 평가 결과에 의한 급여 변동 · 아르바이트 동기 부여까지 매뉴얼화 · 지시가 아니라 코칭에 의한 끌어주고 성장시키는 교육
서비스	· 기본 동작, 기본 서비스의 철저
퀄리티 매니지먼트	· 홈페이지에 의한 안전성의 소구 · 화우(일본소) 사용의 비교표를 발신
체인 오퍼레이션	· 평균 점포 면적 35평, 개업비 약 4500만 엔, 1점포 월 매출 700만 엔, 영업 이익 150만 엔 · 가맹액 1점포당 1000만 엔, 월 매출의 3% 로열티를 본부에 지불 · 홋카이도(北海道), 토호쿠(東北), 코신에츠(甲信越), 츄쿄(中京), 킨키(近畿), 츄코쿠(中國), 큐슈(九州)의 7개 에어리어 제도로 에어리어 프랜차이저에 의한 총괄을 도모

규시카쿠의 구상은 '종래에 없던 야키니쿠점'으로 변신! 여성들끼리라도 부담 없이 이용할 수 있는 '멋있는 야키니쿠점'의 실현이다.

트이다. "안전한 것은 알겠지만 안심하는 단계까지는 이르지 못한다"는 느낌이 든다. 안심할 수 있는 광우병 대책, 퀄리티 매니지먼트의 사례가 센노코프(全農Co-op : 일본 전국농업협동조합연합회의 약칭)이다. 센노코프만이 전국에서 유일하게 소고기의 매출액이 늘고 있다.

1 / 통상 소고기 유통은 복잡한 루트를 거칠 수밖에 없다. 이것이 완전하게 해결할 수 없는 요인이기도 하다. 그러나 센노코프는 산지와 소매를 다이렉트로 연결할 수 있는 존재인 것이다.

2 / 사료의 배급은 본래 좋은 소고기 만들기의 비결이다. 보통 축산업자는 오픈하기 싫은 비밀 중의 비밀이다. 하지만 센노코프의 협력업자는 사료의 내역과 배합까지 인터넷에 공개한다. 또 소의 이력까지 알 수 있는 = 원인 추구, 감염 경로 판명이 가능하도록 정보를 확실히 파악하고 있는 것이다.

3 / 정부와 생산자 간의 애매한 태도, 책임 전가가 두드러지는 가운데 농수산성과 후생성에 의연하게 요청 행동을 취하고 있다. 센노코프에 있어서의 최선의 본질은 '철저한 오픈' '철저한 공정함'이다.

스텝③ ▶ 액션 플랜의 작성~실시~정착화

베스트 프랙티스 분석의 마무리는 그 실천이다. 분석을 위한 분석이 되어서는 안 된다. 베스트 프랙티스에서 직접적으로 액션 플랜을 끌어내는 것이 아니라 한번 기본 전략~개별 전략의 전략 체계로 정리한 뒤에 액션 플랜을 작성한다. 어디까지나 전략적인 의도, 전략적인 성과를 중시하기 때문이다. 자세한 내용은 '트레이닝 6'을 참조하기 바란다.

여기서는 베스트 프랙티스에서 직접적으로 특정한 프로세스나 시스템 변혁의 예로서 플랜 작성을 소개한다.

그럼 액션 플랜을 작성하는 데 유의해야 할 포인트를 3가지 들어 보자.

플랜 만들기 자체를 목적화하지 말 것, 요컨대 실행하게 할 것. 실천하고 움직일 수밖에 없는 상황을 만들어내기 위한 장치가 필요하다.

① 각각의 시책 테마에 대한 책임자를 정한다.
② 언제까지 어디까지 실천할 것인지 목표와 평가 방법을 정한다.
③ 플랜 추진의 평가와 인사 평가~보수와 연계시킨다.

이상이 유의해야 할 점이다. 가능하면 이상을 목표 관리의 매니지먼트 사이클로 돌리는 것이 바람직하다.

베스트 프랙티스는 '초일류 학습'임과 동시에 '기존 방법론의 파괴'이기도 하다. 과거의 성공 체험을 파괴하고 새로운 사고 방식과 방법론을 조직에 심어넣기 위한 유연성이 필수적이라는 것을 명심하기 바란다.

◎ 광우병 대책~퀄리티 매니지먼트의 베스트 프랙티스

전국적으로 유일하게 소고기의 매상고를 증가시키고 있는 센노코프!

테마	실천 내용
채널 구조	· 산지 - 소매를 다이렉트로 연결하는 채널 구조 · 홋카이도 무네타니(宗谷) 소를 기반으로 함.
정보~데이터 베이스에 의한 배합 자재, 식육 관리	· 사료의 내역, 배합까지 인터넷에 공개 · 실제로 준 사료의 내용과 양을 PC로 관리 · 소의 이력까지 알 수 있는=원인 추구, 감염 경로 판명이 가능하도록 정보를 데이터 베이스화
관공서 대관 활동	· 농수산성, 후생성에 대한 요청 행동
관리 체제	· 실제 식육업자, 우사, 소, 사료를 자기 눈으로 확인한다. · 찬동을 얻을 수 있는 적극적으로 협력하는 식육업자를 엄선
가격	· 합당한 관리와 '비싸도 신뢰하여 사주는' 가격 부여

TOP ▶ 코프나우

광우병 보도에 관한 토쿄 마이코프 게시판

목차	게재일
홋카이도에서 두번째로 BSE(광우병) 감염 소가 발견된 것에 대해	2001. 11. 21
수도권 코프 축산 생산자 긴급 집회를 개최, 농수성 · 후생노동성으로 요청서를 제출	2001. 10. 19
수도권 코프 축산 생산자 긴급 회의와 농수성 · 후생노동성으로의 요청 행동을 실시	2001. 10. 16
토쿄 마이코프의 산지 소고기는 농장이나 식육 처리장을 포함한 전체 유통 루트를 파악하고 있다.	2001. 10. 12
광우병으로 의심되는 도시의 소고기 회수를 지시한 것에 대해 '토쿄 마이코프의 소고기는 문제가 없다'	2001. 10. 05

정보 발신의 질과 양 레벨이 차별적으로 다름! '진짜라는 느낌' 이 전달되는 홈페이지!

「MY coop communityland」에서
http://www.pal.or.jp/mycoop/coopnow/bes/bes_index.html

'산지 표시' 나 '골육분은 사용하지 않습니다' 의 표시는 식품 업계의 신뢰성이 저하되는 중에는 별로 의미가 없다. 무엇을 어떻게 하고 있는지 구체적 사실 제시가 필수!

◎ C사가 작성한 액션 플랜

1. 베스트 프랙티스 테마
경쟁사를 넘어서는 퀄리티 매니지먼트와 서비스

2. 테마의 개요
① 경쟁사는 안심이 되는 퀄리티 매니지먼트까지는 이르지 못함.
② 서비스는 레벨에서의 차별화가 가능
③ 업태 변혁의 각오를 지님.

3. 자사에서의 베스트 프랙티스 응용 포인트
① 철저한 퀄리티 매니지먼트 확립을 위해서는 업계 레벨의 임팩트가 필수
② 매뉴얼을 넘어서는 가치관 공유를 베이스로 하는 현장에 대한 권한 위양
③ 사업 구상, 점포 변혁의 구체적인 골격과 담당별 역할 책임의 철저

4. 전략 플랜 트리

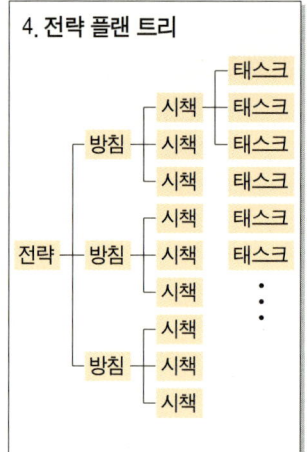

5. 추진 스케줄

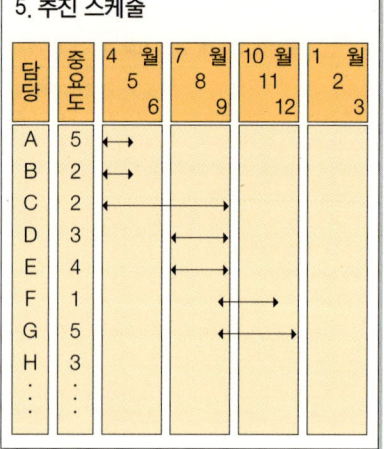

효율적인 정보 수집 체계와 분석 마인드!

3 코어 컴피턴스 분석

● ─── '우시와카마루' 재생의 열쇠는 '규시카쿠'와 싸우기 위한 무기를 무엇으로 하는가가 커다란 의미를 지닌다. '우시와카마루' '규시카쿠' '규뉴니쿠'의 코어 컴피턴스 분석을 해보자.

코어 컴피턴스의 진정한 의미

우선 질문한다.

【Q1】 본서를 읽기 전부터 '코어 컴피턴스'라는 말을 알고 있었는가?

【Q2】 '코어 컴피턴스'라는 말의 의미를 대체적으로 대답할 수 있는가?

【Q3】 자사와 경쟁사의 코어 컴피턴스가 무엇인지 바로 대답할 수 있는가?

2개 이상 예라고 대답한 사람은 합격선이다. 그 이하인 사람은 이 책을 열심히 읽고서 자기 것으로 만들기 바란다. 코어 컴피턴스는 전략론의 핵심적인 테마이기 때문이다.

원래 코어 컴피턴스는 1990년대 전반 리스트럭처링 편중에 대한 문제 의식에서 게리 하멜(G. Hamel, 런던 비즈니스 스쿨 교수)과 프라하라드(C. K. Prahalad, 미시간 대학 비즈니스 스쿨 교수)가 제창한 것이다. "장기적이고 지속적으로 경쟁 우위를 확립하기 위하여 자사의 경영 자원 중에 핵심적인 것이 무엇인지를 명확히 하여 의식적으로 강화해가자"라는 것이다.

고객에 대하여 타사가 모방할 수 없는 자사만의 가치를 제공할 수 있는 그 기업의 핵심적인 역량이 코어 컴피턴스의 정의이다.

유사한 표현으로 '강점'이 있지만 코어 컴피턴스는 강점을 다시 브레이크 다운시킨 것, 보다 구체적인 것이다.

예를 들면 '개발력'은 강점이다. 이것을 브레이크 다운시킨 것이 '시장 니즈 분석력'이나 '컨셉 개발력' '개발 스피드' 등이 된다. 이런 것들이 코어 컴피턴스이다.

코어 컴피턴스 분석은 최종적으로 경영 자원의 배분과 관련되는 의사 결정 테마이다. "개발력으로 노력하자!"라고 하면 너무 막연하지만 "개발 스피드로 업계 넘버원을 실현하자!"라고 하면 거기에 관련된 사람과 조직, 시스템 등을 어떻게 할 것인지에 대한 구체적인 의사 결정이 가능하게 된다.

그럼, 코어 컴피턴스 분석의 '분석 프로세스'를 살펴보자.

① 정보 수집~분석~코어 컴피턴스 테마를 결정한다.
② 코어 컴피턴스의 평가~목표 설정
③ 가장 중요한 코어 컴피턴스를 결정한다.

코어 컴피턴스 분석은 기획 부문의 스탭 몇 명이 연필에 침을 발라가면서 정리하는 것이 아니라 가능한 한 부문 횡단적인 멤버가 모여 시끌벅적하게 정리하기 바란다. 기업의 현재와 미래에 대한 인식의 취합이 되기 때문이다. '유의할 점'은 다음과 같다.

① 코어 컴피턴스 설정의 레벨을 확인한다. 전사 레벨, 사업 부

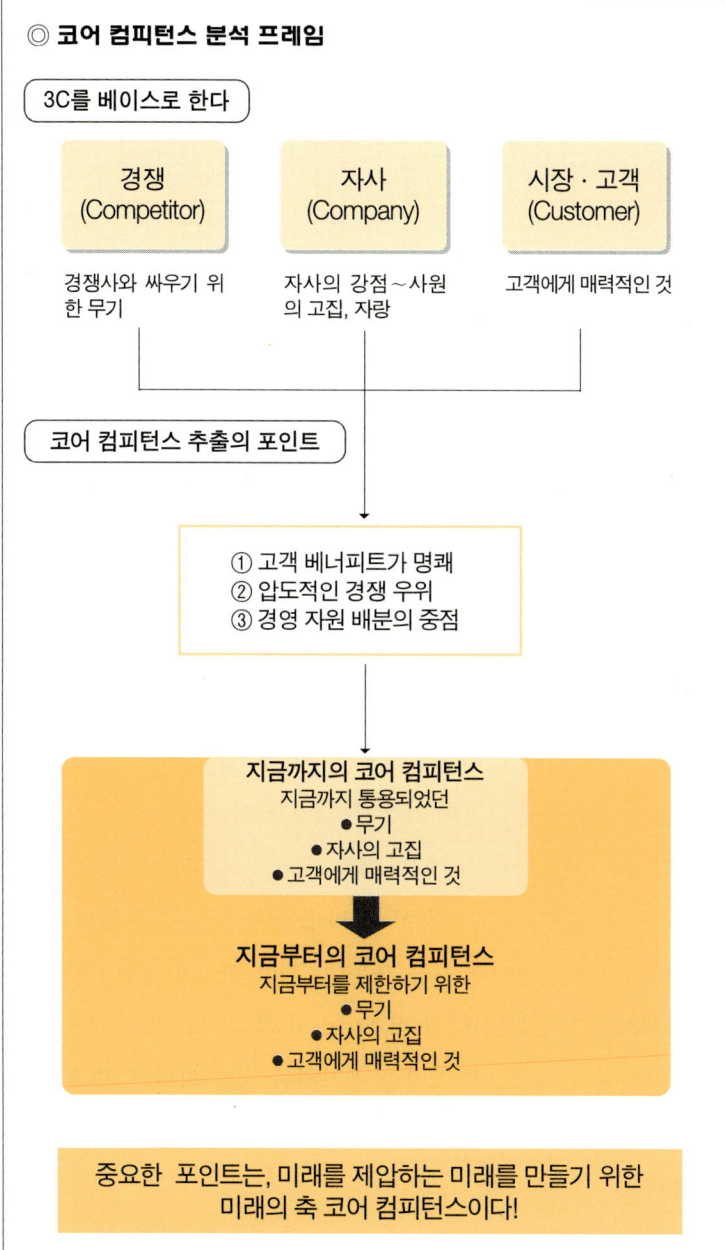

문 레벨, 개별 사업 레벨, 개별 상품 레벨 등 보다 큰 추상적 레벨에서 보다 작은 구체적 레벨까지 어떤 단계에서도 코어 컴피턴스 설정은 가능하기 때문이다.

② 자사 단독이 아니라 제휴 기업 등 사외 자원을 포함하여 분석한다.

③ 현상 평가만이 아니라 미래를 향한 목표를 설정한다.

각각 중요한 포인트이기 때문에 해설을 하기로 하자.

① '나누고 또 나누어서 보다 구체적인 코어 컴피턴스의 설정' ⇔ '묶고 또 묶어서 보다 큰 강점의 발휘' 의 밸런스를 고려한다.

다만 레벨은 맞지만 분석에서 현상 타파의 계기가 보이지 않는다고 할 때는 레벨을 한 단계 높여 강점으로 고쳐 한 단계 아래 레벨에서 코어 컴피턴스의 구체성을 체크하는 등의 응용이 필요하다. 본서의 트레이닝에서는 '전사' 레벨을 대상으로 하고 있다.

② 강점을 나누어 갖는 경영은 지금은 상식이다. 모든 것을 자기 부담으로 할 필요는 없다. 중요한 강점이라 해도 이미 타사가 갖고 있는 경우 제휴해서 나누어 가질 수 있다면 빌려오자.

델이 좋은 예이다. 델은 디바이스 메이커, 셋업 생산 메이커, 로지스틱스의 써드 파티 로지스틱스와 드림팀을 이루고 있다. 델의 코어 컴피턴스는 메이커 기능 가운데 '개발' 과 '커스터머 서비스'에 특화하고 있다. 그 장대한 비즈니스의 핵심 기능이 델이다.

③ 현상의 코어 컴피턴스만을 평가하는 것은 의미가 없다. 이것만으로는 전략이 되지 않는다. 여기서 베스트 프랙티스 분석이 활용된다.

전술한 바와 같이 베스트 프랙티스에 기초한 '구상' 을 토대로

'현상' 과의 갭을 메우는 프로세스이다. 이런 비즈니스를 시행하는 데는 '이런 기능과 이런 시스템에 대해 이 수준까지 이런 형태로 가지고 갈 필요가 있다' 는 방향성이 베스트 프랙티스로부터 도출될 수 있다. 이것을 전략 구상으로 하여 미래의 코어 컴피턴스 목표를 설정하는 것이다.

작성하는 것은 두 장이다. '현재 상태의 코어 컴피턴스의 평가' 와 '미래의 코어 컴피턴스 목표' 이다. 같은 포맷으로 작성하여 그 갭을 어떻게 메워갈 것인지를 전략에 짜넣는 것이다.

그럼 C사의 코어 컴피턴스 분석을 해보자.

스텝① ▶ 코어 컴피턴스 테마를 결정한다

경쟁사인 규시카쿠의 정보 수집은 용이하다. 주목을 받는 기업인 만큼 전문 잡지 등에서 특집 기사를 볼 수가 있다. 미리 정보 수집이 어렵다고 판단되는 경우는 앞의 베스트 프랙티스 분석 단계에서 한꺼번에 정보를 수집해두면 효율적으로 작업을 진행할 수 있다.

코어 컴피턴스의 테마는 멤버간 토론으로 결정한다. 가능하다면 고객에 대한 앙케트 조사를 실시한다. 고객 관점에서 보아 무엇이 중시되고 있는지를 직접 확인하는 것이다. 고객이 중시하는 요인이 코어 컴피턴스라고 할 수 있다.

앙케트 결과로부터 각각의 요인에 대해 자사와 경쟁사가 어떻게 평가되는지를 보면 객관적으로 일목요연한 코어 컴피턴스 평가를 얻을 수 있다.

대항목인 '강점'을 5개 전후, 그리고 브레이크 다운시킨 중항목의 '코어 컴피턴스'의 수를 대체로 10~15개 정도로 설정한다. 너무 자세하게 해도 너무 크게 묶어도 바람직하지 않다.

우시와카마루, 규시카쿠, 규뉴니쿠의 코어 컴피턴스 항목은 고객으로부터의 어프로치와 자사의 상품 개발·점포 개발·인재 교육·판촉 기획·오너 리쿠르팅 부문의 책임자들의 소리로 정하는 것이 좋다.

스텝② ▶ 평가하고 목표를 설정한다

코어 컴피턴스의 평가는 다음의 3가지 어프로치가 있다.
① 멤버간 토론으로 의견을 모으면서 시행한다.
② ①의 시트를 주요한 고객에게 보여주고 수정한다.
③ 고객에 대한 앙케트 조사에 의해 정량적·객관적으로 시행한다.

바람직하기는 ③〉②〉①의 순이다. 중요한 포인트는 평가하는 사람의 입장에 따라 평가 내용에 차이가 발생한다는 점이다. 멤버간 의견이든 고객의 확인이든 왜 그런 차이가 나타나는지 갭이 왜 생기는지를 확인하는 것이 중요하다. 자신이 가지고 있지 않은 경쟁사에 대한 정보와 경쟁사의 강한 정도나 뛰어난 정도를 확인할 수 있고 모두가 공유할 수 있게 된다.

점수화의 수순을 확인해보자.

수순 1 / 고객이 본 중요도를 '계수'로 설정한다. 고객이 보다 중시하는 항목에 무게를 두는 것이다. 1~5의 5단계로 한다.

수순 2 / 자사 및 경쟁 타사에 대해 평가하고 점수를 기입한다. 반드시 각 항목의 탑 기업을 100점 만점으로 하여 상대적인 점수를 부여한다.

수순 3 / 계수화 후의 점수와 그 합계점을 기입한다.

자, 어떻게 되었을까? 본서에서는 자사와 경쟁사 2사밖에 게재하지 않았지만 본래 주요 경쟁사 전부에 대해 시행한다. 대체적으로 자사 점수가 후하게 된다. 그 체크는 현실 시장의 점유율과 계수화 후 점수의 점유율을 비교하는 것으로 가능하다. 시장 점유율이 10%밖에 되지 않는데 점수 점유율이 20%가 되는 경우는 자주 있다. 두 배 후하게 처리했다는 것을 의미한다. 평가에서나 수정하는 경우도 가능한 한 항목마다 분명하게 차이가 나타나는 점수를 준다. 전체적으로 평균적으로 두루뭉실하게 점수를 주면 차이가 드러나지 않는다. 고객 관점에서 엄격하게 차이를 둔 평가가 필요하다.

그럼 연습해보자.

우선 다음 페이지에 있는 C사 '우시와카마루'와 '규시카쿠', '규뉴니쿠'의 코어 컴피턴스 평가 시트를 보자.

역시 압도적으로 강한 규시카쿠! 하지만 실은 이 평가로부터 우시와카마루에게 단번에 역전할 수 있는 아이디어가 떠오르게 된다. 그것은 무엇인가?

◎ '우시와카마루' '규시카쿠'의 코어 컴피턴스 평가

강점	코어 컴피턴스	계수	자사(우시와카마루)		A사(규시카쿠)		B사(규뉴니쿠)	
			점수	계수화 후	점수	계수화 후	점수	계수화 후
1 마케팅 퀄리티 매니지먼 트 추진력	① 생산자 콘트롤력	5	85	425	⑥⓪	300	100	500
	② 식자재 직접 조달력	4	80	320	100	400	60	240
	③ 선도~품질 관리력	5	80	400	⑥⑤	325	100	500
	④ 홍보~정보 공개력	4	100	400	60	240	60	240
	⑤ 정부·자치 단체 대응력	3	60	180	55	165	100	300
2 고객 로열티 향상력	⑥ 접객 서비스력	5	100	500	⑥⑤	325	65	325
	⑦ 커스터머 릴레이션십 향상력	5	80	400	100	500	85	425
	⑧ 집객 프로모션 전개력	3	65	195	85	255	100	300
	⑨ 고객 니즈 창출력	4	65	260	100	400	55	220
3 점포 전개력	⑩ 체인 오퍼레이션 시스템 추진력	4	85	340	100	400	60	240
	⑪ 저 코스트 입지 전개력	3	90	270	100	300	75	225
4 저가격 소구력	⑫ 로 코스트 오퍼레이션 전개력	3	85	255	100	300	80	240
	⑬ 저가격 메뉴 개발력	3	55	165	100	300	60	180
5 브랜드 전개력	⑭ 브랜드 인지력	3	40	120	100	300	50	150
	⑮ 브랜드 이미지 향상력	4	55	220	100	400	60	240
	합계		1125	4450	1290	4910	1110	4325

코어 컴피턴스를 개개의 단독 항목으로 생각하는 것이 바람직한 경우와

이번 케이스처럼 어떤 강점을 발휘하기 위하여 중시되는 코어 컴피턴스의 집합으로 생각하는 것이 바람직한 경우가 있다

경쟁사인 규시카쿠는 계수 5인 고객 관점에서 중시되는
'생산자 콘트롤력' '선도~품질 관리력' '접객 서비스력'의
3항목에서 점수를 얻지 못하고 있다! 그곳을 공략하자!

해답을 소개하자. 크게 2가지 점이 있다.

① 일발 역전의 아이디어 1

'마케팅 퀄리티 매니지먼트 추진력'의 강화 — 마케팅 퀄리티 매니지먼트는 '생산자 콘트롤력' '식자재 직접 조달력' '신선도~품질 관리력' '홍보~정보 공개력' '정부·자치 단체 대응력'의 코어 컴피턴스에 의하여 발휘되는 강점이다.

규시카쿠는 '식자재 직접 조달력'에서 고득점을 얻고 있지만 전체적으로 보아 대단한 것은 아니다. 베스트 프랙티스 분석에서 "'안전'하지만 '안심'을 느끼는 데까지는 이르지 못했다"는 인상이 여기서 분명히 검증된 것이다. 여기에 우시와카마루의 역전 찬스가 있다.

마케팅 퀄리티 매니지먼트란 품질의 정의를 시장~고객 측면에 두고 있는 관리 방식이다. 규시카쿠에서는 거기까지 깊은 연구가 이루어지지 않은 것은 아닐까?

② 일발 역전의 아이디어 2

'고객 로열티 향상력'의 제고 — '접객 서비스력' '커스터머 릴레이션십 향상력' '집객(集客) 프로모션 전개력' '고객 니즈 창출력'이 묶인 것이 '고객 로열티 향상력'이다. 여기서는 규시카쿠의 접객 서비스력의 평가가 낮은 것이 눈에 띈다. 아르바이트를 활용하는 가운데 기본 서비스에 철저히 한다는 것에 주안점을 두고 있는 현상에서는 이 정도 점수도 높은 것인지 모른다.

이상의 아이디어를 토대로 가장 중요한 코어 컴피턴스를 결정한다. 이때 장래에 어떤 코어 컴피턴스를 강화할 것인지 목표와 그것을 실현할 때의 이미지의 베이스가 베스트 프랙티스에 의하여 도출되어 있어야 한다. 그럼 코어 컴피턴스 목표 시트를 보기로 하자. 175페이지를 보기 바란다.

스텝③ ▶ 가장 중요한 코어 컴피턴스를 결정한다

당신은 우시와카마루의 3년 후의 코어 컴피턴스 목표를 보고 어떻게 생각하는가? 베스트 프랙티스 분석, 코어 컴피턴스 분석의 내용을 토대로 전략 가설의 시나리오가 이미지화될 수 있다는 것을 잘 느낄 수 있었는가?

이 일련의 분석이 분절되지 않고 관련성이 있는 형태로 이어져 있다면 전략 가설로서 정도가 높다고 기대할 수 있다. 구상력이 있는 전략 가설이라 할 수 있다.

그럼 우시와카마루 재생의 코어 컴피턴스 내용을 보자. 현상에서는 강하다고 할 수 없지만 코어 컴피턴스 목표로서 설정된 것 중에 가장 중요한 항목 2가지가 선택되었다.

① 가장 중요한 코어 컴피턴스 1

"생산자 단체에까지 영향력을 미칠 수 있는 '안심' 마케팅 퀄리티 매니지먼트 추진력" — 이것은 센노코프의 베스트 프랙티스에서 응용한 것이다. "우리는 호주산 소고기입니다", "미국산입니다"라고 해도 안심할 수 없다. 보통은 '호주에서 기른 소'를 말하지만 '호주에서 수입한 소'도 호주산인 것이다. 해외에서 기른 가축을 수입하여 국내에서 3개월 이상 기르면 '국산' 표시가 가능하다. 합법적인 눈속임이 있는 이상 'OO산' 표시에 대해 안심할 수는 없다.

센노코프에서 시행한 것처럼 아니 그 이상으로 우시와카마루에서는 헛수고를 각오하고 협력해줄 축산업자를 찾아다닐 각오를 하고 있다. 거기 가서 실제 사료나 이력에 관한 데이터를 확인한다.

그러한 노하우를 토대로 품질 관리가 되지 않는 축산업 농가를 지원한다. 최종적으로는 '안심 날리지(knowledge)'로서 데이터 베이스화한다. 그렇게 까지 해야 업계에 대한 임팩트를 가질 수 있다.

나아가 업계의 장벽을 넘어 오픈시키고 누구라도 그것을 참고하여 높은 수준의 품질 관리가 가능하게 한다. 누구라도 그러한 체계의 가치를 제고할 수 있도록 수정 제안이 가능하게 한다. 소뿐만 아니라 돼지와 닭, 다양한 식육의 안전 관리의 오픈 소스로까지 완성시켜갈 계획이다.

거기까지 오픈해서 협력 업자와 함께 추진해가는 것이다. 상당한 작업~노력의 반복이 필요하다. 그렇게 하기 때문에 정말 강력한 코어 컴피턴스가 될 수 있다.

② 가장 중요한 코어 컴피턴스 2

"고객의 기대를 넘어서는 서비스를 베이스로 하는 고객 로열티 향상력" — 이것은 접객 서비스에서 뒤떨어지는 규시카쿠의 결점을 찌르는 코어 컴피턴스이다. 나아가 지금까지의 '야키니쿠점과

이자카야(일본식 선술집)와 패밀리 레스토랑의 중간 형태를 소구'한다고 하는 어정쩡한 마케팅 포시셔닝으로부터 벗어나 우시와카마루의 개성을 도출하는 것이기도 하다. 이것은 1개사의 베스트 프랙티스가 아니라 복수의 우수한 서비스 제공 기업의 예에서 자사에 맞는 서비스 체계를 만들어낼 필요가 있다. 친숙하고 자주 찾는 고객의 얼굴과 이름을 기억하는 것은 물론, 다루기 어려운 식자재나 좋아하는 요리를 준비해두고 아무렇지도 않게 '당신을 위한' 메뉴를 제공하는 등 현장 제일선의 서비스를 강화할 방침이다.

우시야마 사장의 구상에는 "궁극적인 라이벌은 디즈니다!"라는 커다란 목표가 생겨났다. 은행에서 받는 최저 서비스이든 디즈니에서 받는 최고 서비스이든 같은 서비스라는 테마에서 경쟁하는 것이다. 그 경쟁 필드에 우시와카마루도 들어가 경쟁하고 있다는 자각이 생겨난 것이다. 하지만 앞으로 3년의 목표로는 멀고도 커다란 구상이다. 다음 3년의 목표, 이때의 목표는 "고객의 기대를 넘어서는 '감동'의 서비스"이다. 이것을 향유할 목표로 생각하고 있는 것이다.

틀리기 쉬운 점은 전술했지만 자사에 대한 과대 평가, 어떻게 해도 점유율과 코어 컴피턴스의 점수 비율이 비례하지 않는다. 그 원인은 각 100점 만점의 점수 부여가 후하든가 계수가 후하든가 둘 중의 하나이다. 주의하기 바란다.

◎ '우시와카마루'의 코어 컴피턴스 목표

3년 후의 코어 컴피턴스 목표

강점	코어 컴피턴스	계수	자사(우시와카마루) 점수	계수화 후	A사(규시카쿠) 점수	계수화 후	B사(규뉴니쿠) 점수	계수화 후
1 마케팅 퀄리티 매니지머트 추진력	① 생산자 콘트롤력	5	⑩	500	60	300	100	500
	② 식자재 직접 조달력	4	85	340	100	400	60	240
	③ 선도~품질 관리력	5	⑩	500	65	325	100	500
	④ 홍보~정보 공개력	4	100	400	60	240	60	240
	⑤ 정부·자치 단체 대응력	3	75	225	55	165	100	300
2 고객 로열티 향상력	⑥ 접객 서비스력	5	⑩	500	65	325	65	325
	⑦ 커스터머 릴레이션 십 향상력	5	100	500	100	500	85	425
	⑧ 집객 프로모션 전개력	3	70	210	85	255	100	300
	⑨ 고객 니즈 창출력	4	75	300	100	400	55	220
3 점포 전개력	⑩ 체인 오퍼레이션 시스템 추진력	4	85	340	100	400	60	240
	⑪ 저 코스트 입지 전개력	3	90	270	100	300	75	225
4 저가격 소구력	⑫ 로 코스트 오퍼레이션 전개력	3	85	255	100	300	80	240
	⑬ 저가격 메뉴 개발력	3	75	225	100	300	60	180
5 브랜드 전개력	⑭ 브랜드 인지력	3	55	165	100	300	50	150
	⑮ 브랜드 이미지 향상력	4	70	280	100	400	60	240
	합계		1265	5010	1290	4910	1110	4325

우시와카마루의 향후 코어 컴피턴스는 크게 2가지!
① 생산자 단체까지 영향력을 미칠 수 있는 '안심' 마케팅, 퀄리티 매니지먼트 추진력
② 고객의 기대를 넘어선 서비스를 베이스로 하는 고객 로열티 향상력

점수의 단순 합계에서는 지고 있다.

계수화 후의 합계에서는 역전!

고객 관점을 중시하는 코어 컴피턴스에 중점화함으로써 역적이 가능해진다!

전략 맵을 만든다

> ●―― C사는 싸움에 대한 어떤 조감도를 그리고 어떤 선택지를 설정해야 하는가? 실제로 C사의 전략 맵을 만들어보자!

코어 컴피턴스 분석으로 기축을 추출한다

    전략 맵은 코어 컴피턴스 분석이 베이스가 된다. 비즈니스를 하는 데 무엇이 가장 중요한 테마가 되는지를 이 분석에서 추출한다. 코어 컴피턴스 중에서 가장 중요한 2가지를 선택한다. 이것이 전략 맵의 기축이 된다. 보통 지도는 '동서' 가로축과 '남북' 세로축 두 축으로 되어 있다. 전략 맵도 기본은 두 축이다. 이 두 축은 싸울 필드를 어떤 전략적 관점에서 보고 있는가를 나타내는 것이다. 이 축에 척도를 설정하거나 레벨 차이를 수치화한다. 축 자체를 의미가 있는 요소로 세분화하는 것이다.

    그리고 가로 세로 두 축의 척도를 토대로 이번에는 의미 있는 묶음으로 정리한다. 이 묶음 하나 하나가 전략 옵션이 된다. 이 옵션은 싸울 장소와 싸울 방법의 거리를 선택지로 설정한 것이다.

    그럼 전략 맵의 트레이닝을 진행시키는 데 있어 '분석 프로세스' 및 '유의점'에 대하여 설명해두자. '분석 프로세스'는 크게 다음과 같다.

① 전략 축을 설정한다
② 전략 축의 척도·기준을 설정한다
③ 전략 옵션을 설정한다

이때의 '유의점'을 들어보자. 다음 3가지 점을 들 수 있다.

① 전략 축의 조합은 하나가 아니다. 여러 가지를 해보고 최적 전략 축을 찾자!

② 전략 축 그 자체에 '대소' '고저' 등의 평가 시점을 지닌 항목은 포함시키지 않는다. 가능한 한 전략으로서 대립 개념을 축으로 설정하자!

③ 전략 맵은 현재를 기점으로 3년 후의 모습을 맵으로 만든다. 단 시간 축을 5년, 10년으로 하거나 현재와 미래의 맵을 별도로 그려보는 등 테마에 맞추어 연구해보자!

특히 ②에 대하여 보충해보자. 자주 보는 전략 축에 '부가가치 대소' '차별화 레벨 고저' 등과 같은 평가 척도를 포함하는 축이 있다. 이 경우 지향해야 할 방향으로서 선택되는 것은 부가가치는 높은 것, 차별화는 높은 레벨의 것으로 저절로 결정된다.

이렇게 해서는 좋은 전략 맵이 되지 않는다. 어떤 기업에서도 동일한 방향이 되어버리고 무엇보다 전략으로서의 끊고 맺음이 없기 때문이다.

무엇인가 일부러 선택하지 않을 수 없다. 모두가 같은 방향으로 얼굴을 돌리는 것이 아니다. 그럼 스텝 순서에 따라 내용을 살펴보자.

스텝① ▶ 전략 축을 설정한다

오른쪽의 도표에 있는 것처럼 다양한 축 설정을 생각할 수 있다. 그러나 기본은 비즈니스를 전개하는 데 있어 어떤 코어 컴피턴스가 요구되는가이다. 그럼 C사의 전략 축을 설정해보자. 기본은 코어 컴피턴스이다. 앞에서 든 예에서는 가장 중요한 코어 컴피턴스로 다음 2가지 점을 들었다.

① 생산자 단체에까지 영향력을 미칠 수 있는 '안심' 마케팅 퀄리티 매니지먼트 추진력

② 고객의 기대를 넘어서는 서비스를 베이스로 하는 고객 로열티 향상력

이 2가지 점을 들었다. 분명히 이 두 축으로 진지하게 몰두하면 포지셔닝 우위가 확립될 수 있다는 것을 알 수 있다. 요컨대 전략 축에는 포지셔닝 우위의 확립이라는 관점이 포함되어야 한다. 주요한 것 2가지를 기본 전략 축으로 설정하기 바란다.

생각될 수 있는 것으로,

◎ 직영 전개로 갈 것인지 체인 전개인지?

◎ 개개 점포의 독자 칼라인지 전체로서 통일 칼라인지?

◎ 복합 음식업인지 단순 음식업인지?

◎ 베이식인지 파인(fine)인지?

◎ 고품질 지향인지 가격 지향인지?

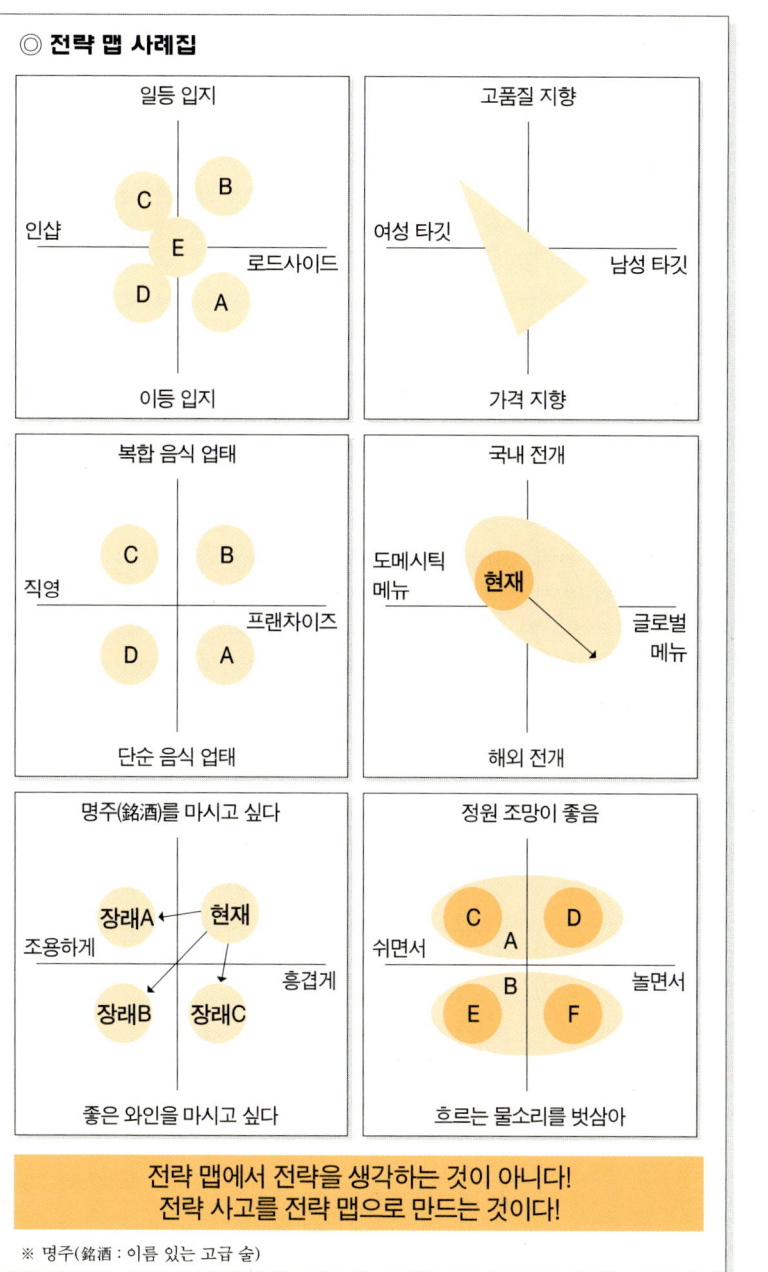

여러분들의 답은 어떤가? 각각의 축은 대립 항목이어야 하고 종횡의 조합은 그것만으로 전략 포지션을 느낄 수 있어야 한다.

스텝② ▶ 전략 축의 척도 · 기준을 설정한다

전략 맵은 보는 방법을 바꾸면 타깃 세그멘테이션이고 포지셔닝 맵이다. 많은 비즈니스에 사용되는 맵의 종류에는 세로축의 척도~기준이 없는 것이 대부분이다. 그렇다면 현실의 지도는 어떤가? 우선 축척이 있다. 나아가 실제 거리가 축척으로 환산할 수 있는 것으로 되어 있다. 요컨대 비즈니스 상의 맵에서도 현실의 맵과 동일하게 현재 지점에서 얼마만큼 거리가 떨어져 있는지 짐작과 판단이 될 수 있어야 한다는 문제 의식이 있다.

축 상의 좌와 우, 상과 하의 차이는 알 수 있다. 하지만 우하의 구석에서 수직으로 반 위로 올라가는 것의 의미, 지도상의 정 가운데로 시프트하는 것의 의미는 알기 어렵다. 그래서 감각적인 판단으로 의견이 교차되고 동일한 위치 부여라도 다른 판단이 암묵적으로 이루어지고 있는 케이스가 많다.

모든 축에 척도~기준을 설정하라는 것은 아니다. 전략 맵에 객관적 기준을 부여해야 한다는 것이다. 보다 객관적 판단이 가능하도록 하는 맵 만들기가 필요하다는 점에서 제창하는 것이다.

앞의 구체적인 예에서 생각해보자. 다음 페이지의 도표와 함께 보기 바란다.

◎ C사 우시와카마루의 전략 맵 예

```
                    개개 점
                    포의 독자
                    칼라
                         ▲
                    오너 결재 100%
            ┌─────┬─────┬─────┬─────┐
            │ 옵션 │     │     │     │
            │  E  │     │     │     │
            ├─────┼─────┼─────┼─────┤
            │     │ 옵션 │ 오너 결재 50% │
            │     │  D  │     │     │
  직영      ├─────┼─────┼─────┼─────┤   체인
  전개 ◄──  ~5점포 ~10점포 ~100점포 ~200점포 초과  ──► 전개
            ├─────┼─────┼─────┼─────┤
            │     │     │ 옵션 │ 옵션 │
            │     │     │  C  │  B  │
            ├─────┼─────┼─────┼─────┤
            │ FC 본부 결재 50% │ 현재 │ 옵션 │
            │     │     │     │  A  │
            └─────┴─────┴─────┴─────┘
                    FC 본부 결재 100%
                         ▼
                    전체로
                    서의 통일
                    칼라
```

전략 맵을 가능한 한 정량화하는 것으로 토론과 의사 결정이 가능하게 된다!

① 직영 전개로 갈 것인지 체인 전개인지?
⇒ 가로축으로 좌에서 1~5~10점포가 직영. 11~100~200 초과가 우측의 체인.

② 개개 점포의 독자 칼라인지 전체로서 통일 칼라인지?
⇒세로축으로 위에서 오너 결재 100%~50%, 아래는 FC(franchise chain) 본부 결재 51%~100%

이상과 같이 어떤 형태로 척도를 설정하는 것은 가능하다. 전략 축, 나아가 전략 맵을 정성 목표로만 생각하는 것이 아니라 정량 목표라고도 생각해야 한다.

스텝③ ▶ 전략 옵션을 설정한다

전략 옵션은 전략 맵과의 관련에서 말하면 전략 맵을 구분하는 일이다. 가로축의 척도를 의미하는 구분으로 묶는 것이다. 따라서 크기도 달라지게 된다. 좀더 다른 의미가 있는 것은 상세하고 큰 방향감이고, 벡터 차이 자체에 의미가 있는 것은 크게 나누는 것이 된다. 그럼 우시와카마루의 전략 옵션을 생각해보자.

오른쪽의 도표를 보기 바란다. 현상의 포지션은 좌하이다. 세로축의 '서비스'는 '기대에 어긋남'과 '기대대로'의 중간에 있다.

◎ C사 우시와카마루의 전략 옵션

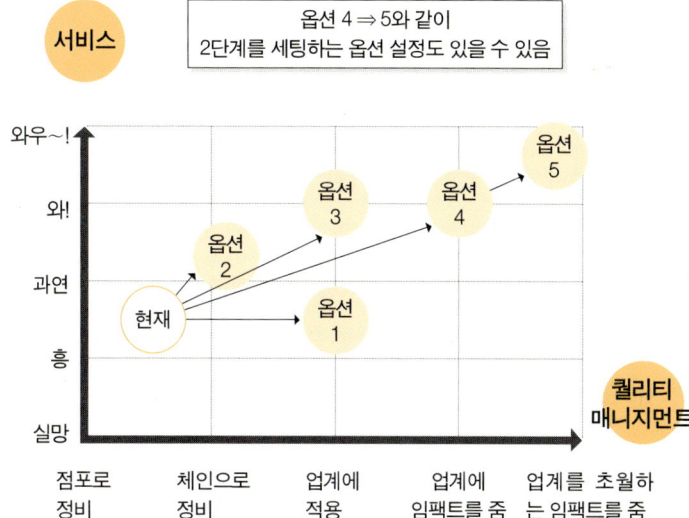

전략 맵의 축은 종횡으로 크로스시키는 케이스와 크로스시키지 않는 케이스가 있다. 최종 목표로서의 옵션과 당면 옵션을 세트로 생각해야 하는 케이스도 있다. 시간 축의 설정을 명확히 하여 의사 결정을 하자!

기본 서비스조차 철저히 하지 않고 있기 때문이다. 세로축의 '퀄리티 매니지먼트' 축은 '개개 점포 단독의 퀄리티 매니지먼트'와 '체인 오퍼레이션(Chain Operation) 퀄리티 매니지먼트'의 사이에 위치한다. 그럼 이후 고려될 수 있는 옵션을 소개하자. 1~5는 코어 컴피턴스 분석 / 전략 맵에서 크로스시켜서 생각해내면 된다.

옵션 1 / 셀프 서비스로 철저한 퀄리티 매니지먼트의 추구

옵션 2 / 체인 오퍼레이션의 퀄리티 매니지먼트로 기대대로의 서비스 제공

옵션 3 / 업계에 통용되는 퀄리티 매니지먼트로 기대 이상의 서비스 제공

옵션 4 / 업계에 임팩트를 주는 퀄리티 매니지먼트와 기대를 넘어서는 서비스의 실현

우시야마 사장이 하고 싶은 것은 새로운 가치 창조에 집착한다는 점에서도 옵션 5이다. 옵션의 명칭은 "'안심과 기대'를 계속 만들어내는 우시와카마루 체인의 실현"이다. 최근 3개년을 생각하는 한 옵션 5는 장애물이 너무 높다. 옵션 4가 1단계의 구상, 옵션 5는 2단계 구상으로 착수할 계획이다.

여기서 쉽게 범하는 잘못은, 옵션임에도 불구하고 처음부터 전략을 하나로 결정해버려서 나중에 다른 안을 덧붙여가는 식으로 되어버리는 경우가 많다는 것이다.

◆ 트레이닝 3에서 배운 포인트 ◆

포인트 1
각각의 분석 결과를 분절시키지 말 것. 각 분석의 성과의 연계성을 중시한다. '이런 분석 결과, 따라서 이 전략 가설' 과 같은 시나리오성을 중시하자!

포인트 2
최종적으로는 의지! 의지에 객관성을 부여하는 것이 전략 가설력이다! 개개인 레벨의 의지를 재확인하고 구상력을 제고하자!

포인트 3
전략으로서의 방향 감각, 벡터를 중시한다. 이를 위해 개개인의 의지를 조직의 의지로 만들기 위해 논의를 심화하자!

Training 4

비즈니스 모델의
검증 방법을 배운다

트레이닝 4에서는 전략 구상력의 큰 기둥이 되는 '비즈니스 모델을 어떻게 구축하고 검증할 것인가'를 확실히 마스터한다.

비즈니스 모델은 새로운 사업을 조직하는 것이 아니다. 새로운 비전에 대해 사람과 조직의 구조와 체계를 바꾸는 것이다. "이 비즈니스의 '당위적 모습'은 무엇인가?"를, 그리고 모든 것을 통합하여 본질을 관철시키는 것이다.

한번에 완성되는 것이 아니다. 몇 번씩이나 '당위적인 모습'에 대한 가설을 설정하고 검증을 반복해가는 것이 비즈니스 모델의 변혁으로 이어진다. 단지 반복하는 것이 아니라 서서히 본질에 다가서는 것이다.

지금까지의 분석 툴, 환경 분석력, 전략 가설력에서 더 발전시켜 당신 자신의 비즈니스 모델을 만들어내기 위한 전략 구상력을 체득하기 바란다.

트레이닝 4의 중요 포인트

비즈니스 모델의 검증 방법을 자기 것으로 만든다!

❶ '당위적 모습'에 대한 강한 의지의 비전 재구축에서 시작한다.

❷ 비즈니스의 체계와 장치의 통합화, 시나리오화를 도모한다.

❸ 로드맵으로 조직의 미래를 그린다.

비즈니스 모델의
새로운 비전 만들기

● ──── 비즈니스 모델이란 사람, 조직, 사회의 새로운 가치 창조를 위한 전략 구상 그 자체이다!

현상을 인식하고 새로운 가치를 창출한다

'리스트럭쳐링' 'V자 회복' '도산' '구조 개혁의 필요성' ─ 신문과 잡지에 이런 헤드라인이 춤추고 있다. 대부분이 네거티브 이미지, 네거티브 에너지이다.

이런 사회 환경으로부터 자기 자신과 조직을 포지티브한 방향으로 바꿀 필요가 있다. 비즈니스의 존재 방식, 새로운 가치를 실제로 점점 창출하지 않으면 안 되는 것이다. 그 본질이 새로운 비즈니스 모델의 변혁과 구축이다.

새로운 비즈니스 모델을 창출하는 가장 기본은 조직의 탑을 포함한 개개인의 높은 위기 의식, 문제 의식이다. 처해 있는 상황에 의해 다양하지만 크게 4가지로 나누어진다.

① 현상은 네거티브, 어떻게든 포지티브한 방향으로!
② 조금 네거티브이지만 보다 포지티브한 방향으로!

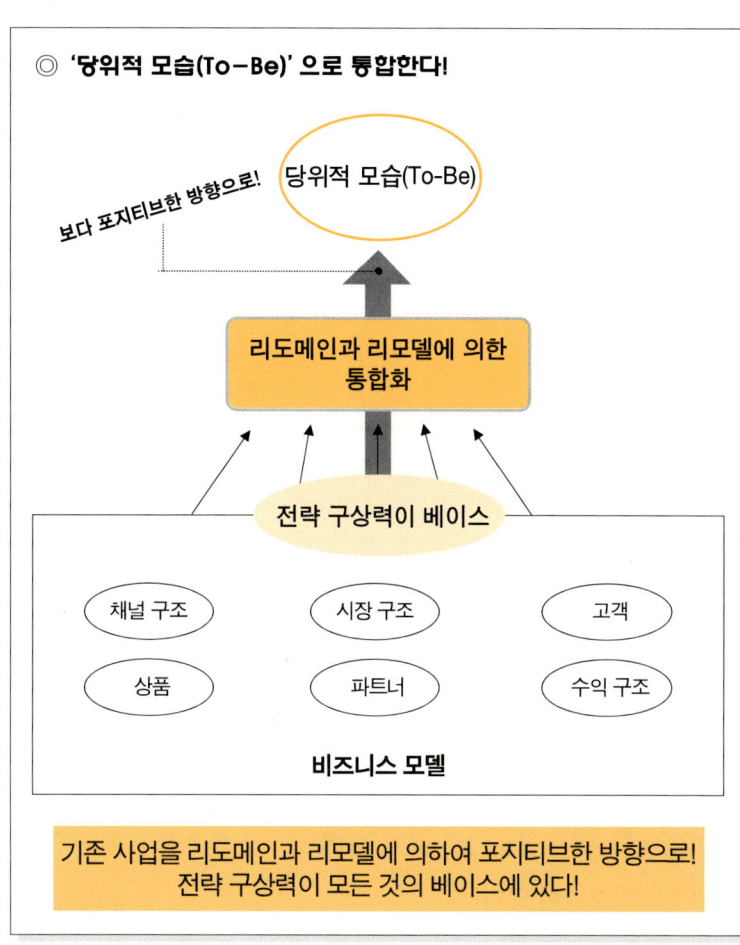

③ 지금도 포지티브지만 좀더 포지티브한 방향으로!

④ 완전히 제로 베이스에서 스타트, 이것을 포지티브 방향으로!

중요한 것은 지금 자신들의 조직이 어떤 상황에 있고 어떻게 바꾸어갈 것인가? 이것을 확실히 인식하고 기업으로서의 새로운 가치를 창출하는 것, 나아가서는 사회 자체의 가치 창조로 이어가는 것이다. 비즈니스 모델이란 이를 위한 전략 구상 자체인 것이다.

"무엇을 향해 바꾸어갈 것인가?"를 리도메인이라고 한다. "조종하는 방법을 어떻게 바꾸어갈 것인가?"를 리모델이라 한다. 리도메인, 리모델은 과거, 현재, 미래로 변혁해가기 위한 전략 구상 스킬인 것이다. 이 스킬을 자기 것으로 만들기 바란다.

무엇을 목표로 하고 어떻게 실현할 것인가?

그럼 실제로 어떻게 리도메인, 리모델을 실천해갈 것인가? 이를 위해서는 우선 자기들이 처해진 상황을 객관적으로 파악할 필요가 있다.

환경 분석에서 자신들을 객관적으로 포지셔닝하는 것에 의해서 새로운 벡터를 창출한다. 이 방향을 찾아내지 않으면 안 된다.

리도메인, 리모델을 실천하기 위해서는 오른쪽의 도표와 같이 크게 3가지 스텝이 있다.

① 객관적 포지셔닝에 의한 새로운 비전 만들기

처음은 환경 분석이다. 매크로 환경은? 시장은 어떤 방향을 향하고 있는가? 경쟁 타사는 어떻게 움직이고 있는가? 무엇을 목표로 하고 있는가? 자사의 대응은? 무엇이 강점이고 무엇이 약점인가? 각각 자사를 포함한 환경을 분석하여 객관적으로 포지셔닝한다.

포지셔닝에서 새로운 비전을 만든다. 비전을 만들 때의 시점은

◎ 리도메인, 리모델 실천의 3가지 스텝

Step1 : 객관적 포지셔닝에 의한 새로운 비전 만들기

비전 3가지 시점
시점 1 : 지금까지의 비전을 답습하여 보다 선명하게 보다 실감을 갖고 재파악한다.
시점 2 : 지금까지의 비전과 같은 방향이지만 보다 구체적으로 그린다.
시점 3 : 완전히 새로운 비전을 그린다.

Step2 : 비전 실현을 향한 사업의 통합화

통합화의 3가지 방향성   1 : 슬림화 2 : 확대 3 : 현상 유지

Step3 : 리도메인과 리모델의 명확화, 시나리오화

변혁의 2대 패턴
1 : 상품 카테고리의 변혁
 · 상품 카테고리의 재정의
 · 상품을 없애거나 또는 부가한다.
 · 솔루션으로 재구성한다.
2 : 시장 카테고리의 변혁
 · 시장을 버린다. 포기한다.
 · 새로운 시장을 만든다. 부가한다.
 · 업태를 바꾼다.

리도메인과 리모델의 실천에는 비즈니스 통합화와 변혁이 요구된다!

과거에서 현재까지 비전의 레벨에 의해 3가지로 나누어진다.

시점① / 지금까지의 비전을 답습하여 보다 선명하게 보다 실감을 갖고 재파악한다.

시점② / 지금까지의 비전과 같은 방향이지만 보다 구체적으로 적극적으로 그린다.

시점③ / 완전히 새로운 비전을 그린다.

무엇보다도 환경 변화를 객관적으로 파악하여 비전을 구체적으

로 그려내는 것이 중요하다.

② 비전 실현을 향한 사업의 통합화

그럼 비전 실현을 위하여 어떤 방향으로 벡터를 향해야 할까? 방향성으로서는 ① 슬림화 ② 확대 ③ 횡적 전개(현상 유지) — 이상의 3가지를 생각할 수 있다.

슬림화라 해도 단순히 인원 삭감을 메인으로 한 소위 '구조 조정'을 하는 것은 아니다. 확대라 해도 단순히 사업의 다각화나 M&A를 말하는 것은 아니다.

슬림화도, 확대도, 현상 유지도 모두 시장에 대해 '통합화' 해가는 것이 베이스가 된다. 어디에 통합화하는 것인가가 전략 구상에서 중요한 요소가 된다.

슬림화의 예로는 FEITH라는 음악 전송 기술의 ASP. 휴대 전화에서의 음악 전송 기술 라이센스는 거의 여기서 쥐고 있다. 오직 기술 개발에 특화하여 컨텐츠 제작이나 설비에는 손을 대지 않는다. 사람도 늘리지 않는다. 철저한 특화로 경상이익률 50%를 넘어 몇 배씩 성장하고 있다.

슬림화라 해도 시장에 대하여 솔루션(solution)을 좁혀서 통합해가는 것이 필요하다.

확대의 예를 언급하면 홈 엔터테인먼트로 패밀리 시장에서 사업을 통합하고 있는 소니(SONY). 소니는 상품 개발력과 채널을 무기로 솔루션을 넓히고 있다. VAIO에서 시작하여 So-net, Money Kit(인터넷 은행), 플레이 스테이션 — 각각 개개의 비즈니스 모델로 되고 있지만 소니 전사로서 도메인을 통합해가는 방향을 향하고 있다. 여기에 소니의 강점이 있다.

횡적 전개의 예로는 금형(金型) 부품을 중심으로 한 '구매 대리 상사'로 통합하고 있는 미스미(MISUMI). 상사(商社)라는 이미지에서 보면 판매자의 대리인이라는 느낌이지만 그들은 오히려 구매 대리라고 말하고 있다. 카탈로그에 의한 구매 대리 비즈니스 모델이다.

지금은 금형 부품 분야뿐만 아니라 반도체, 의료 기기, 이벤트 상품 등 횡적으로 구매 대리 비즈니스 모델을 전개하고 있다. 시장도 솔루션도 전혀 다른 분야를 차례로 전개하고 있다.

있는 것은 구매 대리라는 비즈니스 모델의 플랫폼이다. 그리고 이 플랫폼의 횡적 전개를 무기로 하고 있다. 여기에 코어 컴피턴스가 있다.

③ 리도메인과 리모델을 명확히 한다.

방향성이 정해지면 그것을 실현하기 위하여 비즈니스 모델을 어떻게 변혁할 것인지를 명확히 한다. 그것이 리도메인이다. 리도메인의 코어가 되는 것이 리모델이다.

리모델이라 해도 신규 사업으로 새로운 돈버는 사업을…… 과 같은 발상은 아니다. 자사의 코어 컴피턴스를 명확히 파악하여 솔루션을 구축하고 통합해간다는 발상이다. 지금까지 없는 보다 과감한 것이다.

리모델의 패턴으로는 크게 2가지가 있다. '상품 카테고리의 변혁'과 '시장 카테고리의 변혁'이다. 어느 한쪽이라는 것이 아니라 각각에 대해 어떻게 바꾸어갈 것인지 시나리오가 필요하다.

1 / 상품 카테고리의 변혁

상품 카테고리의 변혁에는 '상품 카테고리의 재정의' '상품을 없애거나 또는 부가한다' '솔루션으로 재구성한다' 의 3가지를 생각할 수 있다.

아스쿠르(ASKUL)는 원래 오래된 문구 메이커 플러스의 직판 사업부로, 설립 초기에는 플러스 상품만을 직판하고 있었다. 채널 = 에이전트는 종래의 도매 루트와 문구 루트. 그러나 유저로부터는 플러스 이외의 상품에 대한 문의가 많았다. 거기서 이와타(岩田) 사업부장(아스쿠르 현 사장)은 플러스의 경쟁 상품을 취급할 수 있도록 플러스의 임원을 필사적으로 설득하여 플러스를 포함한 폭넓은 상품 구색을 실현하고 성공 스토리를 만들어냈다. 상품 카테고리의 변혁이 실현된 것이다.

2 / 시장 카테고리의 변혁

시장 카테고리의 변혁에도 3가지 방향성을 생각할 수 있다. '시장을 버린다, 포기한다.' '새로운 시장을 만든다, 부가한다.' '업태를 바꾼다.'

스왈로(Swallow) 스키라는 스키 메이커는 지금은 렌틸(rental) 사업에 특화하여 수익을 올리고 있다. 10년 전에는 1세트에 10만 엔이나 하는 스키가 날개 돋친 듯 팔렸다. 스키 인구도 증가 일로. 당시 스왈로 스키는 다른 대기업 국산 스키 메이커에 크게 눌려 시장 하위를 감내하고 있었다. 당시 별로 유행하지 않았던 초급자용 렌틸 스키가 주요 판매 채널이었다.

10년이 지나 스키 시장은 급강하. 현재는 스키가 1세트 1만 엔 이하로 팔리는 시대. 대기업 국산 스키 메이커는 줄줄이 도산했지만 스왈로 스키만은 렌털 사업, 특히 학생들의 수학여행 등 단체용 렌털을 중심으로 비즈니스를 통합. 메이커로부터 렌털 업종으로 과감한 업태 변혁을 이루었다. 말하자면 시장 카테고리를 변혁한 것이다.

 리도메인, 리모델은 지금까지의 모든 것을 부정하는 것은 아니다. 지금까지의 강점은 무엇인가, 향후 무엇을 강점으로 해야 할 것인가, 우리들은 무엇을 목표로 하고 있는가, 어떻게 실현할 것인가를 철저하게 현장에서 검증하고 솔루션으로 통합해가는 것이다.

★케이스 트레이닝 4

비즈니스 모델의 트레이닝

— 경쟁이 격렬한 사무용품 업계. 신시장 창출을 향해
비즈니스 모델 변혁이 문제가 되고 있다.
리도메인으로 도전하자.

우선 사무용품 D사의 데이터와 정보를 충분히 이해하기 바란다.

◎ **1. D사 프로필**

회사명	주식회사 아사다(사무용품 메이커)
매출액	1,430억 엔(연결)
	620억 엔(단독)
경상이익	53억 엔
종업원수	1,740명
설립	1965년 3월
사업 개요	사무용품/사무기기 제조, 판매
	오피스 솔루션
	사무용품 유통 솔루션
최근 토픽	① 과거 3개년 매출액
	② 공동 물류 센터를 전국 전개
	③ 제조 부문과 판매 부문을 분사화
특징	① 업계 3위
	② 중소 규모 사업소를 타깃으로 채널 개발 추진
	③ 오피스 솔루션으로 아웃소싱 사업에 주력

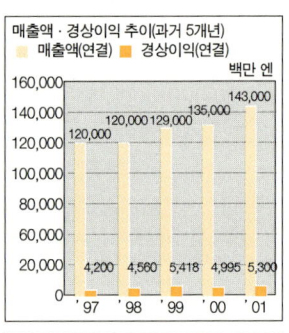

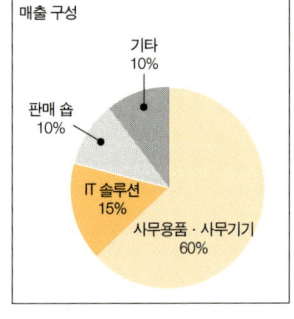

◎ 2. 탑의 프러파일과 문제 의식

성명 ·············· 츠지모토 히로카즈(辻本宏一)
연령 ·············· 47세
경력 ·············· 메이테이 대학 상학부 졸업 후, (구)주식회사 아사다 사무용품 입사. 오사카 지사장, 본사 이사, 영업 본부장을 거쳐 역대 최연소 대표이사에 취임
발언 ·············· 환경에 대한 배려는 비즈니스의 필연!
문제 의식 ······ ① 업계의 상습관으로부터 탈피
　　　　　　② 기존의 전국 소규모 문구 소매점포 지원 강화
　　　　　　③ 사무용품 서플라이어에서 오피스 솔루션 프로바이더로 전환

◎ 3. 본 케이스의 전제가 되는 3C 분석

〈시장·고객의 동향〉
- 단가 다운
- 사무용품 조달 코스트 삭감
- 효율성의 중시

〈경쟁사 동향〉
- 직판 모델의 전개
- 직영점에 의한 오피스 편의점 사업의 전개
- 유통 코스트의 삭감

〈자사 동향〉
- 제조와 판매 분사화
- 제조 분야의 축소
- 부문간 수직 분할 구조
- 관료 조직화

요컨대 스스로 새로운 시장을 창조하고 비즈니스를 통합화해간다!

2 비즈니스 모델을 가설화한다

● D사의 전제 정보에서 '당위적 모습'으로 자사의 비즈니스 모델을 변혁하기 위해서는 어떤 가설이 있는 것일까?

포지셔닝에서 방향성을 결정한다

트레이닝에 들어가기 전에 비즈니스 모델을 가설화하기 위한 스텝과 그때의 유의점을 설명해두자. 스텝은 2개.

① 포지셔닝에서 비즈니스 아이디어를 설정한다.
② 아이디어에서 비즈니스 모델 가설을 구축한다.

유의점은 다음 3가지.

① 비즈니스의 '구조'가 아니라 '장치'를 생각한다.
② 문제의 나열이 아니라 '요컨대……'의 본질을 찾는다.
③ 항상 시장에 비추어보아서 검증을 반복한다.

무엇이 문제인지를 규명하는 것보다도 문제의 본질이 무엇인지를 찾는 것이 중요하다. 여기서의 트레이닝은 '정리' 뿐만 아니라 비즈니스 모델의 '본질'을 어떻게 하면 찾을 수 있는지 반드시 습득하기 바란다.

스텝① ▶ 비즈니스 아이디어를 설정한다

비즈니스 아이디어로 가설을 구축하고 검증하기 위한 최초의 스텝은 비즈니스 모델의 문제점을 명확히 하는 데 있다.

비즈니스 모델의 문제점을 정리하기 위한 프레임을 확인해두자. 201페이지의 도표를 보기 바란다.

채널 미디어, 이용 신(scene), 유저 기능이라는 시장에 대한 3가지 장치 요소와 마켓 구조, 수익 구조, 채널 구조라는 비즈니스 자체의 3가지 구조 요소 합계 6가지 요소를 비즈니스 모델 매트릭스라고 말한다. 이 비즈니스 모델 매트릭스의 6가지 요소를 각 사업별로 평가 분석하는 것에서 시작된다.

【장치 요소 1 / 커스터머 인터페이스(채널 미디어)】

커스터머 인터페이스(customer interface)는 고객과의 접점을 말한다. 소매 점포, 영업 창구, 영업 맨, 콜 센터, 홈페이지, 키오스크 단말기(음악을 온라인에서 다운로드할 수 있는 단말기, PDA 등), 휴대 전화, 컨비니언스 스토어(24시간 편의점) 등 고객과의 접점을 갖는 모든 것이 커스터머 인터페이스이다.

넷 버블(Net Bubble) 시대에는 단지 '홈페이지를 만드는 것만으로, 휴대 전화에 올리는 것만으로' 라는 식이 많았다. 그렇게만 한다면 인터페이스의 의미가 없다.

【장치 요소 2 / 커스터머 솔루션과 베너피트】

솔루션(solution)이란 고객의 과제 해결을 제안 · 제공하는 것을 말한다. 베너피트(benefit)란 과제 해결에 의하여 고객이 받는 편익을 말한다. 단순한 니즈가 아니라 "아 그런 게 필요했구나!"라는 강한 느낌과 체험을 갖도록 하는 잠재적 니즈로 들어가지 않으면 솔루션도 베너피트도 생겨나지 않는다.

솔루션이나 베너피트는 고객의 이용 신을 충분히 관찰하는 것이 중요하다. 고객의 진짜 과제는 무엇인가? 커스터머 시나리오를 분석하는 스텝이 필요하다(→101페이지 참조).

【장치 요소 3 / 커스터머 릴레이션(유저 기능)】
커스터머 릴레이션(relations)은 프로모션이나 영업 활동이 아니다. 예를 들면 퍼스널 컴퓨터를 구입한 고객이 있다면 그 고객의 유저 기능은 퍼스널 컴퓨터 본체가 아니라 서포트 센터에 대한 문의 기능, 시큐어리티(security : 보안) 기능, 검색 기능 등 퍼스널 컴퓨터를 사용하는 신(scene)이고 제공해야 할 기능이 되는 것이다.

왜 유저 기능이 커스터머 릴레이션인가, 지금까지의 유저 기능에 대한 제공자 측의 인식은 '팔고 나면 모르쇠' 였다. 고객은 물건을 산 것이 아니라 솔루션을 산다. 물건을 산 뒤에도 제공자는 계속 고객의 과제 해결을 제공할 필요가 있다. 그것이 유저 기능이고 고객과의 관계 만들기(릴레이션)인 것이다.

시장에 대한 '장치' 에 이어서 비즈니스의 3가지 '구조' 요소로 들어가보자.

【구조 요소 1 / 시장(마켓) 구조】
어떤 시장에 접근하는가. 그 시장에는 이미 마켓(market)이 있는

◎ 비즈니스 모델 문제점 정리의 기본 프레임

사업명	사업 내용	비즈니스 모델 매트릭스					
		시장에 대한 장치			비즈니스 구조		
		요소1 커스터머 인터페이스(채널 미디어)	요소2 커스터머 솔루션과 베너피트(이용 신)	요소3 커스터머 릴레이션(유저 기능)	요소1 시장(마켓) 구조	요소2 수익 구조	요소3 채널(프로세스) 구조
기존사업		어떤 장치로 고객과 접하고 있는가, 고객은 어떤 형태로 이용하는가?	고객의 진정한 과제는 무엇인가, 이용 신을 관찰하고 커스터머 시나리오를 분석한다!	고객과 관계성을 유지하기 위한 기능은? 장치는?	어떤 시장에 접근할 것인가? 그 시장에는 이미 마켓이 있는가? 어느 정도의 규모인가? 타깃은 어떤 층인가?	도대체 무엇으로 돈을 벌 것인가? 무엇에 돈이 드는가를 명확히 할 것. 처럼 보이지만 의외로 불명확한 경우가 많다. 당연한 것	고객에 대해 솔루션이나 베너피트를 제공하기 위하여 지금까지의 채널 구조를 근저에서 바꾼다.

구조와 장치의 통합화. 리얼한 비즈니스를 어떻게 진화시킬 것인가, 새로운 가치를 어떻게 창출할 것인가가 리도메인과 리모델의 의의!

가. 어느 정도의 규모인가. 타깃(target)은 어떤 층인가. 마켓을 하나에서 만들어갈 필요가 있는가. 시장을 둘러싼 환경의 변화는? 등등 시장을 구성하는 요소를 정리하고 구조화해가는 것이 비즈니스의 '구조'를 고려하는 최초의 요소가 된다.

【구조 요소 2 / 수익 구조】

수익 구조는 도대체 어디서 돈을 벌 것인가, 무엇에 돈이 들어갈 것인가를 명확히 하는 것이다. 실제로 비즈니스를 시작할 단계에서는 FS(Feasibility Study : 사업 가능성의 검토)를 확실히 할 필요가 있다. 기존의 마켓이나 사업 분야라면 어느 정도 '짐작'이 된다. 그 '짐작'을 중요시해야 한다. 주관적인 '짐작'과 객관적인 '수치 근거'의 밸런스로 수익 구조를 명확히 할 필요가 있다.

【구조 요소 3 / 채널(프로세스) 구조】

비즈니스 구조라 할 수도 있지만 고객·파트너와의 관계 만들기에 중점을 둔 유통 구조를 말한다. 델의 다이렉트 채널이나 유니큐로(Uniqlo)의 SPA(Specialties Store of Private Label Apparel Maker : 우리식으로 하면 패션 메이커의 대리점 채널을 의미) 등은 채널 구조를 크게 변혁시킨 대표적인 예이다.

그럼 D사의 케이스로 들어가보자. D사에서는 비즈니스 모델의 어떤 문제점을 들 수 있을까? D사의 전제를 토대로 하여 같이 생각해보자. 처음에 비즈니스 아이디어를 3가지 생각하자. 어떤 비즈니스 아이디어, 어떤 문제가 있을까?

힌트는 전제 중에 츠지모토 사장의 문제 의식이다.

① 기존의 상거래 습관에서 탈피하고 싶다고 생각한 배경은?

② 기존의 전국 소규모 문구 소매 점포에 대한 지원 강화는 어떻게 할 것인가?

③ 사무용품 서플라이어(Supplier)에서 오피스 솔루션 프러바이더(Provider)로는 무엇을 기점으로 착수할 것인가?

여기서 비즈니스 아이디어는 어떤 것들이 떠오르는가?

츠지모토 사장의 생각을 따라가보면 키워드는 '기존 소매점의 지원 강화'와 '오피스 솔루션 프러바이더'가 된다. 각각에 'D사의 당위적(To-Be) 모습'이 어딘지 모르게 나타나 있다.

그럼 이 시점에서 아이디어를 3가지 생각해보자.

【비즈니스 아이디어 1】 — 기존 소규모 소매점포의 매입 에이전트 비즈니스

기존의 소규모 소매점은 대형 전문 소매점이나 할인점(discount shop)에 의해 피해를 입고 있는 상황이다. 그러나 전국에는 2만여 곳 이상의 문구점이 있다. 그렇지만 고객이 원하는 상품을 원하는 만큼 갖추고 있는 소매점은 아주 드문 것이 사실이다.

그들의 매입력을 강화하면 이웃의 고객이 원하는 구색을 원하는 시기에 제공할 수 있다. 그러나 개별 소매점에 그런 체제는 구축될 수 없다. 여기서 매입 에이전트(대리상)가 등장하게 된다. 고객이 원하는 상품을 모델 넘버, 메이커까지 순식간에 특정 납품업자에

게 정보를 제공하는 비즈니스이다.

【비즈니스 아이디어 2】 ― 기존 소매점의 오피스 편의점 프랜차이즈 비즈니스

오피스 솔루션과 소매점 지원이 결합된 아이디어. 기존 소매점에 복사와 제본 서비스나 PC 렌털, 무선 LAN 등의 환경을 갖추고 오피스 편의점으로 만든다. 이것을 FC(Franchise : 프랜차이즈)로 전개한다. 오피스 용품도 판매·렌털한다. 구색은 D사 제품 이외에도 구비한다.

【비즈니스 아이디어 3】 ― MRO 조달 대행 솔루션 비즈니스

에이전트 솔루션을 기업 유저에 대해 전개한다.

MRO(Maintenance, Repair & Operation)로 오피스 비품에 관한 조달을 대행하는 일을 한다.

이상 3가지를 들어보았다. 어떤 아이디어가 생각될 수 있을까?

스텝② ▶ 문제점으로부터 비즈니스 모델 가설을 구축한다

비즈니스 모델의 문제점이 정리되면 다음에 비즈니스 모델 가설을 구축한다. 이 가설이 전략 구상의 커다란 포인트가 된다.

D사에서는 어떤 비즈니스 모델 가설이 생각될 수 있을까? 가설은 문제를 뒤집어보는 것도 문제를 나열하는 것도 아니다. 비즈니

스 모델을 변혁해가는 키포인트로 좁혀가는 것이 중요하다.

츠지모토 사장의 3가지 비즈니스 아이디어에서 어떤 비즈니스 모델의 가설이 떠오르게 될까? 비즈니스 모델 매트릭스로 정리해 보자. 201페이지의 비즈니스 모델 문제점 정리의 기본 프레임 항목이 베이스가 된다.

3가지 아이디어의 포인트를 보자.

【비즈니스 아이디어 1】

① 이 아이디어에서 타깃은 소매점과 소매점을 이용하는 고객. 쌍방에 베너피트이라고 느끼게 할 장치는?

② 소매점 점주가 쓰기 쉽다고 느낄 수 있는 유저 기능은?

③ 채널 구조에서 납품업자의 메리트는? 유통 코스트는 올라가지 않을까?

【비즈니스 아이디어 2】

① 인터페이스로 소규모 점포 내에 구색, 서비스 기기가 필요할 때 필요한 만큼 구비할 수 있을까?

② 마켓은 이미 상당히 성숙되어 있지 않을까?

③ 소매점의 수익, FC 수익이 맞을까?

【비즈니스 아이디어 3】

① 타깃은 어딘가? 소규모 사업소? 대기업의 총무 담당?

② 타깃의 베너피트, 오피스 비품 이외의 부가가치는?

③ 채널 구조는? 어떤 곳과 파트너를 맺는가?

착안점이 다른 아이디어를 생각하자

비즈니스 아이디어 1~3은 착안점이 다르다. 어떤 비즈니스 아이디어를 선택할 것인가는 시장 조사를 토대로 객관적이고 논리적인 디스커션(discussion : 검토)이 필요하다. 시장 규모(market volume)에서 생각할 것인지 기존 사업과의 연관성에서 생각할 것인지 수익성(투자 대비 리턴)으로 생각할 것인지 — 가설 구축은 가능한 한 360도의 착안점과 축이 필요하다. 단일적인 아이디어에 빠지면 안 된다.

3 리도메인을 실시한다

● ── 비즈니스 모델을 '당위적(To-Be) 모습'으로 전개하기 위한 로드맵을 그려보자!

리도메인의 2가지 스텝

리도메인(re-domain)을 실천하기 위하여 비즈니스 모델을 어떻게 변혁하면 좋을까. 스텝과 유의점을 정리해보자.

스텝은 다음과 같다.

스텝 1 / 도메인의 방향성을 그린다.

스텝 2 / 리도메인 실현을 위한 로드맵을 그린다.

유의점은 이하의 3가지이다.

① 도메인은 시장과 솔루션의 두 축으로 파악한다.

② 로드맵의 기점은 어디까지나 시장

③ 코어 컴피턴스를 명확히!

스텝① ▶ 도메인의 방향성을 그린다

도메인의 방향성을 그리기 위하여 현상의 타깃 시장과 솔루션, 장래의 비즈니스 아이디어의 타깃 시장과 솔루션을 시장 - 상품 매트릭스로 정리한다.

솔루션은 가능한 한 구체적인 서비스를 열거한다. 이하의 3가지 점이 중요하다.

① 마켓은 볼륨(규모)이 있는가?
② 3년 후에 목표 수치(일정 레벨의 매출과 이익)에 도달할 전망은 있는가?
③ 사내 변혁, 얼라이언스(alliance : 제휴) 등 현실감이 있는가?

다음에 솔루션 전개 이미지를 차트화한다. 세로축에 솔루션의 범위, 가로축에 시장의 범위를 취한 매트릭스에 시장 - 상품 매트릭스로 정리한 서비스를 플롯(plot : 도면에 표시)한다.

솔루션의 범위는 여러 가지 착안점을 생각할 수 있다. 기술의 전개도 있고 부가 서비스의 전개도 있으며 채널 전개도 있다. 이것은 코어 컴피턴스가 어디에 있는가에 따라 전개되는 축도 달라진다는 것을 의미한다.

시장의 범위는 업계의 전개, B2B(business to business : 기업 내 또는 기업과 기업 간에 이루어지는 전자 상거래)에서 B2C(business to consumer : 기업과 소비자 간의 전자 상거래)로의 전개, 개인의 구매 패턴의 전개 등 여러 가지 착안점이 있다. 시장은 타깃이 되는 시장의 특성을 중심으로 넓혀가면 된다.

솔루션은 기술 개발이나 노하우의 횡적 전개를 이미지로 하여 선으로 연결하면 보다 알기 쉽게 된다. 점을 선으로 연결하는 것이다.

그럼 D사의 케이스는 어떻게 될까? 어떤 전개 이미지 맵이 그려질까?

힌트는 츠지모토 사장이 생각했던 3가지 아이디어를 시장 - 상품 매트릭스에 적용하면 어떤 식으로 정리될 것인가에 있다. 비즈니스 아이디어 1은 기존 시장을 활성화시키기 위하여 문구점에 촛점을 맞추고 솔루션을 심화시킨다는 비즈니스이다. 그리고 비즈니스 아이디어 2는 기존 상품을 베이스로 개인의 비즈니스 신에 시점을 맞추어 새로운 시장을 개척하려는 비즈니스, 비즈니스 아이디어 3은 기존 기업 고객에 대하여 MRO 조달 대행이라는 새로운 솔루션을 제공하려는 비즈니스이다.

3가지 비즈니스 아이디어를 어떻게 전개할 것인지 이미지 맵을 그려보면 210페이지의 도표와 같이 된다. 이 이미지 맵은 아이디어 1~3을 3가지 모두 그린 것이다. 상품 카테고리 축, 시장 카테고리 축의 2가지 축에서 각각의 변혁도(전개 범위 정도, 난이도)를 증대시킨 것이다.

스텝② ▶ 로드맵을 그린다

솔루션 로드맵은 3가지 요소로 구성된다.

① 솔루션을 정리한다.

② 경쟁 동향, 강점과 약점을 정리한다.

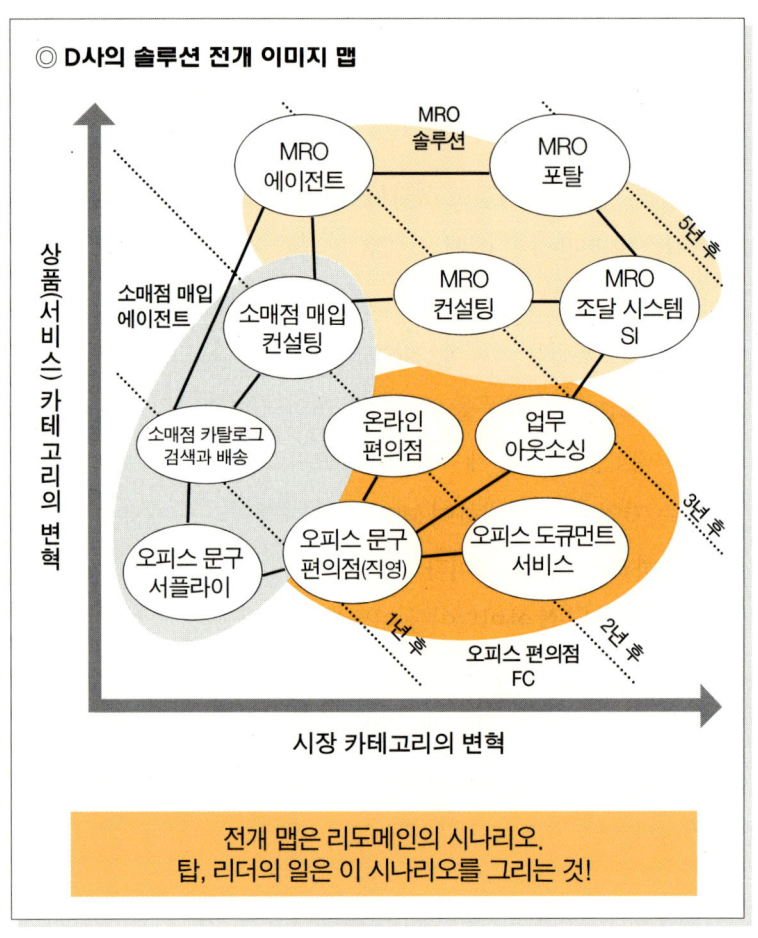

③ 미래에 대한 장치를 정리한다.

이미지로서는 솔루션 전개 맵을 좀더 브레이크 다운하여 그리고, 미래를 향해 어떻게 전개해갈 것인지를 그리는 것이 된다. 이 로드맵을 그리는 것 자체가 가설 검증의 스텝이 되는 것이다.

솔루션 로드맵의 정리 방법

① 솔루션을 정리한다.

처음 그리는 것은 타깃과 베너피트, 그리고 솔루션이다. 솔루션 전개 이미지로 그린 솔루션을 순서대로 열거해간다.

D사의 3가지 아이디어의 솔루션은 고객을 원점에 두면서 소매점을 상당히 의식한 '솔루션 아이디어 1', 고객을 좁힌 오피스 편의점이라는 '솔루션 아이디어 2', 기업간 조달을 기본으로 한 '솔루션 아이디어 3'으로 나뉜다.

단지 아이디어 1~3 중에 작은 솔루션 군이 로드맵화되고 있기 때문에 주의하기 바란다.

② 경쟁의 동향, 강점과 약점을 정리한다.

이 파트에서는 현상에서의 경쟁 동향과 점유율, 강점과 약점을 파악하는 것으로 시장에서의 자사 포지셔닝을 보는 것이다.

경쟁에 대해서는 마켓을 어떻게 포착할 것인가에 따라 경쟁할 것인지 말 것인지가 달라지게 된다. 여기서는 가까운 타깃이나 솔루션, 베너피트를 취급하는 기업을 어떻게 볼 것인지 거기서 돌아보고 자사는 어떻게 해야 할지를 객관적으로 파악하는 것이 중요하다.

③ 미래에 대한 장치를 정리한다.

여기서 장래에 어떤 테마를 우선적으로 실시할 것인지, 마켓의 성숙도, 장치에 대한 판단과 평가의 포인트를 정리한다. 어디까지나 마켓을 의식한 평가가 필요하다.

　이 평가에 의한 우선도로부터 시장에 대한 장치로서 솔루션의 개발이나 영업 전개, 얼라이언스 전개의 테마를 정리한다. 그리고 이 장치에 대하여 비즈니스 구조를 세워간다.

　미래의 장치에 대해서는 정리하는 것이 목적은 아니다. 여기서 어떤 항목을 정리하지 않으면 안 되는지, 어떤 프로세스로 비즈니스를 육성할 것인지에 대하여 일정한 정도 파악해두는 레벨이면 된다.

　중요한 것은 이 로드맵을 작성하는 도중에 반드시 나오는 '정말?' '왜?' 에 대한 가설을 검증하고 동일한 비즈니스를 수행하는 스탭, 파트너들과 공유하는 프로세스이다.

　그럼 D사의 로드맵을 정리해보자.
　D사의 로드맵은 어떻게 될 것인가?

　D사의 로드맵을 그리기 위한 3가지 포인트를 해설하자.

① 솔루션의 전체상을 그린다.
　D사에 있어서 매입 에이전트는 기존 소매 점포를 타깃으로 하고 있다. 갑자기 전국 2만 점포를 취급하는 것은 상당히 무리가 있다. 기존 영업 채널을 사용해도 실제로 도입하는 점포가 어느 정도 있을지는 의문이다.

오피스 편의점은 킹코스(kinko's)와 같은 업태이고, 시장은 있지만 투자량이 크다. MRO는 이미 아스쿠르나 카우넷(Kaunet)이 있지만 상품 구색에 따라 차별화가 가능하다. 이 3가지 모든 것을 종합화시켜 전개하는 것도 가능하지만 투자할 것을 고려하면 구입 에이전트이다. 지역을 한정하기만 한다면 현실감도 있는 것 같다. 지역을 한정하여 3가지 솔루션을 단계적으로 진전시키는 것이 재미있을 것 같다. 어디까지나 니치성이 있는 지역으로 한정하는 것이 조건이다.

② 시장 확대의 방향성을 파악한다.

시장 확대에는 에어리어 확대와 타깃의 세그멘테이션 확대 2가지 방향이 있다. 그러나 여기서는 지역을 한정하는 것이기 때문에 에어리어 확대는 없다. 대기업→중견기업→중소기업으로의 타깃 확대가 바람직할 것이다.

③ 업태 변혁, 채널 변혁의 프로세스를 그린다.

솔루션과 시장 확대의 시나리오가 어느 정도 그려졌다면 마지막으로 자사의 업태를 어떻게 바꿀 것인지에 대한 시나리오를 그린다. 구입 에이전트와 오피스 편의점은 상품 구색과 물류 플랫폼 만들기가 메인 테마가 된다. 이때 상품 구색에 대해 재고 리스크를 어떻게 안을까가 문제가 된다.

신속한 상품 배달을 위해서는 재고 리스크를 부득이하게 안고 갈 필요가 있다. 시장 확대, 재고 리스크, 물류 코스트의 3가지 시점에서 우선순위 부여가 결정수가 될 것이다.

216페이지에 있는 그림은 D사의 로드맵의 해답 예이다. 로드맵은 리도메인의 시나리오다. 이것을 작성하고 검증하는 프로세스 자체가 리도메인의 첫걸음이다. 당신의 회사에서는 어떤 로드맵을 그려서 리도메인을 실현해야 할 것인가?

로드맵의 기본 프레임은 3가지 업태를 동일 지역에 단계적으로 전개하는 것을 전제로 하고 있다. ① 솔루션 ② 경쟁 동향 ③ 미래에 대한 장치, 이 세 점에서 전체상을 생각하고 시간 축, 리얼리티 축으로 재구성해야 한다. 로드맵 전개에서 자주 범하는 잘못은 시간 축을 고려하지 않는 것, 리얼리티를 생각하지 않는 것을 만들어 버리는 데 있다. 로드맵은 미래 예상도이지만 리얼리티가 없으면 안 되는 것이다.

◎ 리도메인 실천을 위한 로드맵 기본 프레임

1. 솔루션

타깃	베너피트	솔루션	서비스 유니트	3년 후의 시장 규모	매출/이익 목표
타깃 1	· 업무 진전 · 시간 절약	솔루션 1	서비스 1	○○억 엔	××억 엔
			서비스 2	○○억 엔	××억 엔
타깃 2	· 위안 · 즐거움	솔루션 2	서비스 1	○○억 엔	××억 엔
			서비스 2	○○억 엔	××억 엔

2. 경쟁사 동향

A사		B사		C사	
강점/약점	시장 점유율	강점/약점	시장 점유율	강점/약점	시장 점유율
강점	○○%	강점	○○%	강점	○○%
약점		약점		약점	

3. 미래에 대한 장치

사업 평가			우선해야 할 테마		
평가 1	평가 2	평가 3	테마 4	테마 5	테마 6
평가 항목 · ×××× 솔루션 1 : 평가 A 솔루션 2 : 평가 C	평가 항목 · ×××× 솔루션 1 : 평가 A 솔루션 2 : 평가 C	평가 항목 · ×××× 솔루션 1 : 평가 A 솔루션 2 : 평가 C	테마 솔루션 1의 채널 확립 키포인트 1. ×××× 2. ×××× 3. ××××	테마 솔루션 2의 MD력 키포인트 1. ×××× 2. ×××× 3. ××××	테마 솔루션 1의 이익률 키포인트 1. ×××× 2. ×××× 3. ××××

로드맵의 키는 아이디어와 FS에 의한 가설 검증.
가설 검증을 사이클화함으로써 로드맵이 살아난다.

◎ D사의 로드맵(해답 예)

1. 솔루션

타깃	베너피트	솔루션	서비스 유니트	3년 후의 시장 규모	매출/이익 목표
기존 소매점	·상품 구색이 간단하게 보완됨. ·새로운 비즈니스 찬스가 생김.	매입 에이전트	온라인 검색	500억 엔	100억 엔
			매입 컨설팅	200억 엔	30억 엔
		오피스 편의점	오피스 도큐먼트 서비스	300억 엔	50억 엔
신 기획 유저	·조달의 공수와 코스트가 절감됨.	MRO 조달 SI	SI	500억 엔	50억 엔

2. 경쟁사 동향

A사		B사		C사	
강점/약점	시장 점유율	강점/약점	시장 점유율	강점/약점	시장 점유율
강점 종래의 기존 채널 연계 **약점** 상품 카테고리 부족	15%	**강점** SI 분야에 특화 **약점** MRO 조달 채널 부족	8%	**강점** FC 비즈니스 브랜드 이미지 **약점** MRO 조달력 낮음	4%

3. 미래에 대한 장치

사업 평가			우선해야 할 테마		
평가 1	평가 2	평가 3	테마 4	테마 5	테마 6
평가 항목 ·채널 개척 솔루션 1: 평가 A 솔루션 2: 평가 C	평가 항목 ·MD 개척 솔루션 1: 평가 A 솔루션 2: 평가 C	평가 항목 ·코스트 솔루션 1: 평가 A 솔루션 2: 평가 C	테마 솔루션 1의 채널 확립 **키포인트** 1.×××× 2.×××× 3.××××	테마 솔루션 1의 인터페이스 구축 **키포인트** 1.×××× 2.×××× 3.××××	테마 솔루션 2의 상품 조달력 확보 **키포인트** 1.×××× 2.×××× 3.××××

최종적인 사업 평가는 객관적인 평가와 주관적인 의사 결정이 요구된다!

◆ 트레이닝 4에서 배운 포인트 ◆

포인트 1
비즈니스 모델이란 '~다움, 이라면'에서 '당위적 모습'을 향하기 위한 전략 구간 그 자체!

포인트 2
리도메인과 리모델을 하기 위해서는 현상에 대한 문제 의식과 미래의 방향 설정, 그리고 비즈니스 모델 변혁 실천이 필요!

포인트 3
시장에 시점을 두고 리도메인 실천을 위한 로드맵을 그리는 것이 전략 구상 실천의 장이 된다!

Training 5

옵션 사고를 단련한다

전략 구상력이란 미래를 생각하고 그려내는 힘이다. 전략 맵이라는 캔버스에 충분히 그려진 구상 가설은 전략 옵션으로 검증되어 성공으로의 벡터가 선택된다.

환경 분석, 과제 정리, 비전 재구축에서 구상된 전략 가설이 전략 옵션으로 응축되어 모아진다. 여기에는 기업의 가치 기준이 있고, 목표로 하는 미래의 이미지가 있다. 옵션을 생각하는 기축이야말로 전략 구상력 그 자체라고 할 수 있다.

포인트를 정리해두자.
① 옵션 사고로 전략 요소를 드러낸다 ⇒ 전략 구상의 기축이란?
② 옵션 매트릭스로 전략 구상을 정리한다 ⇒ 옵션이 나타내는 벡터는?

뛰어난 전략은 전략 옵션에서 생겨난다. 옵션 없는 기본 전략은 없다. 전략 구상의 핵심을 확실히 파악하자!

트레이닝 5의 중요 포인트

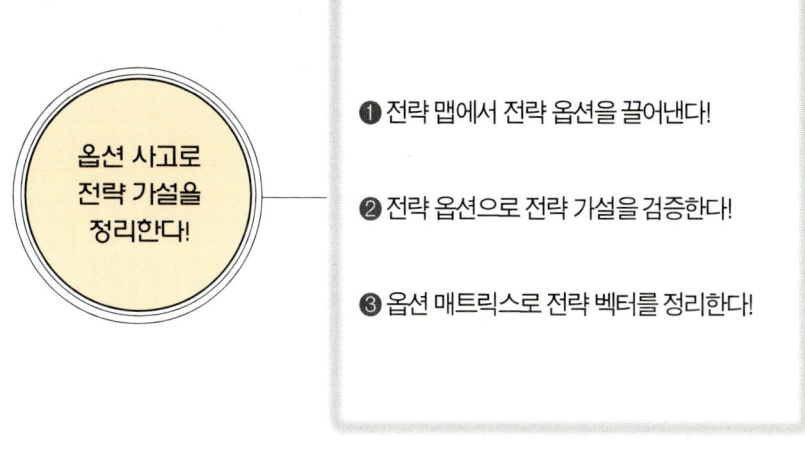

전략 옵션으로
전략을 정리한다

● ──── 성공 예감이 드는 전략은 구상력이 넘쳐난다. 구상력은 얼마나 많은 옵션을 검토할 수 있는가에 달려 있다.

전략 요소의 옵션을 생각한다

타코야키(일본식 붕어빵)점의 신업태로 연간 매출 2억을 목표로 하는 벤처 기업 하치마키(鉢卷) 주식회사의 '타코차트' 전략 옵션을 살펴보자.

옵션 1 / 화제성 있는 상품 라인업으로 입소문에 의한 판매 확대.

옵션 2 / 포인트 카드 '타코스탬프'로 고객 포위.

옵션 3 / 직접 굽는 엔터테인먼트(entertainment : 오락)성으로 인지도 업.

옵션 4 / 기존 오코노미야키(일본식 빈대떡)점과 협력하여 일거에 점포 전개.

옵션 5 / 이벤트성 있는 이트인(eat-in : 음식점에서 상품을 제공하는 방법 중 하나. 물건 판매와 고객 접대를 같이 하는 영업 방법으로, 패스트 푸드 점에서 많이 볼 수 있다)으로 백화점 지하에 진출.

◎ 옵션 사고 체계

B2B계	· 도메인 축(서비스 업태 변혁으로의 전환…) · 제품 라인업 축(25% 삭감…) · 제품 개발 축(니즈가 아니라 원츠 지향…) · 채널 축(상사 의존 탈각…) · 생산거점 축(일반 용품의 중국 공장 이전…) · 컨설팅 세일즈 축(선행 개발 체제…)
B2C계	· 가격 축(EDLP 25% 다운…) · 상품 라인업 축(디자인성을 중시…) · 상품 개발 축(코어 기술 중심…) · 고객 서비스 축(메인티넌스의 충실…) · 광고 축(이용 신의 소구…)
리얼계 (Real)	· 점포 전개 축(직영점 비율의 업…) · 상품 라인업 축(고집하는 상품에 포커스…) · 에어리어 마케팅 축(단독 건물로 주택가에서 1:1…)
클릭&모르타르계 (Click & Mortar)	· 상품 라인업 축(패밀리 단위를 의식…) · 가격 축(심플한 존 별 가격…) · 로지스틱스 축(3PL의 활용…) · 결제 축(편의점과의 얼라이언스…)
대기업계	· 해외 거점 축(아시아의 판매 거점을 강화…) · 사업 도메인 축(M&A로 탑 점유 사업을 확장…) · 브랜드 축(상품 브랜드에서 사업 브랜드로 전환…) · 기술 개발 축(사업간 시너지를 촉진…)
중견기업계	· 에어리어 마케팅 축(타깃 에어리어로의 집중…) · 상품 라인업 축(소프트계 상품의 충실…) · 프로모션 축(크로스 머천다이징의 전개…)
중소기업계	· 상품 개발 축(기존 고객의 베너피트 소구…) · 고객 서비스 축(정보와 컨설팅의 제공…) · 영업 전개 축(세일즈 플랫폼의 확립…)
벤처계	· 비즈니스 모델 축(커스터마이즈로 밸류 창출…) · 타깃 축(SOHO를 중심으로…) · 파트너 축(기동성을 요구하는 대기업…)
제조업계	· 생산 거점 축(시장 에어리어를 베이스로 재통합…) · 비즈니스 프로세스 축(매입의 합리화…) · 상품 개발 축(영업과의 커래버레이션…)
서비스계	· 판매 거점 축(지점의 통폐합…) · 고객 서비스 축(콜 센터의 충실…) · 서비스 라인업 축(스피드를 컨셉…)

전략을 구상할 때 우선 떠오르는 것이 전략의 전제(前提)이다. 전략의 전제에는 기업 규모, 사업 특성, 타깃 특성, 업종, 업태와 같은 레벨이 있다. 221페이지 도표의 '계(系)'에 해당한다. 나아가 계를 브레이크 다운한 '축'이 고려될 수 있다. '타코차트'의 경우 B2C계, 벤처계, 리얼계를 떠올리고 옵션 1은 상품 축 × 프로모션 축, 옵션 2와 3은 고객 서비스 축 × 프로모션 축, 옵션 4는 점포 전개 축 × 얼라이언스(alliance : 제휴) 축, 옵션 5는 점포 전개 축 × 고객 서비스 축으로 옵션을 생각했다.

전략을 구상하는 데는 시행착오의 프로세스가 중요하다. 시행착오에 착안점을 부여하는 것이 옵션이다.

복수의 축으로 전략을 구상함으로써 보이지 않았던 것이 보이게 된다. '타코차트'의 하치마키 사장의 경우도 지금까지 자사 점포 밖에는 안중에 없었지만 얼라이언스, 커래버레이션(collaboration : 공동 작업)과 같은 옵션 축을 설정함으로써 전략의 폭이 넓어졌다.

전략의 전제와 정석을 파악한다

아사히(Asahi)가 맥주와 발포주의 점유율에서 기린(KIRIN)을 제쳤다. 예전에 팔로우어였던 아사히가 슈퍼 드라이로의 '일점 돌파 전략'에서 '전방위 전략'으로의 전환 결과이다. 맥주로 기린을 제치고 맥주와 발효주 시장에서의 점유도 기린에 육박했던 아사히가 고객이 맥주 시장에서 떠나면서 파이의 축소, 발효주 시장의 확대를 전제로 전장을 넓힌 것은 전략의 정석에 맞는 것이었다.

어떤 길을 갈 것인지를 생각하면 그 길을 가는 데에는 '무엇이 필수 조건인가'도 드러나게 된다. 절벽을 기어 올라가면 빨리 정상에 도착하지만 아마추어가 느닷없이 암벽 등반에 도전하는 것은 너무 위험하다. '자사의 코어 컴피턴스, 기업 체력의 음미'가 필요하다.

전략을 구상하는 데는 다음 2가지를 파악해둘 필요가 있다.

① 각종 분석 결과에서 도출되는 전략 요소(→ 224페이지 참조)

② 전략의 기본 패턴(→ 225페이지 참조)

전략의 기본 패턴이란 전제 조건에서 고려될 수 있는 시책, 싸움 방식을 말한다. 약자는 약자의, 강자는 강자의 싸움 방식이 있다. 전략 구상의 전제로서 일정 수준 파악해두자.

타깃 세그멘테이션으로 생각한다

전략처럼 보이지만 전략이 아닌 전략은 대체로 포커스가 애매하다. "전략이란 Focus & Deep이다"라는 것은 말로는 상당히 정착되어 있지만 실제 전략이 되는 경우 여전히 집중이 부족하다. 집중이 부족한 이유의 하나는 고객의 정의가 애매한 것, 고객 세그먼트가 명확하지 않은 것에 있다.

전략 옵션(선택지)을 규정하는 축에는 고객, 상품, 채널, 가격…… 등으로 복수가 있다. 단지 고객을 축으로 하는 옵션이 알기

◎ 분석 결과에서의 전략 요소의 정리

자사의 비전
이념 : ○○에 대하여 …에 의한 공헌
정량 목표 : 타깃 시장에서의 점유율 ○○%
정성 목표 : ○○ 분야에서 넘버 원 브랜드로!

환경 분석
- **시장** 고객층의 범위/ '검소·실질파'가 증대 / 전문 서비스 수요 확대/LTV 공략 경쟁 격화
- **경쟁** 원스탑 서비스 기업 부재/상품에 특색 없음
- **자사** 비즈니스 프로세스가 비효율/저가격화에 대한 대응 지체/상품 퍼텐셜 높음

➡ 고객 포위에 의한 1:1 마케팅

포지셔닝 분석
○○시장에서는 팔로우어이지만 △△, ×× 상품 카테고리에서는 점유율 탑

➡ 니치 탑 상품의 비약적 증대

코어 컴피턴스 분석

R&D 매니지먼트가 자사의 코어 컴피턴스

(개발력 100, 시스템화력, 생산력, 로 코스트 엔지니어링력, R&D 매니지먼트력 / 자사, 경쟁 A사, 경쟁 B사, 경쟁 C사, 5년 후)

➡ 타사를 압도하는 신상품 개발 스피드

SWOT 분석
- **강점** 상품 개발에 대한 투자액이 많고 R&D에서 우위
- **약점** 광고비가 쌓여서 마케팅 코스트가 급증
- **기회** 양질 저가격의 신규 시장 탄생
- **위협** 입소문에 의한 전개가 큰 영향력을 지니게 되었다

➡ 기존 고객의 베너피트 소구철저

PPM 분석

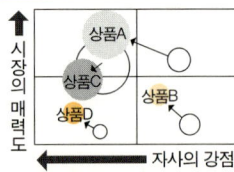

(시장의 매력도 / 자사의 강점 / 상품A, 상품B, 상품C, 상품D)

상품 A를 중점 육성하고 장래의 기둥으로 스타 상품으로 시프트!

➡ 중점 상품 A로 집중

최종적인 사업 평가는 객관적인 평가와 주관적인 의사 결정이 요구된다!

◎ 전략의 기본 패턴

약자의 전략 · 강자의 전략

약자의 전략	강자의 전략
1) 국지전으로 싸운다	1) 확률전으로 끌어들인다
2) 접근전으로 싸운다	2) 종합전으로 싸운다
3) 단기필마로 싸운다	3) 원격전으로 싸운다
4) 일점 집중으로 싸운다	4) 단기 결전을 노린다
5) 양동 작전으로 싸운다	5) 유도 작전을 취한다

포지셔닝에 기초한 전략

포지셔닝	전략의 방향성
리더(No.1)	종합력/브랜드 향상/기업 비전과 업계 비전의 소구/비가격 대응
챌린저(No.2)	차별화/혁신적 전환/집중화에 의한 시장 변혁/때때로 가격 전략/약자 공격
팔로우어(No.3~5)	No.1의 모방이나 또는 차별화/단시간으로 No.1 추격/저가격 전개
니처(틈새)	극단적 차별화/틈새를 노리는 브랜드력/세그먼트된 마켓 목표

약자의 전략 · 강자의 전략

① 정면 공격 : 약자에 대한 강자의 전략. 경쟁 상대에 대해 모든 면에서 경영 자원을 대량으로 투입하여 공격
② 한정 공격 : 경쟁 상대를 전면 전쟁으로 끌어들이지 않도록 한정된 분야에서 공격
③ 견제 공격 : 짧게 연속해서 점프를 반복하는 공격, 약자가 취하는 공격
④ 포위 공격 : 자사 진영에 협력 기업을 끌어들이는 전략. 업계의 주도권을 형성하기 위하여 사용한다.
⑤ 우회 공격 : 경쟁 기업을 직접 공격하지 않고 약자부터 시작해서 강자로 압박하는 공격
⑥ 모략 : 정보 조작에 의하여 타사의 결함을 찌르는 공격
⑦ 대기 : 자사와 동등 이상의 기업과 싸울 때, 상대의 실수와 트러블을 기다린다.
⑧ 협조 · 모방 · 추격 : 경쟁 기업과 대항하지 않고 좋은 관계를 유지한다. 팔로우어의 전략이지만 강자를 추월할 수는 없다.
⑨ 비경쟁(시장 분할) : 강자가 매력을 느끼지 않는 틈새(니치)를 타깃으로 한다.
⑩ 철수 : 사업 계속의 의의가 없을 경우 철수한다. 진입과 동일하게 중요.

◎ 타깃 세그멘테이션

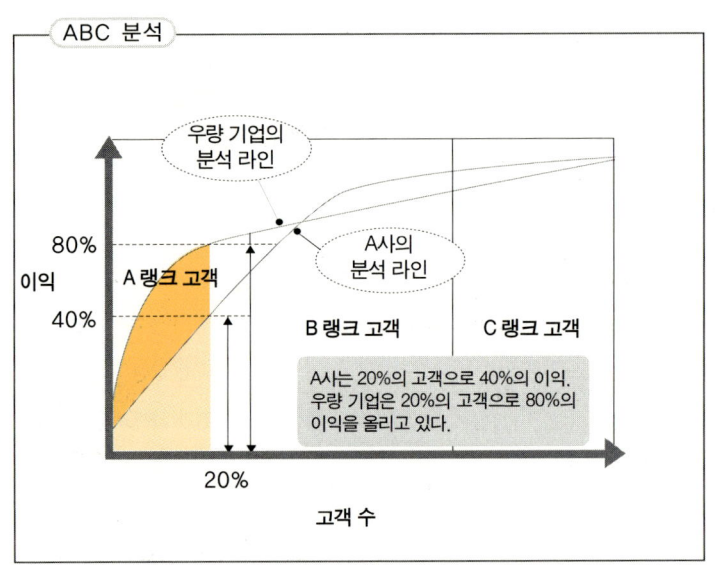

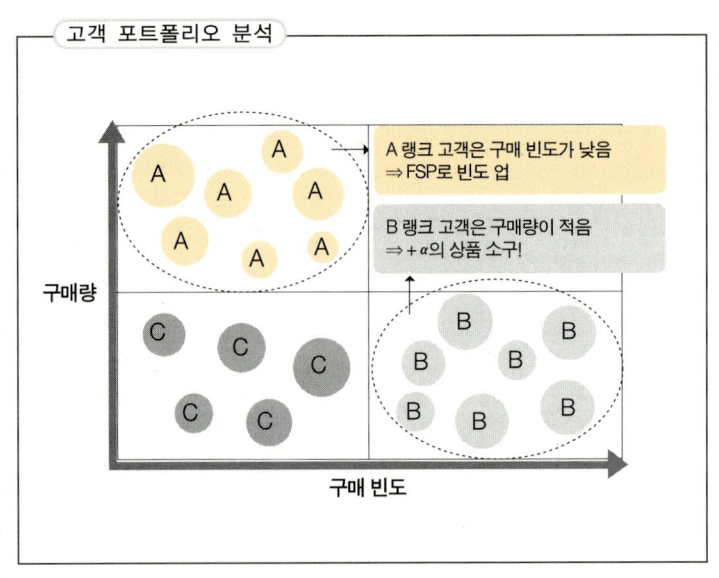

◎ 신규 타깃의 설정

로저스의 이노베이터 이론

| 슬로우 스타터 16% | 후기 대중 34% | 초기 대중 34% | 오피니언 리더 13.5% | 이노베이터 2.5% |

이노베이터를 타깃으로 함 【스키밍 전략】

매스를 타깃으로 함 【페너트레이션(penetration : 침투) 전략】

타깃 프러파일링

성별·연령	거주	가족 구성
남성 38세	전원도시선 후다고다마가와 주거 형태(맨션)	처 (DINKS)

직업·소득	브랜드	자동차
광고 대리점 마케팅 과장 800만 엔	랄프로렌 알마니	푸죠 가브리오레

취미	라이프 스타일	구독 잡지
플라이피싱, 다도, 스키, 첼로	생활 엔조이 고집파	닛케이 트렌디 토쿄 카렌다 닛케이 비즈니스

트렌드에 민감하지만 분명하게 자기 스타일에 고집이 있음. …을 선택하는 기준은 …으로 의사 결정에 영향을 미치는 요인은 …. …가 포인트가 된다.

쉽고 또한 원리 원칙이기 때문에 지금부터 고객 축에서의 옵션 설정 절차를 보기로 하자.

'A. 랭크(rank) 고객을 중시한다' — 분명히 A 랭크 고객은 중요하다. 하지만 정말로 그것으로 충분한가? A·B·C 랭크는 매출액 기준이다. 매출은 과거의 공헌을 의미한다. A 랭크 고객은 장래에도 자사를 받쳐줄 고객인가? 포텐셜(Potential)도 있고 성장성도 높은가? 만약 그렇지 않다면 3년 후, 5년 후를 받쳐줄 타깃은 어디에 있는가?

전략은 미래를 이기는 싸움으로 바꾸는 것이어야 한다. 미래에서 현재를 보는 관점이 필요하다. 고객 축의 전략을 미래에서 구상하기 위한 툴이 타깃 세그멘테이션이다.

타깃 세그멘테이션에는 226페이지의 도표와 같이 다음의 2종류 4가지 툴이 있다.

① 기존 고객의 세분화, 중점화
  · ABC 분석과 고객 포트폴리오 분석
② 신규 타깃의 설정
  · 로저스(M. Rogers)의 이노베이터(innovator) 이론과 타깃 프러파일링(Profiling)

ABC 분석(고객 수×이익)과 고객 포트폴리오 분석을 크로스시켜 보면 현재의 고객 세그먼트 과제가 떠오르게 된다. 로저스의 이노베이터 이론과 타깃 프러파일링은 신상품, 신시장의 타깃 옵션을 생각하는 데 필수적인 사고 툴이다.

옵션 사고로 상품 컨셉을 생각한다

타깃을 구체적으로 상정하는 것은 어떤 동기로 어떤 가치를 구하여 상품, 서비스가 구입되는지를 고객 관점에서 검토하기 위한 것이다.

타깃의 얼굴이 선명하게 그려지면 그려질수록 타깃의 베너피트에 의거한 전략 구상이 가능하다.

여성의 자립을 서포트(support)하는 연수 프로그램을 '20대 독신 여성을 타깃'으로 한다고 하더라도 종류는 다양하다.

20대 독신 여성 중에는 자격증을 따서 직업을 갖고 싶어하는 사람도 있지만 창업하여 새로운 비즈니스 리더가 되고 싶은 사람도 있다. 결혼해서 아이를 키우면서 사이드 비즈니스를 하고 싶은 사람도 있고 글로벌 기업에서 매니지먼트를 담당하고 싶어하는 사람도 있다.

어떤 20대 독신 여성을 타깃으로 할 것인지에 따라 상품 컨셉은 달라진다.

'따고 싶은 자격증을 수월하게 딸 수 있는 ○○연수'라고도 할 수 있고, '벤처 성공까지 세세하게 지원하는 ○○연수'라고 할 수도 있다.

상품 컨셉은 우선,

① 타깃이 요구하는 베너피트를 생각한다.

② 베너피트 실현의 솔루션을 트리화해서 분석(베너피트~솔루션 분석)한다.

③ 상품을 이용하는 신을 상정하여 생각한다.

◎ 상품 컨셉

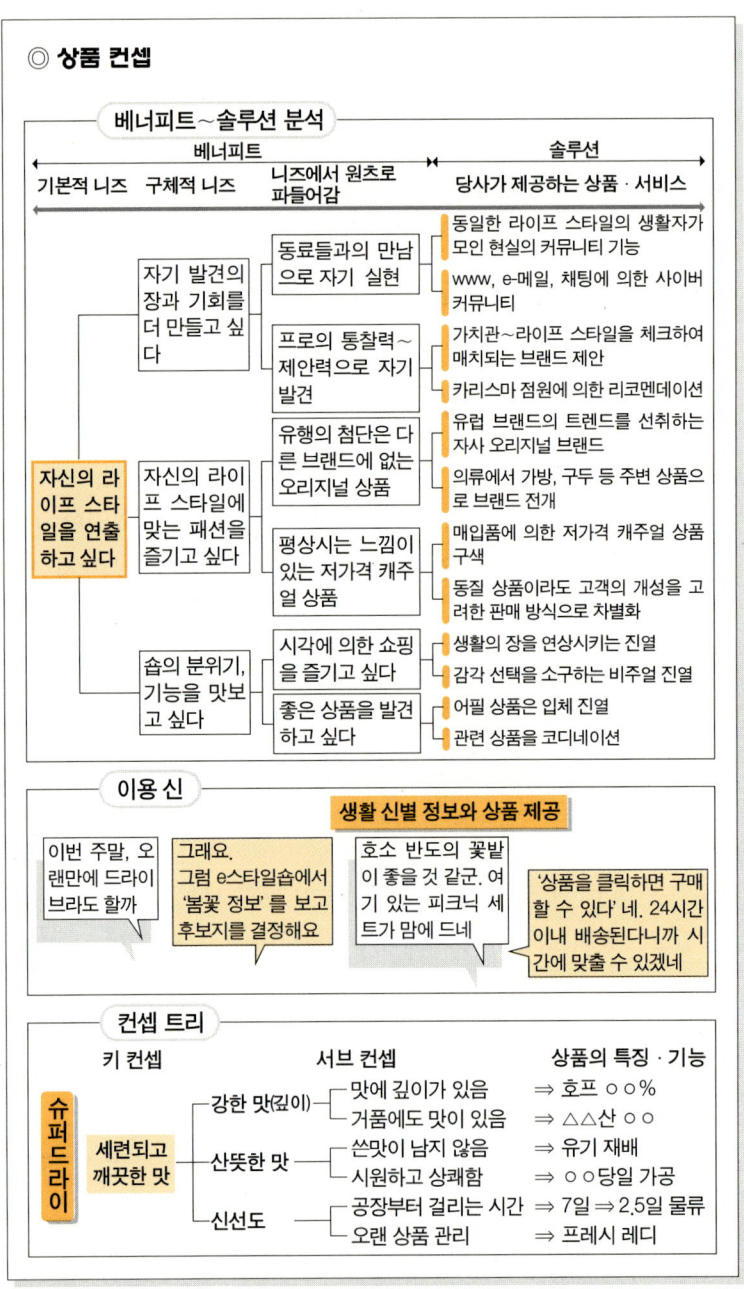

베너피트~솔루션 분석은 왼쪽 페이지의 도표와 같이 타깃의 기본 니즈를 원츠까지 파고들어가 그것을 만족시키는 상품 컨셉으로 전개한다. 상품의 이용 신에 대한 이미지는 타깃이 언제 어디서 무엇을 어떻게 하고 싶은 것인지 구체적으로 그려지는 것이다.

이 2가지 사고 프로세스로부터 상품 컨셉이 생겨난다. 상품 컨셉은 상품 축의 전략 옵션을 구상하는 데 빠뜨릴 수 없는 것이다. 요컨대 상품 컨셉은 어떤 타깃, 어떤 가격, 어떤 채널로 판매할 것인지……와 같은 전략 요소의 통합이 되기 때문이다. 하지만 상품 컨셉 먼저 존재하는 것이 아니다. 타깃(고객)이 먼저 존재하는 것이다.

★케이스 트레이닝 5

전략 옵션 매트릭스의 트레이닝

— E사가 전개하는 웹 베이스 트레이닝 사업을 예로 들어 전략 옵션 매트릭스를 작성해보자.

우선 E사의 데이터와 정보를 충분히 이해하기 바란다.

◎ **1. E사 프로필**

회사명 ········· 주식회사 이서포트
매출액 ········· 21억 엔(연결)
종업원수 ······ 84명
설립 ············ 1987년 6월
사업 개요 ····· 컨설테이션 사업 30%
　　　　　　　에듀케이션 사업 60%
　　　　　　　웹 컨텐츠 사업 10%
　　　　　　　를 3개의 기둥으로 법인 대상 비즈니스 전개
최근 토픽 ····· ① 차기 매니지먼트층 육성 프로그램이 인기
　　　　　　　② 베이식한 비즈니스 스킬 연수를 패키지화
　　　　　　　③ 사내 벤처 지원 연수가 증가
　　　　　　　④ 1년 전부터 WBT 컨텐츠를 제공
특징 ············ ① 고객의 80%가 대기업 리피터 (repeater)
　　　　　　　② 기존 고객의 25%로 매출 70%를 차지
　　　　　　　③ 고객 중 제조업 비율이 75%

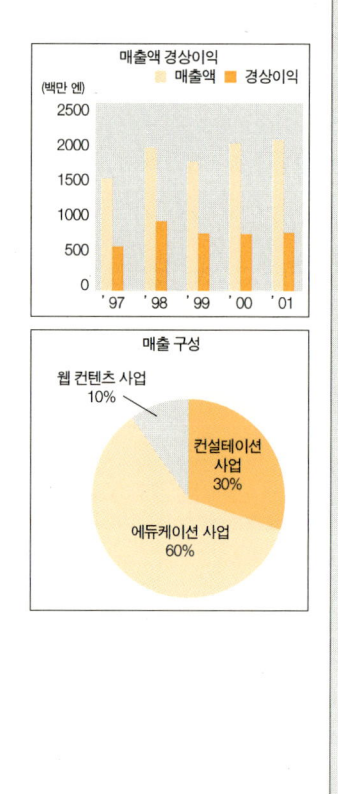

◎ 2. 탑의 프러파일과 문제 의식

성명 ·················· 나카무라 타쿠마(中村琢磨)

연령 ·················· 48세

발언 ·················· '모든 것을 WBT로 하면 된다는 식이 아니다. 리얼과 사이버의 최적 조합을 생각한다.' 'WBT 사업을 E사의 중심 사업으로 육성한다.'

문제 의식 ········ ① 웹 베이스 트레이닝 사업의 비율을 30%로!
　　　　　　　② 리얼과 사이버를 조합시킨 효과적인 프로그램이 필요
　　　　　　　③ 언젠가 B2C까지 비즈니스를 확장하고 싶다.

◎ 3. 본 케이스의 전제가 되는 3C 분석

〈시장·고객의 동향〉
- 실천으로 도움이 되는 스킬 중시
- 베이식 스킬 연수는 WBT로 시프트
- B2C는 실익이 있는 자격 취득이 인기

〈경쟁사 동향〉
- A사는 집합 연수의 사전 학습으로 WBT 전개
- B사는 글로벌 기업 대상 커스터마이즈 WBT를 지향
- C사는 철저한 패키지 상품을 WBT로 전개

〈자사 코어 컴피턴스〉
- 컨텐츠 개발력
- 대기업 법인, 제조업의 니즈에 합치되는 연수 프로그램
- 비즈니스 스킬 컨텐츠
- 실천형 리얼 연수

요컨대 실천, 실익, 베이식 스킬이 중요!

2 전략 옵션 요소를 정리한다

● E사 웹 베이스 트레이닝 사업의 전략을 생각하는 데는 어떤 축을 검토하고 전략 옵션을 도출해야 하는가?

이 사업의 승부 포인트는 무엇인가?

우선 '전략 옵션 요소의 정리'와 그 '분석 프로세스' '유의점' 에 대하여 설명해두자.

'전략 옵션 요소의 정리'란 전략의 착수점이 되는 중요한 축을 선택, 분석하여 전략의 방향성을 도출하는 것을 말한다.

220페이지에서 옵션 사고로 개괄했던 것처럼 전략의 착수점이 되는 축에는 B2B계, B2C계, 리얼계, 클릭&모르타르계(Click& Mortar : 인터넷에 의한 판매와 기존의 물리적인 판매망(점포 등)을 유기적으로 결합시킨 비즈니스 모델을 말한다), 대기업계, 중견기업계, 제조업계, 서비스계와 같은 계별로 도메인 축, 제품 개발 축, 고객 축, 솔루션 축, 베너피트 축, 채널 축, 기술 축, 서비스 축, 가격 축 등 다양한 축이 있다.

이 다양한 축에서 전략을 구상하는 데 중요하다고 생각되는 축

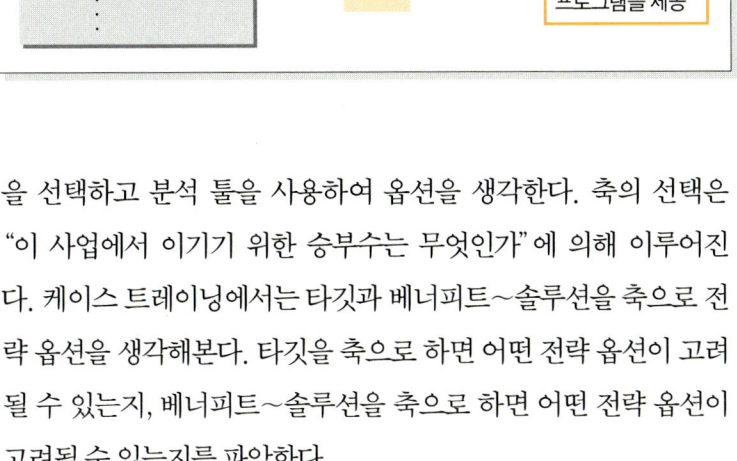

◎ 전략 요소의 정리 플로우(flow)

- 도메인 축
- 제품 라인업 축
- 제품 개발 축
- 채널 축
- 생산 거점 축
- 컨설팅 세일즈 축
- 가격 축
- 고객 서비스 축
- 광고 축
- 점포 전개 축
- 에어리어 마케팅 축
- 로지스틱 축
- 결제 축
- 해외 거점 축
- 브랜드 축
- 기술 개발 축
- 고객 서비스 축
- 영업 전개 축
  ⋮

타깃 분석
고품질 지향
여성 ─── 남성
가격 지향

제품 분석

솔루션 분석

전략 타이틀 안 1
독립 지향이 강한 30대 남성을 메인 타깃으로 하고 철저한 매니지먼트 스킬을 제공

전략 타이틀 안 2
베이식 스킬의 습득을 저코스트, 초스피드로 수행함으로써 능력의 향상을 꾀함

전략 타이틀 안 3
자녀 양육으로 일에서 떠나 있는 주부를 대상으로 단기, 저가의 캐치업 프로그램을 제공

을 선택하고 분석 툴을 사용하여 옵션을 생각한다. 축의 선택은 "이 사업에서 이기기 위한 승부수는 무엇인가"에 의해 이루어진다. 케이스 트레이닝에서는 타깃과 베네피트~솔루션을 축으로 전략 옵션을 생각해본다. 타깃을 축으로 하면 어떤 전략 옵션이 고려될 수 있는지, 베네피트~솔루션을 축으로 하면 어떤 전략 옵션이 고려될 수 있는지를 파악한다.

그럼 여기서 '분석 스텝'과 '유의점'을 확인해 두자.

전략 옵션 요소의 정리는 다음 3가지 스텝으로 이루어진다.
① 축을 선택한다.
② 타깃을 분석한다.
③ 베너피트~솔루션 분석

유의점은 이하의 6가지이다.
① 다양한 축을 설정하여 의미 있는 축을 찾는다.
② 전제가 되는 정보를 고려하여 축을 선택한다.
③ 현재만이 아니라 장래 어떻게 될지에 대한 벡터를 생각한다.
④ 타깃의 이미지를 명확히 한다.
⑤ 타깃의 니즈를 원츠(베너피트)로 심화시킨다.
⑥ 차별적 우위성이 있는 솔루션을 생각한다.

스텝① ▶ 축을 선택한다

전략 옵션을 생각하기 전에 확인해야 할 것이 있다. 비전이다. 전략은 비전을 실현하기 위한 것이기 때문에 비전이 명확하지 않으면 전략을 세울 수 없다.

비전이란 '정량 목표' '정성 목표' '경영 방침'의 3가지이다. 어느 정도 규모로 할 것인지, 무엇을 추구하는 것인지, 무엇을 중시하여 경영할 것인지를 말하는 것이다.

매출 50억의 기업이 되는 것인지, 25억인지, 매출이 아니라 경상이익 5억을 목표로 하는지, 업계 넘버원을 추구하는지, 컨텐츠에서 넘버원을 추구하는지, 사업 분야에 집착하는지, 이익이 생기는 비즈니스를 추구하는 것인지 등 비전에도 옵션이 있다.

비전이 바뀌면 당연히 전략도 바뀐다. 전략 옵션을 생각하는 시점에서 비전이 모아지지 않으면 비전 옵션으로 돌아가 검토할 필요가 있다.

E사의 웹 베이스 트레이닝 사업의 비전은 다음과 같다.

- ◎ 정량 목표 …… 3년 후 매출 7억 엔, 경상이익 1억, 담당자 16명
- ◎ 정성 목표 …… 1년 후 WBT(Web Business Training) 비즈니스 컨텐츠의 라인업으로 넘버원에, 2년 후 E사가 비즈니스 컨텐츠의 대명사로, 3년 후 'WBT라면 E사' 라고 불리는 비즈니스 컨텐츠 프러바이더로
- ◎ 경영 방침…… ① 비즈니스 스킬의 교육으로 공헌한다.
  ② 컨텐츠 프러바이더를 지향한다.
  ③ 시스템 개발 등은 하지 않는다.

E사는 웹 베이스 트레이닝(WBT) 사업을 스타트하고 아직 1년, 매출에 대한 공헌은 10%, 2억에 지나지 않는다. 그럼 이 사업을 3년에 7억으로 만들지 않으면 안 된다.

목표가 명확히 된 시점에서 사업을 정의해두자.

웹 베이스 트레이닝이란 인터넷을 이용하여 사이버 상에서 배우는 연수를 말한다. 개인이 WBT 회사 사이트에 억세스해서 배우는 스타일과 법인이 자사의 인트라넷에 준비한 컨텐츠(연수 교재)로 사원이 억세스해서 배우는 스타일이 있다.

E사가 경쟁사라고 생각하고 있는 3사의 개황도 파악해두자.

【A사】 기업 규모는 E사의 2분의 1이지만 집합 연수에서는 업계 탑 클래스. E사보다 1년 빨리 2년 전부터 집합 연수의 사전 학습으로 WBT를 전개.

【B사】 글로벌 기업 대상 컨설테이션(consultation)에 강점을 지닌 대기업. 자사의 시스템 개발 부대가 HRD(인재 개발) 컨설팅으로 고객별로 커스터마이즈된 WBT를 전개.

【C사】 인재 파견 사업과의 시너지를 목적으로 연수 사업을 전개하는 대기업. 자본력과 브랜드력을 무기로 중소 컨텐츠 제공 회사와 얼라이언스를 맺고 WBT를 전개.

그럼 이런 전제를 토대로 E사의 웹 베이스 트레이닝 사업의 전략은 어떤 축으로 생각해야 할까? 실제로 스스로 3~4가지만 생각해보자. 특히 중요한 축으로는 무엇을 들 수 있을까?

어떤 축이 생각될 수 있는가? 우선 비전에서 생각될 수 있는 축으로,

옵션 사고 축 1 / 상품 라인업 ― E사는 컨텐츠 개발력을 코어 컴피턴스로 하여 차별화를 시도하려 하고 있다. 상품 라인업을 어떻게 생각할 것인지가 전략의 방향성에 크게 영향을 미친다.

경쟁사와의 비교에서 생각될 수 있는 축으로,

옵션 사고 축 2 / 타깃 ― A사와 B사의 타깃은 B2B. C사는 B2C이다. E사는 무엇을 노리고 있는가? 기존 고객인가 신규 고객인가?

기존 고객으로 7억의 매출이 가능한가? 타깃 축에서 복수의 전략 옵션이 떠오르게 된다.

옵션 사고 축 3 / 고객 베너피트 ― A사는 기존 연수의 효율화를, B사는 HRD 솔루션을, C사는 파견 인재의 스킬 업을 제공하고 있다. E사는 어떤 베너피트로 고객에게 공헌할 것인가?

사장의 문제 의식에서 생각될 수 있는 축으로,

옵션 사고 축 4 / 비즈니스 모델 ― 나카무라 사장은 '언젠가는 B2C로' '리얼과 사이버를 융합시킨 프로그램 전개를' 이야기하고 있다. B2B에서 B2C로의 전개, 클릭&모르타르로의 전개는 새로운 비즈니스 모델을 필요로 한다.

이외에도 가격 축, 채널 축, 영업 축, 브랜드 축 등이 있다. 축을 선택하는 열쇠는 사업과 상품의 승부수를 파악하는 데 있다. '디지털 카메라의 상품 전략'이라면 타깃, 베너피트에 더하여 기술이나 브랜드, 가격이 승부수이고 '노인 보호 비즈니스 전략'이라면 보호가 필요한 노인의 분포나 에어리어 경쟁이라는 에어리어 마케팅, 헬퍼(helper) 인재 파견이나 육성을 하고 있는 기업 채널이 승부수이다.

승부수를 축으로 파악한다면 축을 분석하여 전략 옵션을 그려본다. 분석 툴에는 ① 타깃 세그멘테이션 ② 베너피트~솔루션 분석 ③ 채널 분석 ④ 테크날러지(technology) 포트폴리오 분석 ⑤ 기능·스킬 분석 ⑥ 에어리어 분석 ⑦ 상품·서비스 분석 ⑧ 업계 포지셔닝 분석…… 등이 있다. SWOT 분석이나 PPM 분석, 코어 컴피턴스 분석, 사업 도메인 매트릭스 등도 활용할 수 있다.

스텝② ▶ 타깃을 분석한다

그러면 E사의 웹 베이스 트레이닝 사업의 전략 옵션을 타깃 축에서 생각해보자. 타깃 축에서 생각한다는 것은 예를 들면 "……을 초년도의 타깃으로 하고 점차 ……로 확대해간다"라든가, "…… 80%, …… 20%의 비율로 전개한다"든가, "……을 타깃으로 하고 ……으로는 전개하지 않는다"와 같은 표현이 된다.

웹 베이스 트레이닝의 구체적인 타깃을 이미지화하여 실제로 스스로 생각해보자. 전제가 되는 E사의 정보를 참고로 전략 옵션을 3가지 생각한다고 하면 어떠한 옵션이 떠오르는가?

자 그럼, 어떤 전략 옵션이 만들어졌는가? 그것들은 전략성이 있는 옵션인가? 그 타깃에 대해 생각하는 방법은 '과연 그렇군' '해볼 만한 가치가 있다'라고 여겨질 만큼 설득력이 있는 것인가?

우선은 타깃을 분류해보자.

【수순 1 / 타깃은 법인인가 개인인가】

① 법인 — 웹 베이스 트레이닝에 흥미를 나타내는 기업은 어떤 기업인가?
  * 대기업인가 소기업인가
  * 인재 개발에 관해 어떤 사고 방식을 지닌 기업인가
  * 어떤 업종인가.

② 개인 — 어떤 사람이 인터넷으로 연수를 받으려 하는가?

* 젊은 사람인가 나이 든 사람인가
* 벤처 마인드가 있는 사람인가 조직에서 리더십을 갖고 싶어하는 사람인가
* 여성인가 남성인가
* 직업은 무엇인가
* 어떤 라이프 스타일인가

【수순 2 / 타깃을 정리하는 축을 생각한다】
다양한 타깃의 이미지화가 가능해졌다면 그것을 정리하기 위한 매트릭스를 생각한다. 법인 타깃의 경우 일반적인 것은 다음과 같다.

* 규모(매출, 자본금, 종업원 수, 이익, 거점 수 등)
* 업종(제조업, 소매업, 금융, 공공 등)
* 주식 공개(일부 상장, 이부 상장, 점두 공개, 비공개 등)
* 해외 전개(해외 생산 거점, 해외 판매 거점, 해외 제조 판매 거점 등)
* 에어리어(전세계, 일부 해외, 전국, 국내 특정 지역 등)
* 인재 개발에 관한 대응의 선진성

개인 타깃은 크게 2가지로 분류할 수 있지만 요소는 다양하다.
① 속성(연령, 성별, 연간 소득, 직업, 가족 구성, 학력, 주거 등)
② 라이프 스타일(취미, 구매 행동 특성, 구독 잡지, 기호품 등)

웹 베이스 트레이닝의 타깃이라는 점에서 생각하면 라이프 스타일의 요소로서 인터넷 이용이나 여가 행동 특성, 가치관, 직업관 등이 포함될 것이다.

축의 요소를 결정하는 법칙은 없다. 일반적인 요소를 참고로 하여 사업이나 상품의 특성, 업계 특성 등에서 오리지널하게 생각해

보자.

【수순 3 / 축을 설정한다】

축의 요소가 대체로 완성되면 축을 설정한다. 축의 설정은 처음부터 한 세트로 좁히지 말고 복수의 조합을 준비하여 차례차례 시험해보고 잘 맞는 축이 발견될 때까지 끈기 있게 트라이 앤드 에러를 반복하는 것이 중요하다. 'IT화×종업원 수' '업계 점유율×교육비 비율' '업종(제조, 서비스)×성장성' '성별×워킹 스타일(조직형, 자립형)' '직종(기술계, 영업계)×연령' …… 등등 많이 만들어본다.

여기서는 IT화와 타깃의 규모, 2가지 축으로 해보자.

【수순 4 / 타깃을 플롯한다】

축이 만들어지면 타깃을 플롯해보자. 타깃을 플롯하는 방법은 두 축에 의해 만들어지는 4개의 상한에 어떠한 특성을 지닌 기업 혹은 개인이 포함되는지를 기입한다.

예를 들면 세로축에 IT화, 가로축에 종업원 수를 취하여 설명해보자. 이 두 축은 WBT 비즈니스를 규정하는 대표적인 축이다. 197페이지의 도표를 보기 바란다. 우상의 상한에는 IT화에 적극적이고 종업원 수가 많은 '선진적인 대기업(소니, 카오, GE, P&G……)'이 플롯된다.

우하의 상한에는 IT화에 소극적이고 종업원 수가 많은 '보수적인 대기업(토목 건축 관계, 일부 소매……)', 좌상의 상한에는 IT화에 적극적이고 종업원 수가 작은 '선진적인 중견기업(성장기의 벤처, 작은 우량기업……)', 좌하의 상한에는 IT화에 소극적이고 종업원 수가 작은 '보수적인 중견기업(규모가 작은 구조 불황 업종 기업, 보수

◎ 타깃 축의 전략 옵션 예

옵션 1   현재 실시하고 있는 연수의 효율화를 생각하고 있는 기존 고객을 중심으로 전개

옵션 2   베이식한 비즈니스 스킬을 지리적으로 떨어진 사원에게 일거에 습득시키고 싶은 대기업을 타깃으로 한다.

옵션 3   B2C의 채널과 얼라이언스를 맺고 일거에 B2B2C로 개인 고객으로 확대한다.

적인 경영자의 동족 경영 기업……)' 이 플롯된다.

  플롯해보고 타깃의 묶음(세그먼트)에 의미가 없는 경우는 축을 수정한다. 의미 있는 세그먼트란 우선 이 타깃을 공격하고 이어서 이 타깃을 ……과 같이 우선순위를 붙일 수 있다. 타깃 A에는 커스터마이즈된 고액 상품이 적합하다든가, 예를 들어 타깃 B에는 패키지화된 적절한 가격의 상품이 적합하다는 등의 이미지가 떠오르게 된다.

  타깃의 플롯은 가능한 한 구체적인 타깃 이미지가 떠오르는 것으로 한다. 구체적인 기업명이나 업종, 업태를 넣는다.

【수순 5 / 타깃의 가능성을 생각한다】

  만들어진 타깃 세그먼테이션의 어떤 세그먼트가 E사의 웹 베이스 트레이닝 사업의 타깃으로 매력적인지, 타깃으로서 어울리는 것인지를 생각하는 것이 '가능성의 탐색'이다. 이것은 세로축을 시장의 매력도, 가로축을 자사의 강점으로 하는 매트릭스를 사용

하여 생각한다. PPM 분석(트레이닝 2 참조)의 타깃 판이기도 하다.

시장의 매력도는 시장의 성장성, 자사의 강점은 타깃 내의 점유율로 생각한다. 구체적 수치가 없으므로 추측해도 상관없다.

타깃 세그멘테이션으로 만들어진 타깃을 플롯해보자. 그리고 각각의 타깃의 금후의 성장성과 E사로서 타깃 내 점유율을 신장시켜야 할 것인지를 고려하여 화살표를 그려본다. 성장성도 있고 E사로서도 힘을 쏟아넣을 경우에는 우상향으로 향하는 화살표가 된다.

스텝③ ▶ 베너피트~솔루션 분석

타깃 세그멘테이션으로 얻어진 타깃 이미지를 토대로 '웹 베이스 트레이닝을 도입하고 싶다'는 기본 니즈를 파악하고, 타깃이 요구하는 베너피트~솔루션을 도출하여 상품 컨셉을 생각해보자.

사전 지식으로 '니즈'와 '원츠'를 파악해두자.

니즈는 '이것이 필요하다'라고 고객 자신이 분명히 인식하고 있는 것인데, 충족되고 나면 당연한 것이라고 생각한다. 여기에 비해 원츠는 고객 자신이 인식하고 있지 못한 것인데, 제공받고 나면 "그래! 바로 이거야. 이걸 원했어!"라고 하는 것이다(예를 들면 '목이 마르다'는 인식은 수분이 부족해서 발생한 상태로 이 경우 '물을 마시고 싶다'는 니즈가 생기는 것이다. 반면에 물을 마시는 경우 먹는 샘물을 마실 수도 있고, 포카리 스웨트를 마실 수도 있고, 맥주를 마실 수도 있는

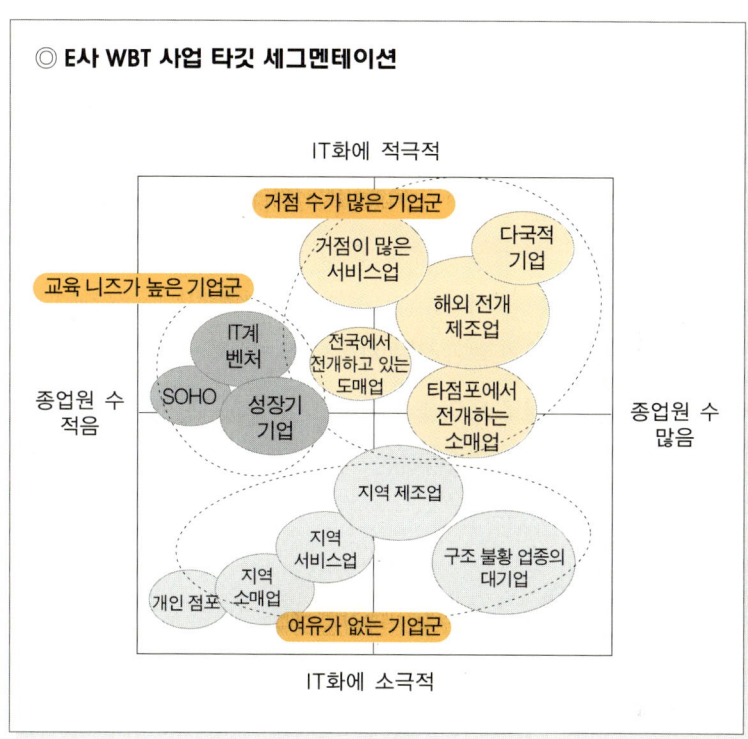

◎ E사 WBT 사업 타깃 세그멘테이션

데 포카리 스웨트를 마시고 더 갈증이 해소된 느낌을 받는다면 바로 그것이 원츠가 되는 것이다). 이런 의미에서 니즈는 '현재화하고 있는 요구', 원츠는 '잠재해 있는 욕구'라고도 말할 수 있다.

전략에는 차별성, 우위성이 필요하다. 전략의 중요 테마인 상품을 생각하는 데는 니즈 레벨이 아니라 원츠 레벨의 상품 컨셉이 필요하다.

베너피트~솔루션 분석은 트리 구조로 생각한다. 탑 박스의 기본 니즈를 '웹 베이스 트레이닝을 도입하고 싶다'로 하고 4계층의 트리로 만든다. 각 계층은 다음과 같다.

1계층 : 기본 니즈 '웹 베이스 트레이닝을 도입하고 싶다'
2계층 : 구체적 니즈 3가지
3계층 : 구체적 니즈를 파헤친 9가지 원츠
4계층 : 원츠를 충족시키기 위한 18개의 솔루션

각각의 계층은 전 단계 계층을 구체화하거나 파헤치거나 솔루션으로 만들거나 하는 것이다.

그럼 E사 웹 베이스 트레이닝 사업의 타깃을 '선진적인 대기업'으로 설정하고 실제로 트리를 생각해보자. 우선 '웹 베이스 트레이닝을 도입하고 싶다' 고 생각하는 기업의 3가지 구체적 니즈가 무엇인지 생각할 수 있는가?

구체적 니즈는 웹 베이스 트레이닝이란 무엇인지 요컨대 상품 서비스가 무엇을 제공하는지를 생각하면 상정하기 쉽다. 그리고 고객의 소리를 떠올려보는 것도 방법이다. 예를 들면 "웹 베이스 트레이닝에서 집합 연수를 줄이고 싶다" 는 것도 그 하나이다.

트리의 제3계층은 제2계층의 니즈를 각각 3가지 원츠로 파들어 가는 것이다. 예를 들면 '집합 연수를 줄이고 싶다' 라는 니즈는 '사원의 업무 시간을 줄이고 싶지 않다' '연수 서포트에 시간을 소비하고 싶지 않다' '연수 코스트를 인하하고 싶다' 라는 원츠가 생각될 수 있다.

그럼 실제로 3가지 니즈를 각각의 3가지 원츠로 분해하여 제3계층의 9개 박스를 여러분 자신이 채워보도록 하자. 어떤 원츠를 생

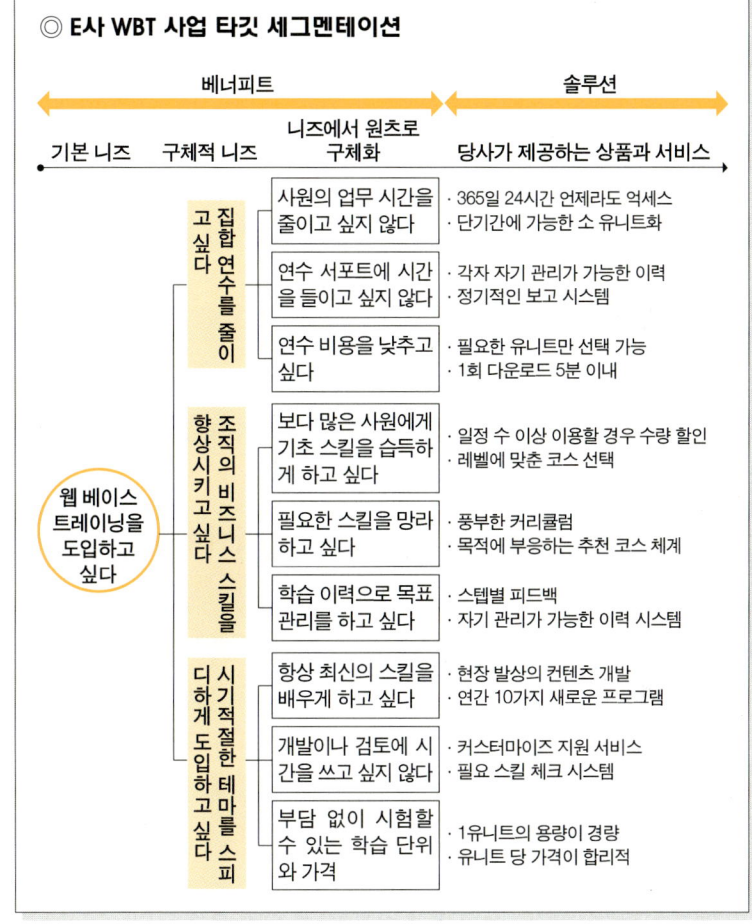

각할 수 있는가?

9가지 원츠가 완성되면 각각의 원츠에 대하여 E사가 웹 베이스 트레이닝으로 제공할 수 있는 솔루션을 2개씩 생각해보자. 예를 들면 '사원의 업무 시간을 줄이고 싶지 않다'라는 원츠에 대해서는 '24시간 365일 듣고 싶은 시간에 억세스 가능하다' '빈 시간에 가능한 단시간 유니트' 등이 생각될 수 있다.

그럼 실제로 9가지 원츠에 대한 솔루션을 각각 2가지씩 찾아내서 제4계층의 18개 박스를 직접 채워보자. 어떤 솔루션을 생각할 수 있는가?

18개의 솔루션을 모두 채웠다면 트리 전체를 보고 상품 컨셉을 생각해보자. 예를 들면,

타깃 : 선진적인 대기업

베너피트 : 코스트가 절감될 수 있다.

솔루션 : 테마가 소 유니트로 세분화. 휴대 전화로도 받을 수 있는 소 유니트. 소 유니트이기 때문에 저 코스트

이상에서 상품 컨셉을 생각해보면 다음과 같이 된다.

【키 컨셉】

가능할 때 가능한 만큼의 효율적 소 유니트 WBT

【서브 컨셉】

① 모바일러의 버츄얼(virtual) 연수 시설

② 세분화된 테마에서 스스로 선택

③ 단시간으로 1테마

베너피트~솔루션 트리에서 상품 컨셉을 도출하는 데는 이하의 포인트를 생각한다.

* 타깃의 베너피트로서 가장 중요한 것은 무엇인가?
* 솔루션으로 가장 요구되는 것은 무엇인가?
* 차별적 우위성이 있는 솔루션은 어느 것인가?
* 어떤 솔루션의 조합이 가능한가?
* 솔루션을 어떻게 조합하면 차별적 우위성이 나오는가?

베너피트, 솔루션 그리고 상품 컨셉, 비즈니스 컨셉은 전략 구상에 있어서 반드시 필요한 요소이다. 전략 구상이 상상이 되지 않기 위해서도 누구에게 무엇을 제공하는지를 파악해둘 필요가 있다.

베너피트와 솔루션 트리를 만들 때 틀리기 쉬운 것은 트리의 흐름에 무리가 있거나 차원이 따로 따로 놀거나 하는 것이다. 니즈와 원츠가 분명하면 그런 일은 방지될 수 있다.

전략 옵션 매트릭스를 정리한다

● ── 타깃 세그멘테이션, 베너피트~솔루션 분석을 참고로 E사의 웹 베이스 트레이닝 사업의 전략 옵션을 매트릭스로 정리하자!

옵션이 가로축, 전략 테마가 세로축

전략 옵션이란 "Focus & Deep!"을 위한 선택지, 요컨대 압축해서 판단하기 위해 만드는 복수의 전략안이다. 처음부터 하나의 전략을 만들면 여기 저기 튀어 올라서 두루뭉실한 전략안이 되기가 쉽다.

복수의 전략을 만들어두면, 기존 채널에 초점을 맞춘 A안을 취하면 새로운 채널 개척에 뒤쳐지게 되고, 저가격 노선으로 전환하는 B안을 취하면 지금까지의 고객이 떠난다는 트레이드 오프(trade off)가 명확하게 된다. '이것도, 저것도'와 같이 되어서는 전략이 되지 않는다. '이것인지, 저것인지'의 논의로 전략은 압축된다.

"신규 채널을 포기하더라도 기존 채널에 철저히 밀착해서 새로운 판매 체계를 구축한다!"라는 식의 판단이 가능한 방향성을 도출하기 위해 옵션이 필요한 것이다.

전략 옵션은 3~5가지 안을 만든다. 2가지 안으로는 너무 적어서 논의가 되지 않는다. 5가지 이상이 되면 논의가 산만해진다. 하나 하나의 안에 대해 우열을 가리기 어려운 예리한 전략을 만드는 것이 포인트이다.

전략 옵션은 전략 옵션 매트릭스로 정리한다.

전략 옵션 매트릭스란 옵션(선택지)을 가로축으로, 전략 테마·전략 타이틀을 세로축으로 한 매트릭스이다.

전략 테마란 기본 전략 결정 후에 만드는 개별 전략의 전략 테마에 연동되는 것이다. 마케팅 전략이라면 제품, 가격, 채널, 프로모션의 4P에 타깃을 덧붙이는 것이 일반적이다. 그 외에 파트너, 브랜드, 베너피트, 솔루션, 재무, 인사, 조직 등 전략 내용에 의해 선택된다. 중요한 것을 5~7가지 설정한다.

전략 타이틀이란 이것을 읽으면 어떤 전략인지 알 수 있다. 각 옵션의 컨셉이다. 간단한 단어로 옵션을 단적으로 표현하는 것이다. 전략 옵션은 전략 타이틀부터 생각한다.

전략 요소란 각 옵션의 내용을 전략 테마별로 정리한 것이다. 각 옵션의 특징, 차별적 우위성이 떠오르도록 정리하는 것이 포인트이다.

전략 요소는 옵션별로 종적으로 생각한다. 전략 테마별로 횡적으로 생각하면 안 된다.

그러면 전략 옵션 매트릭스의 '책정 프로세스'와 '유의점'을 파악해두자.

책정 프로세스는 다음 3가지 프로세스이다.

① 전략 테마를 설정한다.

② 전략 타이틀을 생각한다.

③ 전략 요소를 채운다.

이때 유의점은 다음과 같다.

① 모든 옵션이 훌륭한 전략이 되도록 한다.

② 전략 타이틀은 "한마디로 말하면 뭐?"를 알 수 있는 것으로 한다.

③ 옵션은 하나씩 종적으로 요소를 채운다.

스텝① ▶ 전략 테마를 설정한다

오른쪽의 도표를 보기 바란다. 매트릭스 세로축의 항목이 '전략 테마'이다. 전략 테마는 개별 전략 테마라고도 말할 수 있다. 기본 전략이 결정된 후에 '타깃에 대한 전략은?' '상품에 대한 전략은?' 과 같이 개별적으로 채워갈 때의 테마가 된다.

전략 테마는 '전략 레벨'과 '업종·업태'에 따라 달라진다. 전략 레벨은 전사 레벨의 전략인가 사업 레벨, 부문 레벨의 전략인가로 분류된다.

'전사 레벨의 전략'이라면 사업을 어떻게 통폐합할지, 어떤 사업에 집중적으로 자본을 투하해야 할지라는 '사업 전략', 해외 전개를 어떻게 할지라는 '해외 전략' 등이 전략 테마가 된다.

'사업 레벨의 전략'이라면 누구를 타깃으로 할 것인지에 대한 '타깃 전략', 어떤 상품을 전개할 것인지에 대한 '상품 전략' 등이

◎ 전략 옵션 기본 매트릭스

전략 테마	옵션 A	옵션 B	옵션 C
시장 전략	기존 고객 심경(深耕)	신규 고객 확대 (15→25%)	기존과 신규 밸런스 (65:35)
판매 전략	상품을 압축 (25% 커트)	구색을 늘린다 (20%)	타사 제품도 취급 (전체 15%)
개발 전략	개발 사이클 30% 단축	기술 영업을 25% 강화	개발 스탭을 외부에서 보강(30명)
가격 전략	고부가가치 고가격노선	저가격 노선 (15% 다운)	고객마다 가격 설정 (3클래스터로)
채널 전략	직판만	대리점 활용 강화	직판과 대리점 밸런스(55:45)
전략 타이틀	기존 고객 심경	신규 시장 개척	OEM 강화

전략 테마가 된다. '부문 레벨'의 전략이라면 '채널 전략'과 '에어리어 전략' 등이 전략 테마가 된다.

이 트레이닝은 E사의 웹 베이스 트레이닝 사업 전략이기 때문에 '사업 레벨의 전략'의 전략 테마가 필요하다. E사의 웹 베이스 트레이닝 사업의 전략 테마를 생각해보자. 적어도 5가지 정도는 들어보자.

어떤 전략 테마가 떠올랐는가? 타깃, 상품은 이미 나와 있다. 덧붙여서 개발·영업·얼라이언스·가격·프로모션·채널·브랜드 등이 일반적이지만, 자사 내의 사업 시너지와 같은 것도 전략 테마로 생각될 수 있다.

사업 레벨의 전략에는 ① 사업 추진 상의 컨셉일 것 ② 사업의 경쟁 우위성을 이미지화할 수 있을 것 ③ 사업의 차별적 우위성을 이미지화할 수 있을 것 ― 이상과 같은 것이 요구된다. 이를 위해서 전략으로부터 '돈을 벌 수 있는 체계'를 읽어낼 수 있어야 한다. 무엇과 무엇에 대해 명확히 하면 '돈을 버는 체계'를 찾을 수 있을까? 생각해낸 전략 테마에서 볼 수 있는가?

다음에 '업종·업태'에 대해 생각해보자. 메이커라면 생산 전략이 필요하지만 소매업이라면 생산 전략은 필요가 없다. 산업 구조가 크게 변화하려는 업종이라면 얼라이언스 전략이 필요할지도 모른다. 새로운 비즈니스 모델이나 기술이 착착 생겨나는 업종이라면 특허 전략이 필요하다. 웹 베이스 트레이닝 사업에는 어떤 특징이 있을까? 사업 특성에서 생각될 수 있는 전략 테마를 3가지 들어보자.

웹 베이스 트레이닝 사업에 특징적인 전략 테마에는 어떤 것이 있을까?

웹 베이스 트레이닝 사업의 KFS(Key Factor for Success : 성공의 열쇠가 되는 요인)를 생각하면 이 사업에 특징적인 전략 테마가 나

타난다. 전략 요소의 정리로 만들어진 베너피트와 솔루션을 기억해보자.

- 컨텐츠의 다양성
- 시기 적절한 테마
- 부담 없는 가격
- 스피드
- 커스터마이즈의 용이성

사업의 특징을 생각하면 가격·컨텐츠 개발·시스템 개발과 관련된 얼라이언스 등이 고려될 수 있다.

'전략 레벨'과 '업종·업태'에 더해서 전략 테마를 설정할 때 고려해야 할 것이 2가지 있다. 하나는 '기업·사업 규모'이고, 또 하나는 '시간 축'이다. 수십 명 규모의 기업과 수만 명 규모의 기업에서는 고려해야 할 내용이 다르고, 매출 수십억 원의 기업과 수조 원인 기업에서는 전략의 역동성이 달라진다.

수십 명, 수십억 원 규모 기업의 사업은 누가 무엇을 할 수 있는 가라는 개개인의 스킬 레벨까지 고려할 수 있는 규모이고, 반면에 수만 명, 수조 엔 규모의 기업이 되면 하나의 사업이 중소·중견기업 1개 사에 필적할 만한 크기가 될 것이다. 당연히 전략 테마도 달라진다. 'M&A 전략' 등은 대기업 특유의 테마이다.

시간 축이 필요한 것은, 전략은 미션과 달리 상황이 변하면 유연하게 변해야 하는 것이기 때문이다. 길어도 3년, 가능하면 1년에 한 번은 전략을 수정할 필요가 있다.

이 트레이닝에서는 E사의 웹 베이스 트레이닝 사업의 3년 후를 바라보면서 전략을 생각하자.

E사 프러파일에 국한하여 보면 웹 베이스 트레이닝은 아직 사업으로서 틀이 잡혀 있지 않다. 웹 컨텐츠 사업과 에듀케이션 사업에 대단히 가깝지만 새로운 컨셉으로 다시 분류할 필요가 있다. 기업 규모는 E사 프러파일에 나와 있는 대로 작다. 이러한 요소를 종합적으로 판단하여 전략 테마를 5가지로 압축해보자.

E사의 웹 베이스 트레이닝 사업 전략 테마를 5가지로 좁혀보면 어떤 것이 남을까?

전략 테마가 압축되었다면 전략 옵션 매트릭스의 세로축에 중요한 순서대로 기입하자.

E사의 전략 테마는 사업 특성(특징)에서 생각해보면 첫번째가 타깃, 두번째가 컨텐츠로서의 상품, 그리고 가격 · 개발 · 영업으로 설정할 수 있다.

스텝② ▶ 전략 타이틀을 생각한다

'전략 타이틀'은 전략 테마와 더불어 매트릭스 세로축에 포함되지만 전략 테마가 전략의 개별 요소인 데 대하여 전략 타이틀은 전체를 통합하는 것이다.

각 옵션의 컨셉이 여기에 들어간다. 컨셉이란, 이 전략은 '한마

디로 말하면' 이렇다는 것을 의미한다. 전략 옵션 매트릭스는 이 전략 타이틀로부터 채워지게 된다. 각 요소를 채우는 것은 그 뒤의 일이다. 그럼 E사의 웹 베이스 트레이닝 사업의 3가지 '전략 타이틀'을 만들어보자. 작성 순서는 이하의 3가지이다.

① 전략의 착안점이 되는 키워드를 정한다.

전략의 착안점이란 이기기 위해서는 어디를 향하면 좋은지에 대한 선택지이다. 전략 테마별로 여러 가지를 생각해낸다. 예를 들면 위의 도표와 같이 '타깃 전략'이라면 키워드는 'B2B 중심' ⇔ 'B2B2C 중심', '대기업' ⇔ '중견', '글로벌 기업' ⇔ '국내 기업',

'업계를 특정' ⇔ '업계를 특정하지 않음' 등이다.

이것을 상품 전략, 가격 전략, 개발 전략, 영업 전략의 각 전략 모든 테마에 대하여 가능한 한 많이 거론해본다. 상품 전략의 착안점이 되는 키워드에는 어떠한 것이 있을까?

② 키워드를 조합해본다.

전략 테마별로 키워드가 리스트 업되었다면 다음은 그것들을 조합해서 전략 타이틀 안을 만들어보자.

예를 들면 '철저한 커스터마이즈로 지식(knowledge) 공유를 서포트' — 이것은 분명히 대기업 대상의 고부가가치 서비스가 될 것이다.

'모바일로 배우는 비즈니스 스킬의 컨텐츠 프러바이더' — 이것은 복수 채널과 얼라이언스를 맺고 B2B2C로 폭 넓은 유저에게 컨텐츠를 제공하는 비즈니스일 것이다.

전략 타이틀 작성에서 주의해야 할 점은 이하 3가지이다.

① 단순한 조합이 아니라 전략 특징이 나타날 수 있는 내용으로 한다.

② 구체적인 비즈니스와 그 전개를 이미지화하여 그린다.

③ 길지도 않으면서 단순한 단어가 아닌 1행 정도의 문장으로 정리한다.

그럼 전략 타이틀 안을 5가지 이상 가능한 한 많이 만들어보자. 키워드를 조합하면 어떤 전략 타이틀을 생각할 수 있는가?

③ 전략 타이틀을 3가지로 줄인다.

많은 전략 타이틀이 만들어졌는가? 선택지를 넓히고 그것을 다시 줄이는 것이 옵션 사고이다.

'넓히고 다시 줄이는' 일을 사이클로 반복하는 습관을 들이자. 확실하게 전략 구상력을 제고할 수 있다. 어렵사리 훌륭한 전략 타이틀 안을 만들어내도 줄이는 일을 소홀히 하게 되면 버리지 말아야 할 안을 버리는 경우가 생긴다. 여기서 줄이는 방법의 포인트를 생각해보자.

【줄이는 방법의 포인트】

① 전제와 합치되는가?

② 실현 가능성이 있는가?

③ 최고 경영자의 문제 의식에서 벗어나지 않는가?

④ 차별성이 있는가?

⑤ 이것저것 내용이 산만하지 않은가?

가장 중요한 것은 전제와 합치되는 것이다. 기업 체력이나 지금까지의 실적, 지향하는 방향성, 업계에서의 지위, 맨 파워 등과 동떨어진 전략은 기능하지 않는다. 그렇다고 해서 현재의 연장선상에 있으면 된다는 것은 아니다. 예리함은 필요하다.

그러면 여러분이 만든 전략 타이틀 안을 3가지로 줄여보자. 전략 타이틀을 3가지로 줄인다고 하면 무엇을 남겨야 할 것인가?

　E사의 WBT에서의 전략 타이틀 키워드로는 '모바일', '회사원', '성장하는 기업'의 3가지로 했다. 타깃×상품의 두 축을 중심으로 262페이지 도표의 전략 타이틀과 줄이는 방법 예의 평가 항목(가로축)에서 추출한 3가지이다.

　그림 전략 타이틀이 결정된 지점에서 전략 옵션 매트릭스의 마지막 마무리인 전략 요소를 채우는 작업으로 옮겨가자.

스텝③ ▶ 전략 요소를 채운다

　전략 요소는 스텝 ②에서 결정한 3가지 전략 타이틀을 베이스로 옵션별로 채워간다. 반드시 세로축으로 채워가는 것이 중요하다. 어떤 전략 테마로부터 생각해도 좋지만 그 옵션의 특징이 되는 전략 테마부터 기입하면 하기 쉽다.

　예를 들면 앞의 '모바일로 배우는 비즈니스 스킬 컨텐츠 프러바이더'라고 한다면 상품 전략에 특징이 있기 때문에 우선 상품 전략을 '이동 중 빈 시간에 이용 가능한 유니트(unit)화와 영업·경영에 맞춘 라인업'이라고 기입하고 다음에 타깃, 가격……으로 채워간다.

　이 '모바일로 배우는 비즈니스 스킬 컨텐츠 프러바이더'를 예로 들어 전략 요소 기입 감각을 익혀보자.

◎ 전략 타이틀 : 모바일로 배우는 비즈니스 스킬 컨텐츠 프러바이더
◎ 타깃 전략 : 초기는 모바일화가 충실한 기업, 차츰 모바일을 휴대하고 있는 개인
◎ 상품 전략 : 이동 중 빈 시간에 이용 가능한 유니트화와 영업·경영에 맞춘 라인업
◎ 가격 전략 : 저가격 유니트
◎ 개발 전략 : 시스템은 아웃소싱, 컨텐츠는 자체 제작
◎ 영업 전략 : 법인은 직접 영업, 개인은 웹 상에서 회원 모집을 전개

그러면 여러분이 설정한 3가지 전략 타이틀로 옵션 매트릭스를 채워보자.

전략 옵션은 전략에 대해 토론하기 위한 툴이다. 우리 나라 기업에서 토론을 싫어하는 것은 토론이라고 하면서도 입장이나 암묵적인 동의, 회의장 분위기가 선행되어 진정한 토론이 이루어지지 않기 때문이다.

옵션을 사용하는 전략 토론은 다음과 같이 된다.

"나는 옵션 1을 기본 전략으로 해야 한다고 생각합니다. 옵션 1에는 ……라는 장점이 있고, 우리 회사의 코어 컴피턴스인 ……을 ……하기 때문입니다."

"그러나 옵션 1은 ……라는 고객 변화의 관점에서 생각하면 ……가 보틀넥이 되지 않을까요? 저는 ……라는 상품 전략을 베이스로 한 '옵션 2'가 이 사업에서 이기기 위한 ……라고 생각합니다."

◎ 전략 타이틀 안과 줄이는 방법 예

전략 타이틀 안	전제와의 합치	실현 가능성	탑의 문제 의식	차별성	집중도
철저한 커스터마이즈로 지식 공유를 서포트	△	△	○	△	○
모바일로 배우는 비즈니스 스킬의 컨텐츠 프러바이더	△	△	○	○	△
기존 고객 대상 회원제 WBT	△	○	△	△	△
성장하는 기업을 스피디하게 레벨 업	○	○	○	△	△
회사원의 비즈니스 스킬 향상 서포트	○	○	○	△	△

- 모바일로 배우는 비즈니스 스킬 컨텐츠 프러바이더
- 성장하는 기업을 스피디하게 레벨 업
- 회사원의 비즈니스 스킬 향상 서포트

줄이는 방법의 포인트
1. 전제와 합치되는가?
2. 실현 가능성이 있는가?
3. 탑의 문제 의식과 동떨어지지 않았는가?
4. 차별성이 있는가?
5. 이것저것 내용이 산만하지 않은가?

이러한 토론을 통해서 실행 가능성이 높은 전략이 완성될 수 있는 것이다.

그리고 옵션을 베이스로 토론하는 습관이 몸에 배게 되면 업무의 모든 상황에서 "이 과제를 해결하기 위한 방법을 3가지로 생각하면……," "각각의 장점과 단점은……," "나는 2가지 옵션을 선택한다. 왜냐하면……"과 같이 자연스럽게 옵션 사고가 된다.

전략 옵션은 토론으로 압축하지만 토론이 격렬하여 잘 압축되지

◎ **전략 옵션 기본 매트릭스**

전략 테마	옵션 A	옵션 B	옵션 C
타깃 전략	초기는 모바일화가 충실한 기업. 점차 모바일을 휴대한 개인으로	거점 수가 많은 기업을 중심. 업종은 불문하고 제조~소매까지 대상을 넓혀	성장력이 높은 중견~벤처기업 중심. SOHO도 시야에 포함
상품 전략	이동 중의 빈 시간에 이용 가능한 유니트화와 영업·경영에 맞춘 라인업	마케팅·영업을 중심으로 한 기초적 비즈니스 스킬을 체계적으로 제공	유연하게 조합할 수 있는 다양한 테마의 프로그램
가격 전략	저가격 유니트	목적별로 세트 가격	중~저 가격
개별 전략	시스템은 아웃소싱, 컨텐츠는 자사 개발	사내 스탭으로 시스템~컨텐츠까지 모두 사내 제작	개발 파트너와 제휴하여 스피디한 개발 체제
영업 전략	법인은 직판 영업, 개인은 웹에서 회원 모집	기존 고객 대상의 성공 사례를 축적하여 신규 고객으로 전개	프로모션과 연동하여 개척 영업을 전개
	↓	↓	↓
전략 타이틀	모바일로 배우는 비즈니스 스킬 컨텐츠 프로바이더	회사원 비즈니스 스킬 향상 서포트	성장하는 기업을 스피디하게 레벨 업

않는 경우는 간단한 평가 항목을 만들어 각 옵션의 평가를 전원이 시행하면 된다.

옵션의 평가 항목 예로 아래와 같은 항목을 들 수 있다.

· 공헌 이익

· 리스크 앤드 리턴(위험과 수익)

· 고객 기대치

· 고객 만족도

◎ 전략 옵션 평가

◎ : 높다　○ : 높은 편이다　△ : 그저 그렇다　× : 낮다

전략 테마	옵션 A	옵션 B	옵션 C
타깃 전략	◎	◎	△
상품	○	○	○
가격 전략	△	○	△
개발 전략	◎	×	○
영업 전략	◎	○	△
전략 타이틀	◎	○	△

・업계 지위에 대한 공헌도
・자사의 코어 컴피턴스와 합치도
・각 개별 전략의 자사 강점과의 합치도

　평가는 간단하게 ◎ : 높다　○ : 높은 편이다　△ : 그저 그렇다 × : 낮다와 같이 4단계 정도면 될 것이다. 지금까지의 포맷으로 작성한 전략 옵션을 자유롭게 평가해보자.

◆ 트레이닝 5에서 배운 포인트 ◆

포인트 1
전략 옵션은 결정적인 한 가지 안에 모든 힘을 경주하는 것이 아니라 우열을 가리기 어려운 복수 안을 생각하는 것이다.

포인트 2
전략 옵션은 장점을 취합하는 절충안이 아니라 차별적 우위성과 예리함을 지닌 것으로 한다.

포인트 3
전략 옵션에서 누락 없이 전략 가능성을 토론한다.

Training

전략 체계 수법을 체득한다

트레이닝 6에서는 전략 옵션에서 어떻게 기본 전략을 추출하는가, 기본 전략을 구체적으로 이미지화하기 위한 개별 전략의 책정 방법을 배운다. 전략 옵션, 기본 전략, 그리고 개별 전략으로 이루어지는 전략 체계 책정은 전략 구상 그 자체이다.

우선 개론으로 기본 전략과 개별 전략은 무엇인가, 체계, 그리고 책정 방법을 정리했다. 여기서는 어떻게 전략 옵션을 평가하고 하나의 기본 전략을 책정할 것인가, 그리고 기본 전략을 베이스로 한 전략 테마에 따라 어떻게 개별 전략을 정리할 것인가를 서술하고 있다.

다음에 기본 전략과 개별 전략의 체계화를 실례로 배우기 위하여 케이스 스터디로서 캐주얼웨어 F사의 사례를 들어 F사가 어떻게 그 기본 전략과 개별 전략을 책정하는가에 대한 프로세스를 정리하였다.

트레이닝 6의 중요 포인트

기본 전략과 개별 전략의 전략 체계를 염두에 둔다.

❶ 전략을 구상한다는 것은 전략 체계로 발상한다는 것이다.

❷ 기본 전략은 전략 옵션에서 한 가지로 압축하고 개별 전략은 기본 전략을 브레이크 다운해서 생각한다.

❸ 기본 전략과 개별 전략의 정리법은 전략 타이틀, 배경, 본문, 키워드의 4가지 포인트를 중심으로 정리한다.

1 기본 전략과 개별 전략을 체계화한다

● —— 전략 체계란 가설 발상을 베이스로 전략을 압축하고 나아가 구체성을 높이기 위해 개별 전략으로 다시 브레이크 다운하는 것이고, 이것이 전략 구상이다.

기본 전략의 작성법과 묘사법

　기본 전략이란 전사, 부문, 사업 등 여러 가지 전략 레벨에서 어떤 경쟁 우위성을 가지고, 어디에 "Focus & Deep!"할 것인가에 대한 원칙을 정하는 일과 같다.
　한편 개별 전략은 기본 전략을 구체적인 방법론 수준까지 떨어뜨려 각각의 테마에 따라 무엇을 어떻게 할 것인가를 보여주는 것이다. 그리고 나아가 개별 전략을 브레이크 다운함으로써 계획 수준까지 들어갈 수 있다. 요컨대 개별 전략은 기본 전략을 실현하기 위한 계획 입안으로의 다리 역할을 담당하는 것이다.
　전략 체계는 전략 목표를 구현하기 위하여 '전략 옵션→기본 전략→개별 전략'으로 일관되게 전개되어야 하는 것이다.
　트레이닝 5에서 배운 것처럼 기본 전략을 만드는 데는 옵션 사고가 중요하다. 기업의 기본 전략은 최고 경영자가 연필에 침을 묻혀

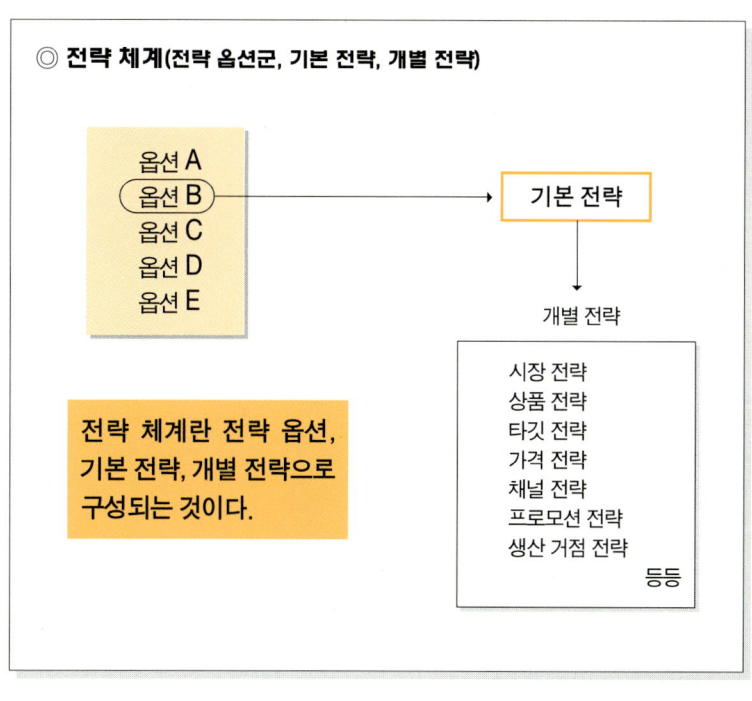

가면서 작성하여 "좋았어! 이것으로 하자!"는 식으로 갑작스레 나오는 것이 아니다. 뛰어난 카리스마의 경영자 가운데는 강력한 리더십으로 "우리 전략은 이거야!"라고 결정해버리는 경우도 있지만, 본래대로라면 전략 옵션(=선택지)을 책정하고, 분석하고, 토론해서 평가하고, 그리고 기본 전략 하나로 압축하는 것이다.

그럼 3~5가지 전략 옵션으로부터 어떻게 평가하고, 기본 전략으로 압축할 것인가? 전략 옵션의 평가 방법은 3가지이다(트레이닝 5에서는 261페이지에 실시한 내용이 있다).

① 평가를 위하여 분석을 하고 얻어진 분석 결과에서 평가한다.
② 전략 입안 관계자에 의한 토론으로 전략 테마별로 ◎, ○, △,

×의 4단계 혹은 점수화한 수치로 평가한다.

③ 최고 경영자에 의한 '직관'으로 평가한다.

이상 3가지의 밸런스로 책정하는 것이다. 경영자에게는 때때로 경영자만의 '경영의 감각'이 작동한다. 어떤 분석보다도 미래를 통찰하는 힘을 발휘한다. 분석과 토론과 최고 경영자의 감각, 이 3가지의 밸런스로 평가하는 것이다.

①의 평가를 위한 분석에서 자주 사용되는 것은 경쟁 지위 분석, 상품별 수익성 분석, 고객 만족 분석, 리스크 리턴(risk & return : 위험과 수익) 분석 등이다.

각각의 분석 방법의 관점은 다음과 같다.

◎ 경쟁 지위 분석 − 그 전략을 취함으로써 시장별로 경쟁 지위(position)가 어떻게 우위를 차지하게 될지를 생각한다. 경쟁사와의 상대적 점유율로 파악한다.

◎ 상품별 수익성 분석 − 그 전략을 취함으로써 제품별로 시장성이 어떻게 개선될지를 생각한다. 공헌 이익으로 파악한다.

◎ 고객 만족도 분석 − 그 전략을 취함으로써 고객 만족도가 얼마나 향상될 것인지를 생각한다. 고객의 기대치와 만족도로 파악한다.

◎ 리스크 리턴 분석 − 그 전략을 취함으로써 얼마만한 위험이 있고 수익이 있는지를 파악한다.

기본 전략의 선택에 있어서는 물론 사실에 근거한 분석으로 결정하는 것도 중요하지만 사실 분석을 토대로 한 조직 내에서의 '정열' '의지' '마음'이 중요한 결정수가 되기도 한다. 평가를 실시하고 하나로 압축한 기본 전략을 완성하기 위해서는 4가지 포인트로 정리한다.

① **전략 타이틀** — 전략을 한마디로 나타내는 메시지
② **배경** — 그 전략을 취하게 된 이유와 배경
③ **본문** — 전략의 특징
④ **키워드** — 전략 전개의 포인트

　기본 전략은 해당 기업의 경영과 사업에 대한 방향성이고, 특징이고, 차별적 우위성이다. 요컨대 그 기업의 독자적인 것이 되지 않으면 안 된다.

　토요타(Toyota)의 전략은 '세계 최적 조달과 생산, 첨단 기술로 디 팍토 스탠다드(De Facto Standard : 사실상의 표준) 장악, 자본 제휴 없는 자주 독립 관철'(『닛케이 비즈니스』 2002년 1월호)이다. 정말로 토요타다운 말이다. 회사 이름이 없어도 "혹시 이것은 그 회사의 전략이 아닌가?" 하고 알 수 있을 정도로 특징 있는 말을 사용하기 바란다.

개별 전략을 체계화한다

　개별 전략은 기본 전략을 테마별로 더 브레이크 다운시킨 것이다. 개별 전략의 전략 테마 선정은 트레이닝 5에서 본 것처럼 전략 옵션 매트릭스의 세로축에서 끌어낸 것이 베이스가 된다. 나아가 필요에 따라 개별 전략 항목을 추가할 수 있다.

　어떤 개별 전략을 필요로 하는가는 업계에 따라 달라지지만 타깃 전략, 조직 전략 등 여덟 항목 정도의 개별 전략 책정을 기준으

◎ 개별 전략의 방향 예

시장 전략
- 넓고 얕게 ←→ 좁고 깊게
- 신규 시장 ←→ 기존 시장
- 이노베이터 ←→ 팔로우어

생산 전략
- 자사 생산 ←→ 외주
- 라인 확장 ←→ 라인 집중
- 거점 집중 ←→ 거점 분산

상품 전략
- 기존 상품 ←→ 신규 상품
- 라인업 확대 ←→ 라인업 집중
- 단품 ←→ 시스템

채널 전략
- 넓고 얕게 ←→ 좁고 깊게
- 신규 시장 ←→ 기존 시장
- 이노베이터 ←→ 팔로우어

가격 전략
- 고가 ←→ 저가
- 스키밍 ←→ 페너트레이션

전략
- 넘버 원 ←→ 니처
- 신규 확대 ←→ 기존 심경
- 직판 메인 ←→ 대리점과 직판

◎ 개별 전략의 정리법

- 전략의 타이틀 — 전략을 한마디로 나타내는 말
- 전략의 이유와 배경 — 왜 그 전략으로 했는지 이유를 하나 하나 기술
- 전략의 내용 — 전략의 특징을 서술
- 전략의 키워드 — 전략 전개의 포인트를 하나 하나 기술

구성은 '기본 전략'의 정리법과 동일. 전략 키워드가 개별 전략 타이틀을 더 브레이크 다운한 것으로 된다.

◎ 업종과 업태별 개별 전략 일람

		제조업 생산재	제조업 소비재	건설업	소매업 도매업	금융업	서비스업
	기본 전략	◎	◎	◎	◎	◎	◎
개별 전략	타깃	◎	◎	◎	◎	◎	◎
	제품	◎		○			
	상품		◎		◎	◎	◎
	가격	◎	◎	◎	◎	○	◎
	채널	◎	◎	◎	○	○	○
	프로모션	○	◎	○	◎	○	○
	영업 스타일	○	○	○	○	◎	○
	고객 서비스	○	○	○	◎	◎	◎
	에어리어	○	○	○	◎	◎	○
	생산	◎	◎	◎			◎
	품질 관리	◎	◎	◎			◎
	물류	◎	◎	○	◎		
	인사	○	○	○	○	○	◎
	조직	◎	◎	◎	◎	◎	◎
	특허	◎	○				○
	개발	◎	○				○
	자본	◎	◎	◎	◎	◎	◎
	신규 사업	○	○	○	○	○	◎
	브랜드	○	◎	○	◎	○	○
	얼라이언스	○	○	○		○	○
	정보 시스템	○	◎	○	◎	◎	◎

업종과 업태에 따라 취해야 할 개별 전략은 다르다.
개별 전략으로 8가지 정도 책정하면 된다.

로 삼는다.

개별 전략의 전략 테마 각각에 '집중 또는 확대' '신규 또는 기존' '자사 또는 공동' 등 전략 실시의 방향성을 나타낼 필요가 있다.

개별 전략의 정리법은 기본 전략과 동일하게 전략 타이틀, 배경, 본문, 전략 키워드의 4가지 포인트로 정리한다.

① 전략 타이틀 — 개별 전략을 한마디로 나타내는 메시지
② 배경 — 개별 전략의 이유와 배경
③ 본문 — 개별 전략의 특징
④ 키워드 — 개별 전략 전개의 포인트

그리고 개별 전략에서는 전략 포맷 이외에 전략을 설명하는 차트나 그래프 등을 첨부하는 경우가 많다.

이것은 개별 전략이 기본 전략과 비교하여 보다 구체적으로 내용을 이미지화하고, 이해시킬 필요가 있기 때문이다. 계획을 입안할 때도 이 차트가 활용된다.

개별 전략은 계획의 베이스가 된다. 전략을 '그림의 떡'으로 책정하여 만족감 수준에서 끝낼 것인가, 확실하게 실현까지 연결시킬 것인가는 개별 전략이 계획 수준까지 흘러갈 수 있도록 책정되는지 아닌지에 달려 있다. 기본 전략은 소위 기업이나 부문이나 사업의 커다란 방향성, 벡터를 나타내는 데 불과하다.

기본 전략을 실현하기 위해서는 어디가 무엇을 어떻게 움직일 것인가, 각자가 어디를 지향할 것인가를 명확히 해야 한다. 그것을 나타내고 있는 것이 개별 전략인 것이다.

어떤 개별 전략을 기본 전략으로부터 브레이크 다운시켜야 할 것인가? 그것은 업종과 업태에 따라 다르다. 273페이지의 도표를

참고하기 바란다. 적어도 이러한 기본 전략에서 3~7가지 정도(표준은 5가지)로 압축하기 바란다.

전략 입안을 위하여 F사의 현재 상태를 조금 더 자세히 살펴보자.

① 출점 현황

◎ 1985년에 군마 현(群馬縣)에 제1호점을 개점. 칸토(關東) 근교의 도시를 중심으로 차례차례 출점하고 현재 전국에 50점포. 점포는 홋카이도(北海道)에서 큐슈(九州)까지 전국적인 범위를 지닌다. 경쟁사와 비교해도 착실한 규모 확대 페이스를 유지. 지명도는 키타 칸토(北關東) 지방 등에서는 높지만 토쿄, 칸사이(關西) 등에서는 아직 낮다.

◎ 1998년에 신규 사업으로 아웃도어 전문점 및 아동복 전문점으로 진출했다.

② 점포 형태 및 디자인

◎ 현재의 개점 형태는 주로 3가지. 도시형 점포 / 숍인숍(shop in shop : 점포 안의 점포. 백화점 안의 전문매장 등을 말한다) / 교외의 로드사이드 형이다.

◎ 점포 만들기의 기본적 컨셉은 고객 관점에 서는 것. 보기 쉽고 고르기 쉬운 것을 중시한다. 상품을 돋보이게 하는 디자인을 취하고 디자인 이외의 집기에도 신경을 쓴다.

③ 머천다이즈(MD)

◎ 내셔널 브랜드에서의 다양한 상품 제공을 중심으로 한다. 프

★케이스 트레이닝 6

기본 전략과 개별 전략의 트레이닝

― 케이스 스터디로 캐주얼웨어를 제조 판매하는 F사의 기본 전략과 개별 전략 책정 프로세스를 생각해보자.

우선 캐주얼웨어 F사의 데이터와 정보를 이해하기 바란다.

◎ **1. F사 프로필**

회사명 ·········· F사(캐주얼웨어 소매업)
매출액 ·········· 500억 엔
종업원수 ······ 500명
설립 ············· 1985년 4월
사업 개요 ····· ① 청바지 등 캐주얼웨어 판매 전문점 운영
　　　　　　　② 캐주얼웨어 전국 체인 전개
　　　　　　　③ 스토어 브랜드 개발 판매
최근 토픽 ····· ① 2000년에 도쿄 증시 2부 상장
　　　　　　　② 본사를 도쿄로 이전
특징 ············· ① 도미넌트 출점 형태를 취함.
　　　　　　　② 내셔널 브랜드와 일부 프라이빗 브랜드의 전개

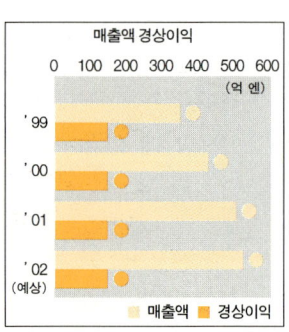

◎ 2. 탑의 프로파일과 문제 의식

성명 ·············· 아키야마 요죠(秋山羊三)
연령 ·············· 45세
발언 ·············· 전 사장(부친)에게 사업을 이어받아 지방(군마群馬)의 양복점에서 전국 전개로 확대시키고 현재의 업태를 만들어냈다.
문제 의식 ······ ① 토쿄 진출을 하는 데 있어 소비자 인지도가 낮음.
　　　　　　 ② 인재 교육 체계가 확립되어 있지 않음.
　　　　　　 ③ 일부 신 브랜드 확립 필요성을 느끼고 있음.

◎ 3. 본 케이스의 전제가 되는 3C 분석

〈자사의 동향〉
- 캐주얼웨어 부문의 이익 감소
- 리더 계층 인재 부족
- 신속한 의사 결정 프로세스 확립

〈시장 · 고객의 동향〉
- 디플레 경제의 영향에 의해 강화되는 저가격 지향
- 소매업계 전체적으로 수익 감소 기업 증가
- 중국 제품의 수입 확대

〈경쟁사의 동향〉
- 역력하게 드러나는 승자 그룹과 패자 그룹의 차이
- 생산 거점의 해외 이전
- 진전되는 SPA의 확립

요컨대 이익 중시 체질로의 전환과 신 브랜드 확립이 필요라이빗 브랜드에서의 상품도 개발하지만 비율은 20%에도 미치지 못한다.

◎ 내셔널 브랜드의 비율을 낮추는 것은 앞으로도 고려하고 있지 않다.

◎ 상품 타깃은 젊은 층에 국한하지 않고 패밀리 층에도 소구하고 있다. 이 점은 현재 급신장하고 있는 경쟁 W사와 중복된다. F사의 경우에는 점포 입지에 따라서 메인 타깃을 바꾸고 있다.

* 도시형 점포 → 젊은 층(40%)
* 숍인숍 → 주부층(30%)
* 교외 로드사이드 → 패밀리 층(30%)

이러한 타깃 설정에 따라 상품뿐만 아니라 점포 만들기나 디스플레이도 의식하고 있다.

◎ 소비자의 상품에 대한 안목도 높아지고 있다. 새로운 카테고리 개발의 필요성도 높아지고 있다.

④ 본부와 점포의 업무 연계

◎ 본부에서는 상품의 기획, 판매 체제, 물류 체제 등 면밀한 계획 아래 사업을 추진한다. 그러나 이러한 것들은 모두 점포로부터의 판매 재고 상황, 고객 정보 등의 데이터가 베이스를 이루는 것이다.

◎ 상품의 선정, 구입, 프로모션 실시 등 많은 업무가 점포로 권한 이양되고 있고, 게다가 독립 채산제를 취하고 있다.

⑤ 정보 시스템

◎ 전 점포에 POS(point of sale : 판매시 판매 활동에 관련된 정보 처리

를 수행하는 것)의 도입이 완비되고 POS에 의한 단품 관리를 실시.

◎ POS 데이터는 점포에서 본부로 보내져 기획→수요 예측→생산량의 결정(타사에 생산 위탁), 물류 체제의 정비에 활용되고 있다.

⑥ 고객 관리

◎ 구입 빈도나 금액에 의하여 포인트가 적립되고 포인트에 따라 특전이 제공되는 FSP(Frequent Shoppers Program)를 도입하고 있다. 고객의 성명, 주소, 연령, 직업, 구입 이력을 컴퓨터로 관리하고 고객을 우량 고객 A에서 B, C, D의 4가지로 분류하여 랭크에 따른 서비스를 제공.

◎ 이 고객 관리는 신규 출점 시의 수요 예측에도 활용된다.

최근 들어 모든 업계가 심각한 상황에 직면해 있다. 예외 없이 F사에서도 최근 매출은 하강 기미를 보인다. 그렇다고 해서 팔짱만 끼고 있을 수도 없다. 여기서 기본 전략을 책정하기 전에 F사의 강점, 약점, 기회, 위협을 정리해두기로 한다.

F사의 강점은 합리적인 내셔널 브랜드를 제공함으로써 모든 고객층을 보유하고 있다는 것이다. 구색뿐만 아니라 고객 스타일에 따른 복수의 점포 형태도 지니고 있다.

한편 F사의 약점은 아직껏 수도권의 인지도가 낮다는 것이다. 지방 도시에서는 상당히 지역 밀착형으로 가족의 일상복을 제공하고 있지만 아직 수도권에서는 점포 수도 작고 시장에 파고들지 못하고 있다는 느낌이 든다.

"지방 도시에서의 성공 사례가 있기 때문에 토쿄나 칸사이로 대대적인 전개를 하자!"는 현장 소리도 있지만 아키야마 사장으로서는 안목이 높은 수도권 고객이 만족할 만한 상품이나 점포 만들기가 가능할 때까지 시기를 기다리면서 현장의 조급한 분위기를 누르고 있는 것이 현상이다.

그리고 F사에게 기회가 되는 것은 강력한 라이벌이 급속한 점포 확대로 인해 매출이 급감하고 있다는 점이다. 새로운 것에는 금방 달려들지만 거꾸로 마음도 쉽게 바꾸는 고객의 기분을 맞추는 것은 특히 이 업계에서 매출을 유지하기 위해서 필요한 일이다. 고객은 새로운 브랜드를 요구하고 있다.

그리고 마지막으로 위협이 되는 것은 마트 등 대형 매장이 바잉파워(Buying Power : 구매력. 거래에 있어서 구매자의 우위성을 이르는 말. 통상 대량 구매하는 소매업자가 물건을 매입할 때 끌어내는 유리한 거래 조건을 말한다)로 내셔널 브랜드를 저가격으로 제공하고 있다는 점이다. 게다가 PB(Private Brand) 상품 개발에도 주력하고 있고 식품과 의류라는 2가지 카테고리를 강력히 추진하려는 움직임도 나타나고 있다.

전략 책정에서 아키야마 사장의 문제 의식은 무엇보다도 어패럴 업계 전체의 경기 침체와 디플레 상태에서의 확고한 자사 포지션의 확립이다. 가격 하락에 의해 이익률이 압박을 받고 있는 가운데 '싸고 좋은 물건'을 요구하는 소비자에게 어떻게 대응하여 인정받는 기업이 될 것인지가 F사의 미래를 결정한다고 해도 과언이 아니라고 생각하고 있다.

타개책은 잔재주의 전술 레벨로는 도저히 되지 않는다. F사의 비전인 "모든 사람이 편하고 즐겁게 생활하기 위한 옷을 지속적으로 생각한다"를 구체적으로 실현하기 위한 전략 책정이 필요한 것

◎ F사의 SWOT 분석

	기회	기회
강점	· 폭넓은 구색에 의한 넓은 타깃 층을 베이스로 한 새로운 브랜드 전개 · 경쟁사의 급속한 점포 확대에 의한 매출 급감을 고려하여 점포를 매수	· 마트 등 대형점의 PB 전개에 의한 캐주얼웨어 충실 · 단일적이지 않은 타깃 층에 맞춘 점포 만들기
약점	· 경쟁 타사의 매출 급감에 의해 마켓은 새로운 브랜드를 요구하고 있으므로 당사의 인지도를 확대시킬 찬스 - 프로모션을 효과적이고 적극적으로 시행	· 전국적으로 인지도가 높은 마트가 당사 진출 지역에도 출점하고 있고 바잉 파워에 의해 저가격 상품을 전개하고 있다. 저가격 대응은 필수 조건.

이다.

  입안된 전략에 따라서는 업태, 에어리어, 타깃 등 지금까지 만들어왔던 비즈니스 방식을 크게 변혁시키는 것이 될 가능성도 있다. 아키야마 사장의 전략 구상으로서는 FC에 의한 수도권으로의 개점 확대와 SPA에 의한 새로운 브랜드의 출시가 있다. 이것에 의해 세대, 직업을 넘어서는 '모든 사람이 즐기는 캐주얼'을 제공할 수 있는 기업이 될 수 있는 것이다.

2 기본 전략의 책정

● ──── 기본 전략은 전략 옵션 만들기에서부터 이미 시작되고 있다.

어떤 강점을 살려서 어느 방향으로 갈 것인가?

지금까지 F사는 사장을 중심으로 경영 기획실이 내년도 계획을 책정하고 그것을 달성하는 것만이 목적이었다. 소비자의 '싸고 좋은 물건!'에 대한 구매 지향이 높아진 것을 받아들여 F사에서도 OEM(original equipment manufacturing : 주문자 상표에 의한 생산) 공급처의 재검토와 상품 기획 체제의 강화, 더불어 인재 교육 체계의 기획 재고도 필요하게 되었다. 아키야마 사장은 시장의 급격한 변화 앞에서 자사의 전략 구축을 시도하기로 하였다.

그럼 당신이라면 F사의 기업 정보로부터 어떻게 이 회사의 기본 전략을 책정할 것인가? 도전하기 위한 지식으로 '기본 전략'과 그 '작성 프로세스'에 대해 확인해두자.

'기본 전략'이란 워밍업에서도 기술했던 것처럼 그 기업이 이기기 위한 명확한 특징을 부여하는 것이다. 어떤 강점을 살리고 어떤 방향으로 나갈 것인지, 그 특징을 정리한 것이다. 전사 경영 전략으로 생각하는 경우도 있지만 어떤 사업을 특정하여 사업 전략으로 정리하는 경우도 있다.

'작성 프로세스' 는 크게 3가지로 나뉜다.
① 전략 옵션 매트릭스에 올라온 복수의 전략을 평가
② 평가 결과에서 전략 옵션 가운데 하나를 기본 전략으로 선택
③ 선택한 기본 전략을 전략 포맷으로 명문화
이상의 과정으로 생각한다. 그러면 스텝별로 살펴보기로 하자.

스텝① ▶ 복수의 전략을 평가한다

전략 옵션이야말로 전략 구상의 핵이다. 전략 옵션을 책정한 시점에서 전략은 정해진다. 이미 전략 옵션 책정 방법에 대해서는 트레이닝 5에서 설명했으므로 여기서는 프로세스는 언급하지 않고 F사의 전략 옵션 결과를 중심으로 보기로 하자.

아키야마 사장에게 지시를 받은 전략 책정 멤버는 우선 전략 옵션 요소를 정리한다. 요컨대 축을 선택해서 전략의 방향성을 도출하는 것이다. 전략 옵션은 3가지이다.

옵션 A는 F사의 상품 라인업과 가격 설정에 있어서의 전략이다. 상품 라인업을 생각하는 데 있어 타깃도 전략 구상의 착안점이 될 수 있다. 라인업 확충에 의한 신규 고객 개척인가, 아니면 가격 설정에 의한 기존 고객의 매출 증대인가를 생각한다.

옵션 B는 새로운 비즈니스 모델의 확립이 축이 된다. 지금까지 본격적으로 다루지 않았던 SPA로의 전면적인 전환이다. F사의 기존 비즈니스 시행 방법을 근본적으로 바꾸는 일이 된다. 당연히 생산 체제를 어떻게 할 것인가라는 착안점도 필요하다.

옵션 C는 새로운 브랜드의 확립이다. 아키야마 사장의 기존 캐주얼웨어에 대한 위기 의식으로부터의 발상이다.

이러한 전략 구상을 위한 기축은 전략 옵션으로 오른쪽 도표에 정리해두었다. 그럼 당신은 이러한 전략 옵션을 어떻게 평가할 것인가? F사가 취해야 할 전략은 어떤 것일까?

전략 옵션은 각각의 옵션에서 좋은 것만 취해오는 것이 아니다. A라면 A, B라면 B와 같은 선택이다. 그럼 F사의 전략 옵션에서 당신이 선택하려고 하는 전략은 F사의 강점을 베이스로 한 이기기 위한 특징으로 되어 있는가? 전략 옵션의 평가 방법은 269페이지에서 기술했던 것처럼 다음 3가지이다.

① 전략 분석에서 평가하는 방법
② 전략 책정 멤버의 납득성으로 평가하는 방법(○ × 평가, 수치 평가)
③ 의사 결정자의 직관으로 평가하는 방법

①과 ②의 평가 결과를 베이스로 멤버 내에서 토론하고 최종적으로 의사 결정자가 결단한다. 분석으로 검증된 경영자로서의 '이것이면 된다!'라는 '감각'인 것이다.

【① 전략 분석에서 평가하는 방법】
당신이 전략 책정 멤버의 일원으로 우선 전략 분석에서 이 3가지

◎ F사의 전략 옵션 매트릭스

	옵션 A	옵션 B	옵션 C
시장	패밀리 층 대응	젊은 층에 집중	도시형 비즈니스맨 층 대응
브랜드	합리적 가격의 내셔널 브랜드의 충실 강화	PB(프라이빗 브랜드) 비중을 높인다.	비즈니스 캐주얼의 신 전개 - 양질 저가격
상품	아동~노년층도 대상으로 하는 폭넓은 구색	오리지널 성이 강한 캐주얼웨어 전개	도회적(아방가르드) 칼라링
생산	저가격 지향에 대한 대응 모색, 아시아로 거점 시프트	아시아로 시프트	국내 : 중국 = 70 : 30
조직	상품 카테고리별로 개발-기획-생산-판매까지 일관된 조직	개발 기획 부문 강화	카테고리(상품군)별 전임 일관된 매니지먼트
CRM	데이터 베이스를 구축하고 고객 관리에 활용	FSP 발행에 의한 고객 포위	비즈니스맨 데이터 베이스에 의한 FSP 시행
	↓	↓	↓
	Casual for all을 지향하는 내셔널 전개	독자성을 중시하는 프라이빗 브랜드로 시프트	새로운 스테이지를 위한 신 브랜드 확립~비즈니스 캐주얼

 전략 옵션을 평가한다고 해보자. 자주 사용되는 분석 방법 가운데 F사의 전략 옵션 평가로 적당한 방법은 4가지 정도 있지만, 유통업에서의 메인 테마가 되는 경쟁 지위 분석과 상품별 수익성 분석의 2가

지를 활용하는 것으로 했다. 우선 경쟁 지위 분석(포지셔닝 분석)부터 살펴보자. 경쟁 지위 분석에서는 전술했던 분석 툴 'SWOT 분석'과 '코어 컴피턴스 분석' 결과도 활용하는 것으로 한다.

이번 분석에서는 경쟁사를 캐주얼웨어 전문점으로 사업을 전개하고 있는 같은 업계 탑 레벨에 속하는 AA사와 ZZ사로 했다. 어떤 경쟁 타사를 분석 대상으로 할지는 현재의 업계에서 자사의 포지셔닝을 고려해서 결정한다. F사의 점유율은 현시점에서 18%이다.

◎AA사의 사업 전개(점유율 25%)

철저한 SPA로 고품질 저가격을 실현하고 있고 폭넓은 층으로부터 지지를 받고 있다. 같은 업계뿐만 아니라 성장하고 있는 기업으로서 주목받고 있는 기업의 하나.

◎ZZ사의 사업 전개(점유율 20%)

아웃 웨어(out-wear)에 머물지 않고 인 웨어(in-wear)도 취급하면서 일용품으로서의 의류를 폭넓은 층에 철저하게 저가격으로 제공. 메인 고객층은 주부층, 특히 지방의 지역 밀착형.

현재의 자사 포지셔닝이 전략 옵션 A~C의 각 전략을 선택함으로써 어떻게 변화될 가능성이 있는가가 평가의 기준이 된다. 자, 당신은 어떻게 생각되는가?

우선 AA사와 ZZ사에 대한 상대적 점유율로 자사의 포지셔닝을 보았을 때 전략 옵션 A~C의 전략을 각각 취한다면 현재의 포지션에서 어떤 방향으로 움직일 가능성이 있는가를 분석한다.

옵션 A를 선택하는 경우 내셔널 브랜드에 의한 폭넓은 구색으로 패밀리 층에 어필한다는 전개이고, 프라이빗 브랜드에 집중하여 전개하고 있는 AA사에 대하여 강점을 발휘할 수가 있어서 AA사에

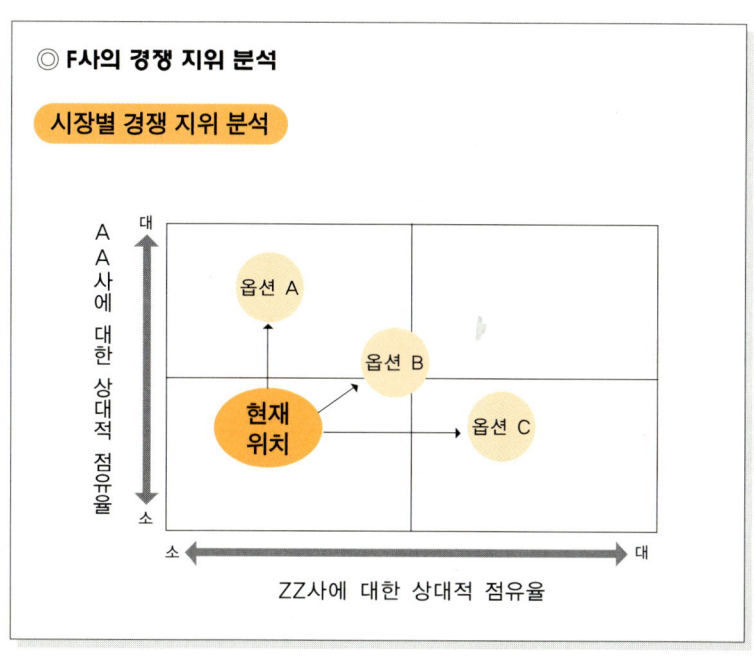

대한 상대적 점유율을 늘릴 수 있을 것으로 생각된다.

옵션 B를 선택하는 경우 젊은 층을 대상으로 오리지널 브랜드에 의한 전개가 되며, 이미 젊은 층에 압도적인 인기를 자랑하는 AA사의 점유율을 빼앗아오는 것은 어렵다고 여겨진다. ZZ사의 메인 타깃 층은 주부이고, 캐주얼 분야에서는 구색이 약해서 F사의 강점을 살릴 수가 있다.

옵션 C를 선택하는 경우, F사는 비즈니스 캐주얼이라는 새로운 카테고리 개발을 도모하게 되는 것이고, AA사와 ZZ사도 진입하고 있지 않은 영역이다. 따라서 이번에는 중앙에 포지셔닝하는 것으로 한다.

이상에서 논의된 것을 정리한 것이 위의 경쟁 지위 분석 결과이다.

다음에 상품별 수익성 분석을 살펴보자.

상품별 수익성 분석에서는 각 전략 옵션에서 취급하는 상품 매출을 100으로 한 경우의 영업 경비, 제조(매입) 원가에서 공헌 이익을 산출하는 것이다.

옵션 A의 경우는 기존 내셔널 브랜드 상품의 확충을 도모하는 것이고, 기존 구입 채널의 활용과 구입량의 증가에 의한 구입 코스트 절감이 기대되므로 공헌 이익은 가장 높게 나타나고 있다.

옵션 B에서는 AA사가 이미 취급하고 있는 SPA 체제를 F사에서도 확립하기 위하여 아시아에 생산 거점을 두려는 것이고, 영업 경비와 제조 원가도 대폭 들어갈 것으로 여겨진다. 따라서 공헌 이익은 가장 낮아진다.

옵션 C는 신 브랜드 확립이고 옵션 B만큼은 아니지만 그 나름의 투자가 필요하다. 프로모션 경비도 든다. 게다가 F사는 신 브랜드 확립을 위하여 일부 SPA를 도입하려고 한다.

이상을 상품별 수익성 분석으로 정리한 것이 오른쪽의 도표이다.

경쟁 지위 분석 및 상품별 수익성 분석의 결과는 토론을 위한 기초 자료를 정리한 것에 지나지 않는다. 복수의 관점에서 더 분석하게 되면 그만큼 조직 내에서의 판단 재료는 늘어난다.

이러한 정보들을 토대로 전략 입안 멤버들간에 활기찬 토론을 시작하게 되는 것이다.

【② 전략 책정 멤버의 납득성으로 평가하는 방법】

그럼 토론의 기초 자료는 정리되었다. 전략 구상 가설인 전략 옵

◎ **F사의 상품별 수익성 분석**

상품별 수익성 분석

	옵션 A	옵션 B	옵션 C
매출	100	100	100
영업 경비	24	30	30
제조 원가	55	65	60
공헌 이익	21	5	10

선을 보다 객관적으로 판단하는 분석에 의한 평가에 의거하면서 멤버 내에서 토론하는 것이다. 멤버의 납득에 의해 평가하는 방법에는 두 종류가 있다. 첫번째는 각각의 전략 옵션의 전략 테마별로 ◎/○/△/×를 붙여서 평가하는 방법이고, 두번째는 납득성을 수치로 바꾸어 평가하는 방법이다.

어떤 전략에 어떤 평가를 내릴 것인지도 물론 중요하지만 '이것은 ◎지' '아니야 △야' 라는 식으로 멤버 내에서 토론을 하는 것에 큰 의미가 있다. 논의를 일으키지 못하는 전략 옵션은 '전략'이 될 수 없다.

분석 결과를 베이스로 하여 F사의 각 전략 테마별로 ◎○△× 혹은 수치로 평가해보기 바란다.

　분석 결과도 중요하지만 거기에 매달릴 필요는 없다. 그것만으로는 최고 경영자나 입안 멤버의 암묵지가 활용되지 못하기 때문이다. '이 전략은 리스크가 높지만 미래를 위하여 도전하고 싶다!' 는 마음도 있을 것이다. 그런 것들을 철저하게 토론해야 하는 것이다.

　전원 일치의 의견이 그렇게 간단히 있는 것은 아니다. 토론해가는 프로세스에서 각자의 마음과 뜻을 모아가는 것이다. 그것이 전략 실현 효과를 올리는 것이다.

　F사의 전략 책정 멤버에는 이미 확립되어 있는 내셔널 브랜드의 확충에 의해 이익을 확보한다는 옵션 A를 지지하는 의견도 다수 있었다. 어패럴 업계 전체가 심각한 불황을 겪는 가운데 어디까지나 리스크를 부담지지 않는 것이 베터(better)라는 안정 지향의 관리직으로부터의 의견이었다.

　그러나 현장은 달랐다. 뭔가 손을 쓰지 않으면 이대로 F사는 진화하고 성장할 수 없다. 심각한 상황이기 때문에 도전해야 한다는 것이고 그것이 현장의 활력으로 이어진다는 생각이 관리직의 의견과 정면으로 충돌했다.

　여기서는 분석 결과를 토대로 한 토론 결과를 오른쪽의 도표와 같이 정리했다.

【③ 의사 결정자의 직관으로 평가하는 방법】

　1990년대에 들어와서 다각화가 원인이 되어 업적이 급속하게 악

◎ F사의 전략 옵션 평가

◎○△× 평가	옵션 A	옵션 B	옵션 C
시장	◎	○	△
브랜드	○	△	◎
상품	△	△	◎
생산	○	×	○
조직	△	○	○
CRM	○	○	○
	○	△	◎

점수 평가	옵션 A	옵션 B	옵션 C
시장	100	80	60
브랜드	80	60	100
상품	60	60	100
생산	80	40	80
조직	60	80	80
CRM	80	80	80
	460	400	500

화된 세이코 엡슨(SEIKO EPSON). 당시의 최고 경영자가 '자사의 기술이 활용되지 않는 제품으로부터의 철수'를 결정하고 성장 시장이었던 플로피 디스크로부터 철수하는 동시에 프린터와 휴대 전화 액정 사업으로 자금과 인재를 집중시켰다.

사내에서는 많은 이론이 있었지만 최고 경영자로서 신념을 가지고 밀어붙여서 현재는 제조업에 약 50개 회사밖에 없는 '매출액 1조 엔 클럽'에 이름을 올리고 있다.

전략 옵션에서 최종적으로 전략을 결정하는 것은 최고 경영자이다. 그 전략이 자사의 강점을 살리고 시장에서 이기는 컨셉으로 되어 있는지, 요컨대 시장에서 이길지 질지를 판단한다. 전략 실현을 향해 전사를 견인하는 것도 최고 경영자의 전략에 대한 의지가 얼마나 강한가에 달려 있다.

아키야마 사장이 갖고 있는 전략 구상은 종래의 캐주얼웨어가 아니라 새로운 브랜드를 확립한다는 것이었다.

브랜드 육성에는 시간도 투자도 필요하다. 그러나 다음의 F사의 성장 단계를 생각했을 때 지금이야말로 그 실현을 위하여 움직여야 할 시기가 아닌가 하고 생각했다. 그 프로젝트 추진을 통해서 차세대 최고 경영자를 육성해야 한다는 마음도 있었다.

스텝② ▶ 평가의 결과로부터 기본 전략을 선택한다

통상 전략 옵션 평가는 ○×평가만 하는 경우도 많지만 원래는

3가지 평가 결과의 밸런스로 전략 옵션을 생각한다.

스텝 ①에서는 3가지 전략 옵션 평가 방법으로 F사의 전략을 평가하고 그 결과를 토대로 F사의 기본 전략을 선택하는 것으로 하자.

여기서 각각의 평가 결과를 전략 평가 시트에 정리해보기로 한다. 전략 평가 시트는 토론을 바탕으로 한 ○×평가 결과, 수치 평가 결과, 그리고 각 분석 결과의 평가를 일람할 수 있는 시트다. 상품별 수익성 분석처럼 수치로 표시할 수 있는 것 이외에는 포지셔닝에 따라 ◎○△×로 평가하기로 하자.

지금까지 F사의 결과를 전략 평가 시트에 담아보면 294페이지의 도표와 같이 된다. 3가지 평가 방법 모두가 동일한 전략 옵션을 높게 평가하는 결과가 된다고 한정할 수 없다(그렇게 된다면 문제는 없지만……). 3가지 결과가 전부 제각각인 경우도 적지 않다.

이때 최종적으로 '이것으로 하자!'라고 판단하는 것은 최고 경영자이다. 여기까지 납득이 가는 분석을 하고 토론을 계속했다면 조직 내에서 납득하는 프로세스는 취해졌다고 할 수 있다. 전략 옵션으로 선택된 시점에서 어떤 전략이 기본 전략이 되더라도 잘못은 아니고, 나머지는 마지막으로 최고 경영자의 직관이 작동하는 것인지 아닌지의 문제가 된다. 모든 분석을 일람해본다, 이것이 전략 평가 시트의 의도이다.

이 평가 결과에서 당신이 선택한 전략은? 선택한 이유는?

◎ F사의 전략 옵션 평가 시트

		옵션 A		옵션 B		옵션 C	
		분석	토론	분석	토론	분석	토론
		지위	제품별 수익	◎○△× 수치	지위	제품별 수익	◎○△× 수치	지위	제품별 수익	◎○△× 수치
시장		AA사에 대해서는 점유율을 높일 수 있음	공헌 이익은 매출의 약 20%	◎ 100	경쟁 타사에 대하여 약간 점유율을 높일 수 있음	공헌 이익은 매출의 약 5%	○ 80	ZZ사에 대해서는 점유율을 높일 수 있음	공헌 이익은 매출의 약 10%	△ 60
브랜드				○ 80			○ 60			◎ 100
상품				△ 60			○ 60			◎ 100
생산				○ 80			× 40			○ 80
조직				△ 60			○ 80			○ 80
CRM				○ 80			○ 80			○ 80

최고 경영자의 각 옵션 평가	내셔널 브랜드의 확대 전개는 지금까지의 전략의 답습이고, 로 리스크 로 리턴	캐주얼웨어에서는 이미 경쟁사가 가격과 질 모두 소비자로부터 인정받고 있음	비즈니스맨들의 캐주얼웨어라는 새로운 카테고리에 도전하고 싶음

평가가 가장 높은 것이 아니라 해도
최고 경영자의 의도가 이기는 경우도 있다.

당신은 평가 시트를 지그시 응시하고 어떤 전략을 기본 전략으로 했을까? 전략 선택의 포인트는 자사의 강점을 살린 특징 있는 전략인가 아닌가에 있다. 요컨대 어떤 기업에 가져가도 설정될 수 있는 전략은 F사의 전략이 될 수 없다. 예리함과 날카로움이 없으면 안 된다. 당신이 선택한 전략은 '이것이라면 이길 수 있어!' 라고 할 수 있는 것인가?

기본 전략의 배경으로 생각될 수 있는 것은 다음과 같다.

◎ 캐주얼웨어는 경쟁 AA사와 ZZ사에 한하지 않고 전체적으로 저가격 고품질이 당연시되고 있다(이 부분에서의 강점을 살릴 수 없다).

◎ F사로서는 조직 활성화와 이익 확보를 위해서도 새로운 분야로의 진출이 필요하다.

◎ 내셔널 브랜드 전개에서도 충분히 이익을 올릴 수 있는 체질은 이미 확립되어 있다.

◎ 비즈니스맨들의 일상복에 대한 니즈는 높다.

◎ F사에서는 고객으로부터의 디자인 모집 등 고객의 의견을 그대로 상품에 활용하는 'Designed by Customer(DBC)' 라는 체제를 창업 이래 구축해왔다.

◎ F사에서는 지역 고객층에 맞춘 점포 형태를 지니고 있다.

전략 구상에서는 전략의 배경과 문제 의식이 기초가 된다. 전략 분석의 결과를 토대로 시끌벅적한 토론 후에 아키야마 사장의 최종적인 판단은 옵션 C를 기본 전략으로 한다는 것이었다.

당신의 선택은 어떠했는가? 선택에는 '이것이 정답!' 이란 것은 없다. 반복해서 말하지만 전략 옵션은 무엇을 기본 전략으로 선택하더라도 전략으로 충분한 것을 옵션으로 만들었기 때문이다.

아키야마 사장이 옵션 C를 선택한 것은 뭔가 새로운 브랜드를 구축하고 싶다는 강렬한 의도가 있었기 때문이다.

옵션 C의 전략 타이틀은 '비즈니스 캐주얼을 코어로 한 밸류 체인 창조'이고 F사로서도 지금까지의 젊은이를 메인 타깃으로 둔 캐주얼웨어 기업에서 신규 업태로 한 걸음 내딛었다는 마음을 나타낸 것이다.

최근 젊은 비즈니스맨이 정장을 선택하는 데도 안목이 높아지고 있다. "돈이 없기 때문에 값싼 기성복이면 좋다" 같은 식은 아니다. 싸고 멋있는 상품을 찾고 있다. 그런 니즈에 착안하여 투 프라이스 슈츠(Two Price Suits) 점포를 전개하는 것이 '더 슈퍼 슈츠 스토어(the Super Suits Store)'이다. 가격은 19,000엔과 28,000엔의 두 종류만 있다. 싸지만 싸게 파는 점포의 이미지는 아니다. 싸고 멋있는 것, 이 때문에 고객의 리피트 율도 통상의 신사복점을 훨씬 상회한다.

아키야마 사장은 비즈니스 슈츠가 아니라 가격도 부담 없고, 또 뭔가 부족한 비즈니스맨을 멋쟁이로 바꾸는 비즈니스 캐주얼 시장을 개발하고 싶은 것이다. 이대로는 젊은 사람들을 중심으로 하면서도 'Casual for Everybody'를 표방하고 있는 경쟁 AA사에 대해 만년 2등의 포지션으로 여겨질 수밖에 없는 위기감도 있다. 나아가 저가격 경쟁에 말려들게 되는 것은 필연의 일이다. 완전한 SPA 체제를 강화하고 있는 AA사에 정면으로 부딪혀서는 이길 방법이 없다.

게다가 아키야마 사장의 노림수로는 이 새로운 브랜드 정립을 사내 프로젝트로 추진함으로써 모티베이션(motivation) 향상으로 이어질 것이라는 기대도 있다.

물론 리스크 분석에서도 이 옵션을 취하는 것에 따라 나름대로 리스크를 안게 된다는 것은 각오해야 한다. 하지만 F사에는 고객의 소리를 취합하여 상품화로 연결시키는 체제(DBC)가 이미 구축되어 있다. 휴일에 무엇을 입어야 좋을지 몰라서 일단 골프 웨어를 입어버리는 미들족. 좀 멋 내고 싶은 날을 위한 캐주얼웨어가 없다는 것에 불만을 지닌 젊은 비즈니스맨. 그런 사람들의 소리를 모아서 "우리들이 찾았던 것이 바로 이거야!"라고 탄성을 올리는 브랜드를 만드는 것은 충분히 가능하다.

옵션 C는 F사에게만 가능한 요소를 지닌 전략이고, 다소 리스크는 있지만 최고 경영자 이하 모두 한마음이 되어 '해보자!'라고 공통된 마음으로 선택된 것이다.

스텝③ ▶ 기본 전략을 명문화한다

다양한 분석과 토론을 거듭하면서 전략 옵션에서 기본 전략이 만들어졌다. 전략 옵션에서 선택한 시점은 아직 키워드에 불과하다. 여기서 선택된 전략 키워드를 조직에서 통용되는 말로 정리하여 그려낼 필요가 있다. 묘사의 포인트는 다음 4가지이다.

① 타이틀
전략 전체를 한마디로 표현한다. 전략의 방향성을 한눈에 알 수 있는 문장.

② 배경

왜, 이런 기본 전략이 만들어졌는지 그 근거를 정리한다. 가능하면 항목별 정리로 3~4행 정도로 정리하는 것이 좋다. 시장 환경, 경쟁사의 동향, 자사의 코어 컴피턴스 등으로 배경을 설명한다.

③ 본문(전략의 내용)

전략의 상세한 내용을 4~5행의 문장으로 정리한다. 여기에 대한 정리 방법이 핵심이 된다. 날카로움이 있는 전략인지 아닌지, 여기에서의 정리 방법에 의해 결정된다고 해도 과언이 아니다. 본문의 정리 방법으로는 다음과 같은 포인트를 명심하자.

· 추상적이고 당연한 말은 사용하지 않는다.

· 정량 목표, 정성 목표를 혼재시키지 않는다.

· 실현을 위한 시나리오가 이미지화될 수 있도록 구체적인 표현을 사용한다.

④ 키워드

전략의 내용을 한마디로 정리하면 이것이라는 것이다. 단적으로 말하면 키워드의 정리 방법은 다음과 같다.

· 전략 내용에 포함되어 있는 말을 사용한다.

· 키워드로 전략 개요를 알 수 있도록.

· 키워드로 내용을 부풀리는 방법도 OK

· 개별 전략을 시사하는 말로.

· 구체적인 말을 사용한다.

이러한 포인트를 바탕으로 F사의 기본 전략을 정리해보면 어떻게 될까?

전략 옵션 C를 기본 전략으로 정리해보자. 어떤 정리 방법을 사용해야 누구에게라도 전략의 에센스가 전달될 수 있을까?

당신이 그린 기본 전략은 구체적이고 납득할 수 있고 F사가 나아가는 방향을 명확하게 표현할 수 있는 것인가? '고객 니즈에 부응하는 고부가가치 상품을 개발하고 매출 확대를 더욱 지향한다'와 같이 어디라도 있을 것 같은 추상적이고 당연한 말로는 기본 전략이 될 수 없다.

◎ 타이틀이 키워드 전체의 에센스로 되어 있는가.

◎ 키워드가 타이틀을 설명하는 문장인가.

◎ 배경이 전략에 반영되어 있는가.

등등 전체를 보아 정합성이 있는지를 판단한다.

다음 페이지에 F사의 기본 전략의 정리 방법으로 좋은 예와 나쁜 예를 제시했다. 어디가 어떻게 다른지 생각해보기 바란다. 덧붙여서 당신이 정리한 기본 전략과도 비교해보기 바란다.

◎ F사의 기본 전략 정리 방법(좋은 예, 나쁜 예)

좋은 예

비즈니스 캐주얼 브랜드를 코어로 한 고객 밸류 체인

전략 타이틀은 기본 전략의 에센스

배경
· F사의 브랜드는 소비자에 침투하여 이미 확고한 지위를 확립하고 있다.
· SPA 체제의 일관된 상품 만들기가 가능하다.
· 고객의 캐주얼웨어에 대한 니즈를 흡수하는 체제를 완성했다.

비즈니스 캐주얼을 고객에게 인지시키기 위한 상품 개발~기획~생산~판매의 밸류 체인을 확립하여 업계 넘버원의 포지션을 확보한다. 이를 위한 SCM(Supply Chain Management)과 CRM(Customer Relations Management)의 통합을 시도한다. 기본은 단품(單品) 관리.

· 비즈니스 캐주얼
· 상품 개발~판매까지의 밸류 체인
· SCM과 CRM의 통합

무엇을 어떻게 하고 싶은 것인지 명확하게 기재한다.

나쁜 예

기존 고객의 만족도 향상과 신규 고객의 개척

배경
· 기존 고객의 매출이 신장되지 않고 있다.
· 신규 고객이 늘고 있다.
· 고객 만족도가 저하하고 있다.

기업측 논리로 되어 있다.

기존 고객의 만족도를 향상시킴으로써 매출 확대를 꾀한다. 이를 위해 고객 만족도 조사를 시행함과 동시에 고객 밀착형 영업을 실천한다.

구체적인 수단이 서술되어 있지 않다.

· 기존 고객의 만족도 중시
· CS리서치의 실시
· 개발팀 신설

키워드가 본문과 괴리되어 있다.

3 개별 전략의 책정

● ──── 기본 전략을 브레이크 다운한 개별 전략에 의해 리얼리티가 증대된다.

기본 전략을 브레이크 다운한다

F사에서는 3가지 전략 옵션으로부터 기본 전략으로 하나의 전략을 선택했다. 이 전략의 실현을 향해 개별 테마로 분해하기 위해서 '개별 전략'을 책정하기로 했다. 당신이라면 어떻게 기본 전략을 개별 전략으로 브레이크 다운할 것인가?

개별 전략 책정에 들어가기 전에 '개별 전략'과 '작성 프로세스'에 대해 확인해두자.

개별 전략이란 기본 전략을 한층 더 전략 요소별로 분해시킨 것이다. 작성 프로세스는 크게 나누어 다음 3가지이다.

① 개별 전략 테마를 결정한다.
② 기본 전략과의 정합성을 생각하면서 전략 내용(본문)을 정한다.
③ 전략 내용을 전략 포맷으로 명문화한다.

그럼 스텝별로 살펴보기로 하자.

스텝① ▶ 개별 전략 테마를 결정한다

개별 전략 테마는 전략 옵션에 설정되어 있던 전략 요소(옵션의 세로축에 기재되어 있는 테마)별로 책정하는 것이 된다. 바로 이런 점에서 전략 구상은 개별 전략까지 일관하는 것이 된다. 개별 전략은 8가지 정도의 테마에 대하여 책정되어 있으면 충분하지만 어떤 테마를 선택할지는 그 기업의 업종, 업태 등의 특성에 따른다.

제조업이라면 생산 전략과 물류 전략 등은 필수 전략 테마이고, 소매업이라면 에어리어 전략, 프로모션 전략이 필수 테마가 된다.

소매업으로서 F사의 개별 전략 테마로 당신이라면 어떤 전략 테마를 설정할 것인가? 자, 그럼 F사의 전략 테마를 생각해보자.

물론 기본 전략 선택을 위하여 활용된 전략 옵션에서의 전략 요소를 베이스로 하지 않으면 안 된다.

전략 옵션에서 거론된 테마는 시장/브랜드/상품/생산(매입)/조직/CRM이다. 나아가 기본 전략에 따라 뒤에 2가지 덧붙인다면 무엇이 필요할까? 여기서는 신규 브랜드 전개를 기도하기 때문에 점포 전개 전략과 인사 교육 전략의 2가지를 추가하는 것으로 한다.

새로운 비즈니스 캐주얼 브랜드 전개는 물론이고 시장, 상품 등의 전략도 중요하지만 브랜드 이미지에 의거한 점포 형태는 어떻게 추진할 것인가, 디자인, 입지를 어떻게 할 것인가는 필수적인 것이 된다. 그리고 브랜드 설정을 위하여 기성형이 아니라 창조형 사고 프로세스나 행동 패턴을 지닌 인재가 요구된다. 이러한 인재들을 어떻게 교육할 것인지도 커다란 과제이다. 그래서 F사의 전략 툴은 오른쪽의 도표와 같이 정리되었다. 전략을 체계적으로 트리

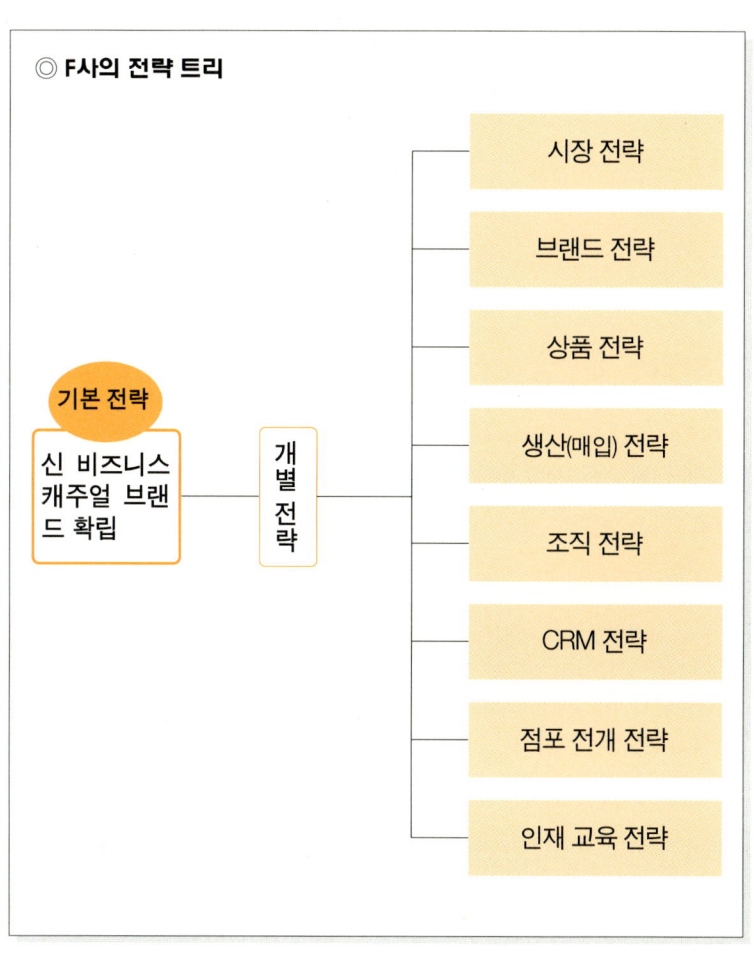

화하는 것은 전략 구상력에 불가결한 것이다. 기본 전략을 받쳐주는 개별 전략으로 되어 있는지 아닌지 등의 모든 것을 포함하는 전략 구상이기 때문이다.

스텝② ▶ 전략 내용을 정한다

개별 전략을 정리하기 전에 각 전략별로 전략의 방향성이 되기도 할 전략 타이틀을 생각해보자. 설정된 개별 전략 테마의 방향성을 기본 전략에 따라 생각해보자!

개별 전략의 방향성을 제시하는 전략 타이틀에서는 반드시 기본 전략을 의식하는 것이 필요하다. 이러한 항목들을 모두 채우고 개별 전략 전체를 정리하는 것이다.

F사의 개별 전략에는 전략 옵션에 없었던 점포 전개 전략과 인재 교육 전략도 추가되어 있다. 현재, F사에서는 젊은 층을 타깃으로 한 수도권형 점포, 주부층을 타깃으로 한 숍인숍 형 점포, 패밀리 층을 타깃으로 한 교외 로드사이드 형 점포의 3가지 점포 형태를 운영하고 있고, 비즈니스맨을 대상으로 한 캐주얼 비즈니스의 신 브랜드를 기존 점포에 올릴 것인가, 아니면 새로운 점포 형태를 창출할 것인가에 대한 검토가 필요하다.

그리고 인재 교육에서는 점포에 대한 권한 이양을 한층 더 추진하여 의사 결정의 스피드업을 꾀하기 위한 리더 육성에 주력한다. 이러한 것들을 위한 개별 전략을 책정할 필요가 있다.

이 모든 것들을 정리한 것이 오른쪽의 도표와 같은 개별 전략 타이틀 시트이다.

◎ 개별 전략 타이틀 시트

	전략 타이틀
시장	캐주얼웨어의 비즈니스 유즈로의 전개
브랜드	새로운 시장 개척을 위한 신 브랜드 정립
상품	비즈니스 캐주얼웨어 카테고리의 신상품 개발
생산(매입)	고부가가치 제품 생산을 위한 국내 공장의 활성화
조직	프로젝트 체제에 의한 추진
CRM	FSP 발행에 의한 고객의 포위
점포 전개	비즈니스맨의 베드타운을 중심으로 로드사이드 형 점포 개발
인재 교육	프로젝트 추진을 통해서 리더 층의 육성

전략 옵션에서는 전략 테마로 거론되지 않았던 항목에 대해서도 전략 내용을 정리한다.

스텝③ ▶ 전략 내용을 명문화한다

개별 전략의 정리 방법은 기본 정리 방법과 동일하게 포인트로 다음의 4가지를 들 수 있다.

① 전략 타이틀
② 배경
③ 전략의 내용

④ 키워드

기본 전략보다는 다음 단계인 계획으로 브레이크 다운된다는 점을 의식하여 보다 구체적인 기술이 필요하다. 그리고 더욱 더 구체성을 제고하기 위하여 내용을 차트로 보충하면 더 좋다.

설정된 개별 전략의 내용을 알기 쉽게 예리함이 느껴지는 말로 표현해보자.

F사의 개별 전략으로 8가지 테마를 설정했지만, 그 중에서 시장 전략과 점포 전개 전략 2가지를 취해서 어떻게 정리하는 것인지 살펴보기로 하자.

F사의 시장 전략의 방향성은 전략 옵션에도 있었던 것처럼 '캐주얼웨어의 비즈니스 유즈 시장의 확대' 이다. 요즘의 30대 성인은 온 비즈니스 / 오프 비즈니스 모든 경우에 입는 캐주얼웨어에 대한 요구가 높아지고 있다. 골프 웨어도 아니지만 그렇다고 20대 젊은 이가 모두 입고 있는 캐주얼도 아니다.

도시주의적이면서 동시에 입기도 쉬운 소재의 보다 멋있는 캐주얼웨어인 것이다. 지금까지의 고품질 저가격 캐주얼에서 가격은 다소 높아도 품격이 있고 디자인성이 좋고 그러면서도 젊음을 추구하는 비즈니스 유즈 시장으로의 진출이다.

이상을 시장 전략으로 정리해보면 오른쪽 도표와 같다.

점포 전개 전략의 방향성으로는 오오테마치(大手町), 신주쿠(新宿), 시부야(澁谷), 시나카와(品川) 등 수도권 워크 에어리어의 베드

◎ F사의 시장 전략 정리 방법과 차트

비즈니스 유즈 확대를 목표로 한 비즈니스 캐주얼 시장의 정립

배경
- 캐주얼웨어의 비즈니스 유즈에 대한 니즈가 높아지고 있다.
- 젊은 층의 캐주얼 시장이 신장하기 어려워지고 있다.

자신의 캐주얼 스타일을 만들고 싶은 비즈니스맨에 대해 데일리 캐주얼이면서 충분히 비즈니스에도 통용될 수 있는 캐주얼웨어를 제공한다. 비즈니스 캐주얼이라는 신 카테고리 분야로 SCM과 CRM 통합에 의한 고객 포위를 구현한다.

- 비즈니스 캐주얼 분야의 확립
- 데일리 캐주얼
- SCM과 CRM의 통합

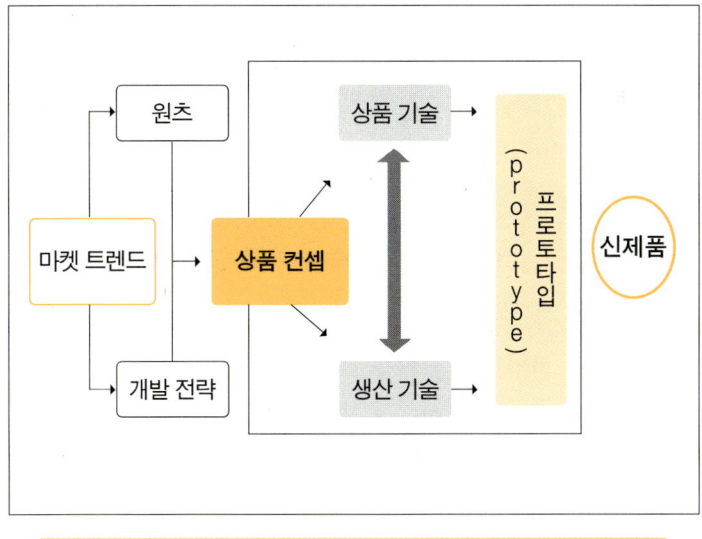

개별 전략에서는 구체적으로 전략 내용을 설명하는 차트를 첨부한다.

타운(Bed Town)이면서 동시에 비교적 수입이 많은 화이트칼라가 거주하고 있는 민간철도의 연선 에어리어로 좁히고 로드사이드 형 점포를 전개한다.

현장에서는 임대료가 비싸다는 우려의 소리도 있지만 비즈니스 캐주얼이라는 브랜드 이미지를 고려하면 역시 그 나름의 장소에 점포를 구축할 필요가 있다.

그리고 이익 확보를 위하여 채산성 없는 기존 점포의 정리를 시도하고 새로운 브랜드 전개에 대응할 수 있는 점포에 대해서는 개장하여 대응한다.

나아가 점포 디자인은 안정감 있으면서도 들어가기 쉬운 곳을 지향한다. 현장의 입사 2~3년차 사원들이 제안한 점포 입구 근처에 셀프 카페를 유치하는 뉴욕 소호(SoHo : South of Houston Street)의 아방가르드 스타일이다.

이것은 사람들이 모여들도록 연출하고, 또 멋있는 분위기를 내기 위해 효과적이라는 점에서 미국에서 진출한 카페에 타진하기로 한다.

만약 이것이 실현되면 어패럴 숍과 카페가 융합된 최초의 점포 형태가 된다. 게다가 퍼블리서티(publicity : 광고 홍보 활동)에 의해 수도권에서의 인지도를 높이는 데도 연결되는 것이다. 이것을 점포 전개 전략으로 정리하면 오른쪽의 도표와 같다.

여기까지 F사의 시장 전략 및 점포 전개 전략을 책정해보았지만 그 외 6가지 개별 전략에 대해서도 동일한 정리 방법으로 책정하고, 하나의 기본 전략, 그리고 그것을 브레이크 다운한 8가지 개별 전략에 의해 F사의 전략 체계가 완성된다.

◎ F사의 점포 전개 전략의 정리 방법과 차트

비즈니스맨의 베드타운을 중심으로 로드사이드 형 점포 개발

 배경
- 수도권 반경 30킬로미터의 민간철도 연선에 비즈니스맨의 베드타운이 있다.
- 30대는 자동차로의 이동이 많다.
- 로드사이드 형 점포는 상품 진열에 넓은 공간을 활용할 수 있다.

수도권 기업에 근무하는 비즈니스맨의 베드타운인 민간철도 연선에 교외 로드사이드 형 점포를 전개한다. 신규 개발뿐만 아니라 기존 점포의 리폼(reform)도 활용하고 코스트를 억제한 점포 전개를 지향한다. 필드 중시의 권한 위양도 증대시킨다.

- 교외 로드사이드 형 점포
- 기존 점포에서 전환
- 각 점포에 점포 만들기 권한 위양

수도권으로의 전개가 아니라 그 베드타운으로의 전개

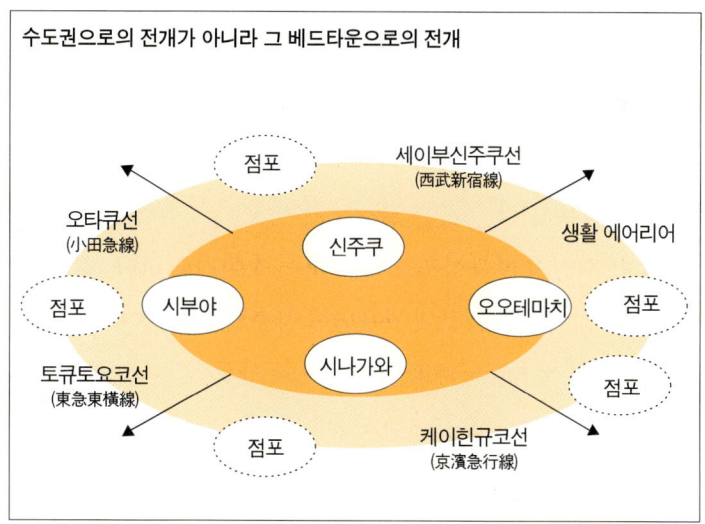

개별 전략을 설명하는 시트는 차트나 그래프 등으로 정리하는 것이 알기 쉽다.

개별 전략을 더욱 구체화하는 액션 플랜(action plan)으로 체계화하기 위해서는 어떻게 하면 좋을까? 생각해보자.

개별 전략에는 계획을 위한 에센스도 포함되어 있다. 이 에센스를 토대로 각각의 전략의 액션 트리로 체계화할 수 있는 것이다.

우선 개별 전략 포맷에 정리되어진 전략의 각각의 키워드를 보자. 이것이 개별 전략을 더욱 구체화할 키워드이다. 예를 들면 이번 상품 전략에서는 전략의 키워드를 다음과 같이 하고 있다.

◎ 고객 모니터로부터 제안된 상품 개발

◎ OEM 공급 기업과의 업무 제휴

◎ 기존 상품과의 포지셔닝 명확화

이 키워드는 개별 전략을 구현하기 위한 전사 계획으로의 다리역할이 되고, 오른쪽의 도표와 같이 체계화된다.

기본 전략은 전략 목표를 달성하기 위하여 조직 전체를 어디로 향하게 할 것인지 방향성을 명확히 하는 것이기도 하다. 최고 경영자 및 전략 입안 멤버들간에 싸우면서 창출되는 것이다.

한편 개별 전략은 구체적으로 체제와 행동을 어떻게 변화시킬 것인지를 제시하는 것이고, 무엇을 어떻게 할지 방법론이 포함될 필요가 있다. 이를 위해 개별 전략 테마에 상세하게 담당자가 책정된 뒤에 전원이 모순점 등을 협의하여 책정한다.

전략 책정에는 '자사는 이 방향으로 나가고 싶다!' 라는 강한 의지와 왜 그 전략인가, 전략을 구체화하는 시나리오에는 로직이 있

◎ 상품 전략에서의 액션 트리

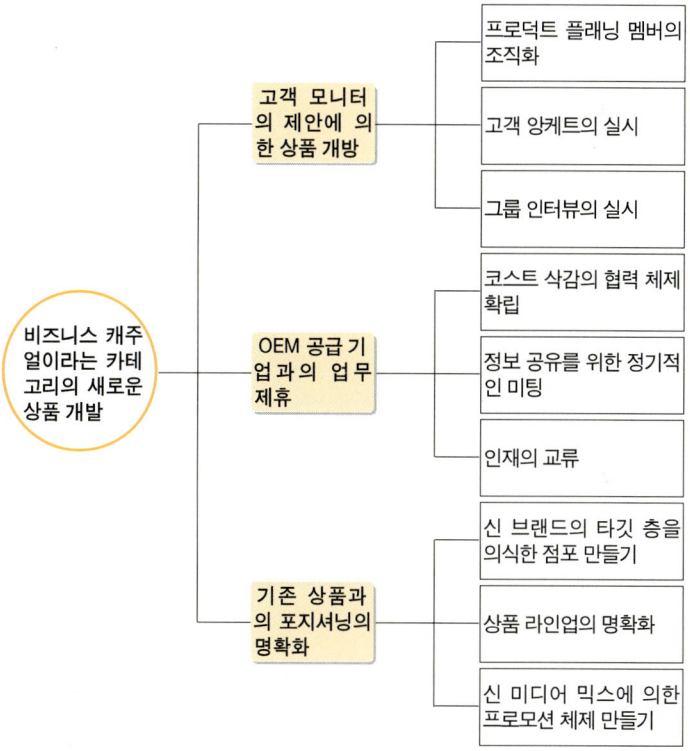

※ 프로덕트 플래닝 멤버(Product Planning Member) : 제품 카테고리별 기능 통합 팀

개별 전략 전개 키워드에서 브레이크 다운된 것이 계획으로 내려와 정리되는 것이다.

는가라는 면밀한 분석과 미래를 통찰하는 냉정한 관점, 2가지가 필요하다.

전략 구상력의 기초가 되는 것은 '자사는 이렇게 되고 싶다!'는 꿈과 로망을 구체적인 모습으로 만들어가는 가치 창조력이다. 이를 위한 가설의 사이클을 돌리면서 전략 책정을 위한 로직을 세워가는 능력과 스킬이라고 할 수 있다. 전략 구상력은 꿈을 구체화하기 위한 기업력인 것이다.

◆ 트레이닝 6에서 배운 포인트 ◆

포인트 1
기본 전략은 미래를 향한 조직의 벡터를 제시하고 개별 전략은 구현화를 위한 체제나 방법론을 제시하는 것이다.

포인트 2
잘 다듬어진 전략 옵션만이 기본 전략의 토대가 될 수 있다. 이것이 조직의 이론을 부르고 전략 구현화로의 에너지를 창출한다.

포인트 3
개별 전략 테마는 전략 원가 요소이다. 집중된 테마로 구체론을 조직 내에 설명한다.

자르는 선

보내는 사람

우 편 엽 서

우편요금
수취인 후납

발송유효기간
2008.3.1~2009.12.31

마포우체국 승인
제40556호

| | | | | - | | | |

도서출판 이 빛

서울시 마포구 서교동 339-4(2층)

ilbit@naver.com

| 1 | 2 | 1 | - | 8 | 3 | 7 |

좋은 책은 독자와 함께 만듭니다. 엽서를 보내주시면 일빛의 독자회원으로 모시겠습니다.
회원님들께는 일빛의 신간보도자료를 우선적으로 발송해드리며
일빛 블로그(http://blog.naver.com/ilbit)에 서평을 올려주신 분 중 선정을 통해
일빛의 신간 1부를 증정해드립니다.

- **구입한 책 제목**

- **구입한 서점**
  □ 온라인 서점 (　　　　　　) □ 오프라인 서점 (　　　　　)

- **구입한 날짜**　　　년　　　월　　　일

- **구입한 동기** (해당 란에 V표시)
  □ 신간안내나 서평을 보고 [　　　　　　　　　　에 실린글]
  □ 서점에서 우연히 눈에 띄어서
  □ 주위의 권유 [　　　　　　　　　　로부터]
  □ 선물로 받음 [　　　　　　　　　　에게서]

- **구입하신 책에 대한 소감이나 도서출판 일빛에 하고 싶은 말씀을 적어주세요.**
  (내용·제목·표지·책값 등)

- **독자님께서 관심 있는 책의 분야는 무엇입니까?** (해당란에 V표시, 복수응답 가능)
  □ 역사　□ 문학　□ 문화예술　□ 사회과학　□ 자연과학
  □ 외국어　□ 실용　□ 아동·청소년　□ 경제경영　□ 자기계발

- **독자 회원란**

이름	성별	나이

  1. 생년월일 |
  2. 직업 |
  3. 연락처 |　　　　　　E-mail |
  4. 요즘 읽은 책 중 다른 사람에게 권하고 싶은 책 |
  5. 구독하고 있는 신문·잡지 |

  * 독자님의 소중한 개인정보는 외부로 유출되지 않도록 철저히 관리하겠습니다.